北京市教育科学"十三五"规划课题"未来学习方式在小学数学教学中的探索研究"（CDDB16142）成果

黄利华　芦咏莉◎主编

Mianxiang Weilai de
XiaoxueShuxue Jiaoxue

面向未来的小学数学教学
——北京第二实验小学课题研究案例

科学出版社
北京

内 容 简 介

本书汇集了大量经典数学教学案例，这些案例以课程改革为核心，在尊重学生成长规律、满足个性化学习需求和突出核心素养培养的基础上，从选择性、综合性、自主性、方法性、乐趣性等角度，对丰富与拓展小学数学的未来学习方式进行了探索实践。

本书对于广大的一线数学教师和对中小学数学教育感兴趣的人群都具有一定的参考价值。

图书在版编目（CIP）数据

面向未来的小学数学教学：北京第二实验小学课题研究案例 / 黄利华，芦咏莉主编. —北京：科学出版社，2019.5
ISBN 978-7-03-061217-5

Ⅰ. ①面… Ⅱ. ①黄… ②芦… Ⅲ. ①小学数学课-教学研究 Ⅳ. ①G623.502

中国版本图书馆 CIP 数据核字（2019）第 092668 号

责任编辑：孙文影 / 责任校对：王晓茜
责任印制：师艳茹 / 封面设计：润一文化
联系电话：010-64033934
电子邮箱：edu_psy@mail.sciencep.com

科学出版社 出版
北京东黄城根北街16号
邮政编码：100717
http://www.sciencep.com

天津文林印务有限公司 印刷
科学出版社发行　各地新华书店经销
*

2019 年 5 月第 一 版　开本：720×1000　1/16
2019 年 5 月第二次印刷　印张：14 1/2
字数：260 000
定价：59.80 元
（如有印装质量问题，我社负责调换）

编委会名单

主　编：黄利华　芦咏莉

编　委：裴　菊　李玉新　刘　伟　刘　铮　张继青

　　　　李宇峰　帅筱悦

前 言
Foreword

随着世纪之交基础教育课程改革的进行，在李烈校长、芦咏莉校长的带领下，北京第二实验小学不仅提出了"个性、超越、未来"的课程文化，并以之为指南进行了大量课程改革尝试，构建了"学森课程"体系，取得了"生本、对话、求真、累加"课堂文化等丰富的课程建设经验与成果。在北京第二实验小学先进理念的引领下，教师们结合课题"'未来学习方式'在小学数学教学中的探索研究"（北京市教育科学"十三五"规划2016年度课题，课题批准号：CDDB16142）对小学数学的未来教学方式进行了深入探索。

"未来学习方式"是以课程改革为核心，在人本主义、互动、环境心理学等相关理论及智能空间、云计算等技术支持下的学习方式。它从选择性、综合性、自主性、方法性、乐趣性等角度，尝试将现实课堂与社会课堂相结合，将班级授课制与自选重组相结合，将分科与综合相结合，将知识与方法并重，充分发挥课堂教学中各要素的作用，以促进学生的认知、技能和情感发展的教与学。

基于对课题的研究，立足小学数学教学，我们分别对突出思维培养的学习方式、项目式学习方式、平行选修学习方式，以及借助游戏、绘本等"未来学习方式"进行了积极探索与实践。本书是教师们在课题研究中积累、沉淀的课例及感悟，凝结了大家对未来学习方式的期待与理解，以及教学研究中的思考与智慧。希望通过本书的分享，能推动我们对学习方式的不断探索。

"'未来学习方式'在小学数学教学中的探索研究"的课题研究得力于北京市西城区为教师成长厚植的沃土和环境，北京市、西城区科研部门的悉心指导和帮助，北京第二实验小学先进理念的引领和启发，参与教师们的勤奋和付出，才能取得一系列成果，在此一并表示诚挚的感谢！

"'未来学习方式'在小学数学教学中的探索研究"课题组

2019 年 4 月 20 日

目录 Contents

前言

第1章 思维品质培养 ·· 1

  1.1 思维品质培养概要 ·· 1

  1.2 在"确定起跑线"中培养学生的思维力 ················· 4

  1.3 在"变"与"不变"中渗透函数思想，促进思维发展

      ——以"变化的量"一课为例 ······························ 10

  1.4 在学生的问题中发展学生的思维 ······················· 18

  1.5 让空间想象张开思维品质的翅膀 ······················· 24

  1.6 关注度量本质　培养度量意识——以"角的

      度量一"一课为例 ·· 29

  1.7 动起来的数学课——以"相交与垂直"一课为例 ········ 37

  1.8 在提问—想象—实践中积累活动经验，培养思维

      品质的深刻性 ·· 42

  1.9 从长方体的特点看思维力的培养——以"长方体的

      特点"一课为例 ··· 45

  1.10 让教师的"退"促学生的"进"——以"利用

       方格求面积"一课为例 ···································· 51

  1.11 有效课堂提问　培养思维品质 ·························· 58

第2章　项目式学习 …………………………………………… 64

2.1　项目式学习概要 ………………………………………… 64

2.2　利用PBL培养学生的思维品质——以"生活中的
　　　停车位"一课为例 ……………………………………… 66

2.3　项目式学习进行时 ……………………………………… 73

2.4　利用项目式学习探索数学的应用价值
　　　——以"三角形的稳定性"一课为例 ………………… 79

2.5　浅谈如何在低年级开展项目式学习
　　　——以"我的发言稿"一课为例 ……………………… 84

2.6　谈PBL在实际操作中对学生问题意识的培养
　　　——以"折一折，做一做"一课为例 ………………… 88

2.7　利用项目式学习培养学生的问题意识
　　　——以"三角形边的关系"一课为例 ………………… 93

2.8　把大殿围起来——基于项目式学习的数学学习探索 …… 96

2.9　利用PBL理论设计课堂活动，激发学生的主动
　　　探究意识 ………………………………………………… 100

2.10　依托项目式学习培养学生的学习能力
　　　——以"6的口诀"一课为例 …………………………… 104

2.11　未来学习方式在小学数学教学中的探索与应用
　　　——对项目式学习的思考与实践 ……………………… 108

2.12　跨越学科边界，多维思考问题，提升思维品质
　　　——对PBL学习方式的探索与实践 …………………… 112

2.13　构建生活中的情景，开展PBL"体验式"教学
　　　——一切判断源于"可能性" ………………………… 115

第3章 游戏化学习 ……………………………………… 122

3.1　游戏化学习概要 …………………………………… 122

3.2　操作游戏培养空间观念，体验感悟提升思维品质 …… 126

3.3　把数学课打造成游戏的课堂 ……………………… 131

3.4　浅谈游戏化教学的课堂实践——对"百数表
　　　拼图游戏（三）"教学的思考 …………………… 135

3.5　分扣子游戏——在体验中激发分类的内驱力 …… 139

3.6　游戏中提高学生的思维品质——"'算式乐高'
　　　拼搭小达人"教学案例分析 ……………………… 143

3.7　游戏化教学中学生探索精神的培养 ……………… 148

3.8　在游戏中体会思考的乐趣
　　　——以"有趣的推理"一课为例 ………………… 155

第4章 平行选修学习方式 ……………………………… 160

4.1　平行选修学习方式概要 …………………………… 160

4.2　培养学生应用意识，发展学生思维品质
　　　——"有多重"课例研究 ………………………… 162

4.3　经历有思维的数学活动，提升思维品质
　　　——以"有多重（千克和克）"一课为例 ……… 171

4.4　你能想象它有多重吗？
　　　——对"有多重"一课的思考与实践 …………… 177

4.5　低年级数学平行选修课设计与实施探索 ………… 185

4.6　基于学生需要的平行选修课——有趣的推理 …… 192

4.7　小学数学平行选修课中学生思维品质的培养策略研究 … 197

4.8　因材施教，在平行选修课中提升学生的运算能力 …… 201

第 5 章　低年级绘本教学 …………………………………………… 209

5.1　低年级绘本教学方式概要 ………………………………… 209

5.2　绘本阅读——问题意识的培养 …………………………… 211

5.3　数学绘本阅读课表现性评价任务的设计 ………………… 216

第1章
思维品质培养

1.1 思维品质培养概要

一、思维品质的含义

思维品质，其实质是人的思维的个性特征。思维品质反映了每个个体的智力或思维水平差异，主要包括深刻性、灵活性、独创性、批判性、敏捷性和系统性六个方面。优秀的思维品质来源于优秀的逻辑思维能力。深刻性指思维活动的抽象程度和逻辑水平，涉及思维活动的广度、深度和难度；灵活性指思维活动的灵活程度，它包括思维起点灵活、思维过程灵活、概括—迁移能力、善于组合分析，思维的结果往往是多种合理而灵活的结论；独创性即思维活动的创造性，是人们对知识经验或思维材料高度概括、迁移、新颖地组合分析；批判性是思维活动中独立发现和批判的程度，它具有分析性、策略性、全面性、独立性和正确性五个特点；敏捷性指思维活动的速度，对于多种变化的情况，积极地思维、周密地考虑、正确地判断和迅速地作出结论；系统性指思维活动的有序程度及整合各类信息的能力。

二、思维品质的培养路径

数学学习对人的思维发展有着不可或缺的作用与价值，人们也因此常把数学形容为思维的体操。在数学教学中，教师结合教学内容与方法，可以很好地发展学生的思维品质。

（一）在使用直观模型中促进思维品质发展

数学的抽象特征与小学生思维的直观形象性是矛盾的，这决定了小学生学习数学必须借助直观形象、不远离学生生活经验的素材，在"操作"这些材料的过程中逐步抽象、概括提炼、逐步内化所要学习的数学内容，让数学"可看见、可触摸"。直观模型指的是具有一定结构的操作材料和直观材料。教师可以在教学中深入挖掘数学本质，通过直观模型揭示各种数学知识的发生、发展、变化及抽象概括的过程；充分暴露学生的思维过程，即分享自己的困惑、如何选择方法消除困惑以及思考的过程；帮助学生更多展现思维过程，促进学生运用已有方法解决问题，为学生创造自选材料理解数学的机会……这样教师就获得了课堂教学中突出数学本质、发展思维能力的助推器。

（二）在积累数学活动经验中促进思维发展

数学活动经验是学生通过经历数学活动而获得的对于数学的体验和认知，它是一种缄默知识，具有内隐性、阶段性和变动性，它需要学生本人去感悟和长时间地积累。与此同时，不是任何一种活动都能促进学生数学活动经验的积累，单纯的活动并不能有助于学生数学活动经验的发展。这就需要教师提出富有挑战性的问题，让学生在活动中经历基于具体经验去观察变化、大胆猜测、尝试表达，并在反思中不断去连接所获得的一系列结果，进而抽象概括、主动实践的过程，并注重激发学生的数学思考，只有这些富含数学思考的探索、尝试活动，才能促进学生数学活动经验的积累与发展。而经历了这样的过程，学生从经历走向经验，从经验超越经验，思维品质自然就会得到发展。

（三）在培养应用意识中促进思维品质发展

应用意识包含两方面含义：一方面是有意识利用数学概念、原理和方法解释现实世界中的现象，解决现实世界中的问题；另一方面是认识到现实生活中蕴含大量与数量和图形有关的问题，这些问题可以抽象成数学问题，用数学的方法予以解决。应用意识的培养与思维品质的发展之间存在着紧密的联系。教师可以发现更多与所教知识相关的生活案例及知识间的联系，引导学生将其与数学知识相结合，用熟悉的生活场景及已有知识、经验加深学生对所学知识的理解，提高学生发现数学知识如何应用于生活的敏锐程度。特别是让学生发现、提出与解决问题，为他们提供了从不同的角度去思考问题、全面分析与解决问题的机会；提高了他们适应变化的情况、积极思维、周密考虑，进而创造性地解决问题的能力；拓展了学生的思维活动空间，包括思维的广度、深度和难度。以上这些都可以促进学生思维品质的发展。

（四）在动手操作活动中促进思维发展

教师要为学生提供挑战性、探索性的操作活动，让学生亲身经历知识的形成过程，这不仅是学生形成、理解、巩固知识的有效手段，也是学生积累、发展实践经验与思维经验的重要路径，它将促进学生打开思维空间、激活想象力、发展创造性。要在动手操作与数学思维间建立更为紧密的联系，需要我们结合操作，融入猜想与验证、判断与分析、空间想象、数与形的结合等数学思维。教师应鼓励学生充分交流操作过程、反思现象、抓住本质，关注操作前的问题引领、操作中的内化连接、操作后的反思，借助操作在表达、交流、碰撞中感悟数学本质，发现规律，发展思维。

三、几个需要注意的地方

在思维品质的培养过程中，教师要关注分析与综合、比较与分类、抽象与概括、具体化与系统化等过程。

（一）所有思维活动都离不开分析与综合

无论是从简单到复杂，还是从概念形成到创造思维，思维过程的基本环节都是分析与综合。分析与综合可在不同水平上进行：结合实物进行分析与综合，结合直观形象进行分析与综合，在思想上对抽象的事物进行分析与综合。教师要根据学生的实际情况进行合理选择与设计。

（二）分类是以比较为基础的

由于学生存在年龄上的差异，其思维的发展水平不同，分类的水平也不同。小学生往往根据事物的外部特征和功能进行分类；初中生容易把本质特征与非本质特征并列来进行分类；高中生则会按事物的本质特征进行分类。在实际教学中，教师要根据学生的年龄特征对他们做适当的引导。

（三）抽象与概括是相互依存、相辅相成的

抽象是高级的分析，概括是高级的综合。抽象和概括都建立在比较的基础上。学生的概括可以分为两种水平：初级形式的感性概括和高级形式的科学概括。前者属于知觉和表象水平的概括，后者属于思维水平的概括。教师要鼓励学生基于数学理解进行抽象与概括。

（四）具体化是对理论与实践的联结过程，系统化是对知识的结构化过程

教师一方面要为学生创造将概念、知识同具体事物联系起来的机会，也就是鼓励学生应用知识解决实际问题、参与实际活动；另一方面也要注意培养学生把学到的知识分门别类地梳理，将知识组成层次分明的整体系统。

总之，小学生的思维正处于由具体形象转变为抽象逻辑的阶段，因此，在小学数学教学过程中，教师要构建丰富的生活情境，激活学生的学习经验，有效促进学生主动思考；要为学生设置开放性问题，开拓学生思维的广度与深度；要为学生创设多样化解题的空间，在多种方法中举一反三；要帮助学生经历建模的过程，在观察、比较中建立联系与数学化。这些也对数学教师，尤其是低年级教师提出了极大

的挑战，而这个过程也是师生共同发展思维的过程。

1.2 在"确定起跑线"中培养学生的思维力

北京第二实验小学　司毅

🍃 课前慎思

思维能力包括理解力、分析力、综合力、比较力、概括力、抽象力、推理力、论证力、判断力等能力。它是整个智慧的核心，参与、支配着一切智力活动。一个人聪明不聪明，有没有智慧，主要就看他的思维能力强不强。要使自己聪明起来，智慧起来，最根本的办法就是培养思维能力。

人们普遍认为，人的大脑就像一台计算机，把通过感官获取的各种信息存储在其中，但这些信息要想发挥作用，必须在使用中让这些信息产生关联，并且关联的项目越多，这些信息就会越清晰。如果长时间不能与其他信息产生关联，一段时间后信息就会被大脑忽略掉。有科学家对大脑进行过分析，在大脑细胞生长过程中，外界信息对它的刺激越多，它的树突生长就会越旺盛，人所记忆的信息也会越多，而树突少的人所记忆的信息也少。但是人类的活动不只是记住了多少信息，更多的是建立信息间的联系，这种信息间的联系就是以思维力为基础的一种信息加工过程。

现在，人们越来越意识到思维能力培养在儿童成长过程中的重要性。我们培养的学生不只是未来的学术权威，更多的是未来建设中的实际操作者。因此，我们的教育也随之进行着快速改革，尤其是基础教育，更需要从以前注重知识的难度、深度，转变为注重知识的灵活度与广度，以适应未来的需要。因此，学生在义务教育阶段接受良好的思维力培养是势在必行的。

在此形势下，我们教师也不同程度地转变着自己的思想，并且针对教材中不同的教学内容进行深入的思考。下面我就以"确定起跑线"一课为例，谈一谈我对培养学生思维力的粗浅理解。

🦋 实践与思考

一、以教师思维力的发展带动学生思维力的培养

要使学生的思维力得到培养，首先教师要发展自己的思维力。这就需要教师在备课的过程中根据学习材料开放自己的思维,发展创新思想,对手中的学习材料进行发展或重组,为培养学生思维力开辟出道路。而在发展或重组学习材料时,教师要深入分析教学内容间的内在联系,关注学生的学习兴趣(兴趣是学生学习的基础)。

以人教版五年级数学下册"确定起跑线"一课为例,平时教师在讲这课时,大多采用量一量、算一算的方法,这种方法是最直接的。教师首先引导学生了解跑道的构成,并且告诉他们跑道的宽度及弧形部分的半径,然后一圈一圈地算出来,看看相邻跑道的长度差就可以解决这个问题了。这种方法是我们常用的实践活动的研究方法,在教学过程中要让学生到实地进行测量,但测量会产生误差,因此,学生计算时会产生很多结果。还有一种形式就是教师通过PPT把数值展示给学生,这样就成了纯计算,学生也不会感兴趣。而我在备课过程中想到圆周长练习课中的一个片段,小圆围绕着一个任意图形滚动一周,圆心轨迹长度一定比这个图形的周长还要长一个滚动的小圆的周长。圆心到图形的距离是这个滚动的小圆的半径,那么我们把小圆的半径看作跑道的道宽,分道线看作是小圆的圆心轨迹,从问题引入,让学生动手操作,而且这个操作是学生感兴趣的,这样学生就会基于探索需求而进行基础问题研究。然后通过PPT的效果将其转化成跑道,使学生发现数学规律在他们身边的应用,这样学生就会更容易对这个内容产生兴趣,对这个规律也会有更深的印象。这节课的设计也符合学习数学的本质——来源于生活,应用于生活。

(一)猜想验证中激发学生的探究兴趣

师:这个单元我们学习了圆的周长和面积,圆是我们学过的哪类图形?

生:曲线图形。

师:(出示PPT)这里有两个圆,如果让小圆在大圆的圆周上滚动一周,圆心所经过的轨迹是什么图形?

生:圆形。

师:猜想一下,如果让这个圆沿正方形的四条边滚动,圆心所经过的轨迹是什么形状?

生:正方形。

师:请小组合作研究,利用手中的学具实际画一画,看一看圆心轨迹是什么形状。(出示PPT:1.先在纸上沿正方形边缘画出正方形轮廓。2.用铅笔插进圆心,使圆在正方形边缘滚动一周画出圆心轨迹)

师:圆心轨迹和你想象的一样吗?画出来的是什么形状?

生:不一样。四个角都是弧形的。

师:小圆围绕圆滚动时轨迹是一个圆形,而围绕正方形滚动时为什么会出现这样的现象?请你们以小组为单位研究一下。

师：请同学来汇报本组的发现。

生：当圆滚动到多边形的角的位置时，就不能继续沿直线运动了，否则就会脱离多边形，于是会以接触点为圆心，圆心继续运动时，半径是固定不变的，因此会以接触点为圆心划出一条弧线。

在本课一开始，我设计了一个容易让学生产生兴趣的问题，使他们在兴趣的驱动下自主地进行研究。一个小圆围绕一个大圆滚一周，小圆的圆心运动轨迹是什么图形？这个问题非常简单，学生轻易就答出了是圆形。在学生回答出来以后，为了让学生放松戒备，我特意用动画验证了学生的答案，这时学生们完全掉进了我设计的陷阱中。接着我问他们，如果让小圆围绕着一个正方形滚动一周，圆心轨迹是什么形状的图形？一些学生不假思索地回答——正方形，还有一些学生简单地思考一下，也答出了正方形。于是我让他们在纸上实际画一下。这一画，学生们都很意外，原来不是正方形，角都变成圆的了。"为什么是圆角呢？"这时他们开始对这个现象产生了好奇，于是也就有了研究的愿望。在这个愿望的驱动下，他们开始通过讨论寻找问题的答案。在寻找答案的过程中，他们运用观察力观察着小圆圆心的运动轨迹，运用想象力想象着笔尖是怎样画出圆角的，运用分析力分析着圆角的产生因素，最后他们终于发现，当小圆滚动到正方形角的位置时，圆不再继续滚动，而圆心还要运动，这样圆与角的接触点就成了圆心，小圆的圆心以半径为长画出了一个弧。

（二）追问解读中培养学生思维的深刻性

师：圆心在什么时候开始沿弧线运动，到什么时候结束弧线运动，再次沿直线运动呢？

生（讨论，汇报）：当圆滚动到这里时（圆的半径与正方形边的延长线重合时）就开始沿弧线运动。

师：为什么会在这里开始沿弧线运动呢？会不会早一点或晚一点呢？

生：①当圆滚动到半径与延长线重合时，如果再继续沿直线滚动的话就出去了。②因为圆要沿着正方形滚动，到了角这里它要滚动到下一条边上去，就必须得转弯，这样就画出了一个弧线。

师（提示）：从圆心到正方形的边的距离是什么？

生：圆的半径。

师：半径与正方形有什么关系？

生：垂直。

师：你能发现什么？

生：半径从正方形边的一头滚动到另一头后，由于再向前滚动就会离开正方形的边了，于是就开始沿弧线运动，直到与下一条边垂直，再次沿直线运动。

解决了这个问题后，大部分学生会停留在这个结果上，于是我接着提出问题：圆心会在什么时候开始沿弧线运动？什么时候再次沿直线运动？其实这也是学生感兴趣的问题，但学生受到思维水平的限制，想不到那么深。在老师的提示下，学生一下子对这个新的问题产生了兴趣，于是他们开始研究。研究时，他们会在前面观察的基础上，运用以前所掌握的知识与技能，分析各种可能性，分析这一现象的成因。有的学生提出，当小圆的圆心到正方形边的延长线处时，就开始沿弧线运动；有的学生提出，当小圆的边运动到正方形角上时，圆心开始沿弧线运动；还有的学生直接提出圆心走了四分之一个圆。

通过这个环节我发现，学生在他们认为有趣的情境下，会调动各种感官进行认知，会积极地与他人交流，会主动思考，会运用他们掌握的各种知识进行判断与论证，积极地投入到研究中，运用自己掌握的知识与技能不断地产生新的联系，形成自己的判断，产生独特的想法。

二、数学教学不能只限于算，更应以思维的广度为重点，通过变换寻求灵活

在学生看来，数学课就是算一算，作业要算，测验要算，考试要算，因此，他们认为只要算对就可以了。但是，学生发现算是一件很麻烦的事，他们学了加、减、乘、除、平方，尤其是学了小数、分数以后，算变得更加难以琢磨。五年级以前，大数减小数、大数除以小数；到了五年级，小数也可以除以大数了；六年级还加了一个分数，分数可以表示倍数，也可以表示数量，分数既可以是数，也可以是一种关系。太难理解了！因此，学生觉得数学越来越难学。再加上数学课上学习的知识点越来越多，对于一些基础较弱的学生来说，每节课的知识点都是相对孤立的，他们对于这些知识点的联系在哪更是摸不着头脑。如何解决这个问题呢？这就需要教师在课堂教学中寻求灵活。

以前，我在讲圆周长练习课时，并没有与确定起跑线相联系，但通过分析两者间的关系，我发现了其中的联系，本课设计的小圆围绕图形滚动是圆周长练习课的内容，而跑道去掉中间的长方形正好与圆周长练习课的内容相吻合，于是我突发奇想，设计了本课内容。

师：这时扇形的圆心角是多少度呢？

生：正方形的角是 90°，两边也是两个直角，360°−270°=90°。4 个 90° 是 360°，因此正好组成一个圆；扇形的半径是滚动圆的半径，4 个扇形组（成）的圆的半径正好与滚动圆的相等，所以这个圆的周长与滚动的圆的周长正好相等。因

此，圆心轨迹长是正方形的周长+圆的周长。

师：（通过PPT出示条件）正方形边长6厘米，圆直径3厘米。问：圆心轨迹的长度是多少厘米？轨迹长比正方形周长长了多少厘米？

生：24+9.42=33.42（厘米）。圆心轨迹的长度比正方形周长正好长了一个圆的周长。

师：你怎么这么快就知道了？

生：因为……（利用前面的经验解释）

师：（出示PPT）如果用一个稍大一些的圆，圆心轨迹比正方形周长长多少？

生：长了一个圆的周长，因为……（利用前面的经验解释）

师：（出示PPT）如果把正方形换成一个大一些的图形，圆心轨迹比正方形周长长长多少？

生：长了一个圆的周长，因为……（利用前面的经验解释）

师：通过刚才的研究，你们能得到什么结论？

生：一个圆围绕正方形滚动一周，圆心轨迹比正方形周长长一个圆的周长。

师：如果我们让圆沿着一个三角形滚动一周，会得到什么图形呢？

生：圆角三角形。

师：是不是这样呢？请你们画一画。

生：（验证）是。（解释为什么会是圆角三角形）

师：（出示PPT：三角形边长7厘米，圆直径3厘米）圆心轨迹长多少厘米？比三角形周长长多少厘米？

生：①长了一个圆的周长；②长了四分之三个圆的周长。

（产生争论）

学生最后取得共识为：三角形的内角是60°，两边两个直角，360°−90°−90°−60°=120°，3个120°正好是360°，所以，3个扇形的弧长还是圆的周长。

本课中，学生研究小圆围绕正方形滚动一周后，回顾他们所学的角度知识，并且利用所学过的角度知识，发现了圆心轨迹长度与正方形周长及小圆周长之间的关系，进而把这个结论运用到小圆沿三角形滚动的现象中，之后又在多边形图形中加以运用。在整个过程中，学生并没有进行大量的计算，而是通过知识迁移，进行了一个分析推理的过程。例如，在本课的学习中，学生通过小圆沿正方形滚动发现圆心轨迹长与正方形周长及小圆三者之间的关系后，把这些知识迁移到了后面的沿三角形滚动的分析中，顺利地解决了圆心角为什么是120°的问题。并且通过这两个知识的学习，学生推理出小圆沿正六边形与正五边形滚动的轨迹长度、圆和正多边形的关系。

三、直观形象与分析概括相结合，发展学生思维敏捷性

思维要想变得敏捷，就必须有一条直通道，去掉那些烦琐的过程。我们说数学中算是基本功，但并不是所有的问题都需要算一算，有更多的问题是可以通过经验去解决的。但经验的取得需要我们对问题进行分析、概括，得到一个简单而清晰的结论，这样会使我们的思维更快捷。

师：（出示 PPT）如果把三角形换成六边形会怎样？

生：圆心轨迹还是比六边形周长长一个圆的周长。

师：（出示 PPT）如果把六边形换成五边形会怎样？

生：圆心轨迹还是比五边形周长长一个圆的周长。

师：如果把五边形换成七边形、八边形、24 边形、100 边形、200 边形……圆心轨迹比图形周长长多少？

生（依次答出）：都是长一个圆的周长。

师：如果中间图形的边数不断增加，会形成什么图形？

生：圆形。

师：（出示 PPT：小圆围绕大圆运动的轨迹）这个小圆的直径是 1 米，这时圆心轨迹比大圆周长长多少？

生：长一个小圆的周长，是 6.28 米。

师：（出示 PPT：在第一个圆心轨迹外面又出现一条轨迹）还有一个小圆沿第一条轨迹滚动一周，比第一条轨迹长度长了 6.28 米，这时小圆的半径是多少？

生：1 米。

师：（出示 PPT：在第二条圆心轨迹外出现第三条轨迹）第三条轨迹与第二条轨迹间的距离是 1 米，你知道第三条轨迹比第二条轨迹长多少米吗？

生：这个 1 米就是圆的半径，圆的周长就是长出来的距离，所以，第三条轨迹比第二条轨迹长了 6.28 米。

师：（出示 PPT：中心的大圆涂绿色，轨迹间涂红色，纵向分开，中间填长方形，涂色组成跑道）我们学校的跑道是 200 米跑道，指的是最内圈的长度是 200 米，体育老师在弯道起始处画出了起跑线，跑道宽 1 米，你们觉得第二道的起跑线应该画在什么位置？说说你的理由。

……

在本课学习过程中，学生们通过画一画、议一议、说一说等活动，对小圆围绕多边形滚动后圆心运动轨迹与多边形周长、小圆周长之间的关系进行了分析，在他们的头脑中抽象出了同类事物，并且概括出了同类事物之间的规律。他们发现，小

圆不管沿什么样的多边形滚动，圆心轨迹总是比多边形的周长长出一个小圆的周长；小圆到多边形的距离就是小圆的半径。他们还发现，多边形的边数可以不断增加，最后会发展到多边形变为了圆，进而发展到小圆沿大圆滚动后，小圆圆心轨迹长度与大圆周长的差是小圆周长，圆心轨迹与大圆间的距离是小圆半径。这样就顺利地解决了根据道宽确定起跑线的问题。

师：今天我们学会了用推理的方法解决"确定起跑线"的问题，但过了一段时间后，有些同学可能会把这个方法忘了，我们还有什么方法能解决"确定起跑线"的问题呢？

生：①实际测量各跑道的长度；②我觉得直道不用测量了，在直道上没有长度差，长度差是在弯道产生的，因此，只要算一算弯道的长度差就可以了；③要测量弯道的长度，就要先量一量半圆的直径，再计算半圆弧的长度，然后再乘以2就可以了。

……

利用数学方法解决起跑线的问题并不是根本目的，我们的目的是培养学生思考问题的能力。因此，我在最后一个阶段让学生想一想还有什么方法可以有效地确定起跑线，于是同学们开始利用各种方法解决跑道测量的问题，也比以前的课堂表现活跃了许多。

课后反思

培养学生的思维力不是一蹴而就的事情，需要教师长期对学生进行有意识地培养，使学生对同一问题有多种解决办法，并且教师要在课堂上有意识地组织学生讨论如何用多种方法解决问题，这样长期坚持下来，学生会养成多途径考虑问题的习惯，进而获得思维力的发展。同时，教师需要从多种角度考虑课堂教学内容的解决方法，从而有效地培养学生的思维力。

1.3 在"变"与"不变"中渗透函数思想，促进思维发展——以"变化的量"一课为例

北京第二实验小学　王文蕊

课前慎思

"变化的量"是北师大版小学数学教材六年级下册"正比例和反比例"单元的

起始课,也是学习正比例和反比例的准备课。正比例和反比例是刻画变量之间关系的重要模型。我翻阅其他诸多版本教材发现,只有北师大版小学数学教材在正式学习正、反比例之前,特意安排了"变化的量"一课。这引起了我的研究兴趣,为什么这一版本的教材特立独行,为"变化的量"特别安排一课时的学习内容?"变化的量"一课为正比例和反比例的学习具体做了哪些准备?这一课又是如何促进学生数学思维的发展呢?

通过认真研读教材和对比学习,我发现以下三点。第一,其他版本教材虽然没有单独的"变化的量"一课,但在正式学习正比例和反比例之前,都会结合具体生活情景,介绍什么是"变化的量",也就是变量。这说明,"变化的量"一课不论以什么形式出现在教材中,它都是学生学习正比例和反比例的重要的知识基础。第二,北师大版教材安排"变化的量"一课也是融入了大量理论和思考。首先,北师大版本教材通过创设丰富的变化情景,让学生大量感知生活中广泛存在变化的量,有些变量之间存在相互依存的关系。第三,对变化的量的丰富感知和活动经验有助于学生较好地在变量的知识背景中理解正、反比例,这也有利于学生的函数思想的形成。由此可以看出,教材设计得别具匠心,不是仅仅将"变化的量"作为一节简单的准备课,而是希望学生通过感受和研究生活中各种看得见的变化现象,探究看不见的变化规律,向学生渗透函数思想,促进学生数学思维的发展。

学生从小学一年级就开始接触函数,如数的分解与组成。随着年级的增长,学生学习了积的变化规律、商不变的性质、图形的规律等。在整个小学阶段的数学学习中,凡是有"变化"的地方都蕴含着函数思想。教材是培养学生思维发展的"显性素材",而函数思想则是培养学生思维发展的过程中的"隐性工程"。"正比例和反比例"这个单元的目标绝不仅仅是让学生能根据"商一定"或"积一定"的标准来判断正比例和反比例,还应该在学生观察变化现象、探究变化规律的过程中,注重培养学生数学思维的敏捷性、灵活性、创造性、批判性和深刻性,促进学生数学思维的发展。

本文将展示"变化的量"一课的教学实践过程,并融入自己的思考,展开论述。

实践与思考

在课前思考的基础上,本节课主要设计了以下三个教学环节:环节一,感受变化，理解变化世界；环节二，刻画变化，探究变化规律；环节三，拓展变化，拓宽思考空间。其中，在环节一中，学生通过观看视频和对话交流，初步理解什么是"变化的量"，学习过程中的丰富感知和生活经验有助于初步体会变化的量。在观看和交流活动中，学生能够感受到这个世界是普遍联系的，各个量之间总是有相互依存的关系，即感受"普遍联系"思想。上课伊始，我借助视频带给学生视觉冲击，使其感受自然界的千变万化；通过谈话交流，让学生感受生活中的各种变化现象。上述两个简单的活动带给学生的是一种新的思维模型：用变化的眼光看待生活。同时，对学生的数学思维也提出新的发展目标，即从研究常量走向研究变量。下面将重点对环节二和环节三进行详细的分析与论述。

一、刻画变化，探究变化规律，培养思维的灵活性

思维的灵活性指思维活动的灵活程度，它有五个特点：一是思维起点灵活，即从不同角度、方面、方向，能用多种方法表达思考过程或用多种方法解决问题；二是思维过程灵活，从分析到综合、从综合到分析，全面而灵活地作"综合的分析"；三是概括迁移能力强，运用规律的自觉性高；四是善于组合分析；五是思维结果往往是合理而灵活的结论，不仅仅是量的区别，而且有质的区别。

为了培养学生思维的灵活性，我在本环节设计了"打水"的现实情景，并记录变化过程，随后进行交流，鼓励学生用多种形式表征变化过程，并在观察变化现象的同时，抽象、概括隐含在其中的变化规律，最后通过联系不同表征形式的关联，引领学生的思维从分析走向综合，步步深入。

教学片段

片段一：在具体情景中感受变化的量

师：生活中也有很多值得研究的变化的现象，就像我们在小区净水机处打水（播放打水机的视频），在打水的过程中，你能看到哪些变化？

生1：打的水越多，卡内剩余金额就越少。

生2：桶里的水越来越多。

师：其实，看得见的是桶里的水，看不见的是时间的流逝，也就是随着时间的增加，水的体积也在增加。

生3：随着时间的增加，桶里水面高度也在增加。

师（小结）：看来，在打水的这件小事中我们也能找到很多组相关联的量。今天，我们就重点研究"时间"和"体积"这组相关联的量。

片段二：在记录变化的过程中理解变量间的相互依存关系

1. 记录变化（播放课件）

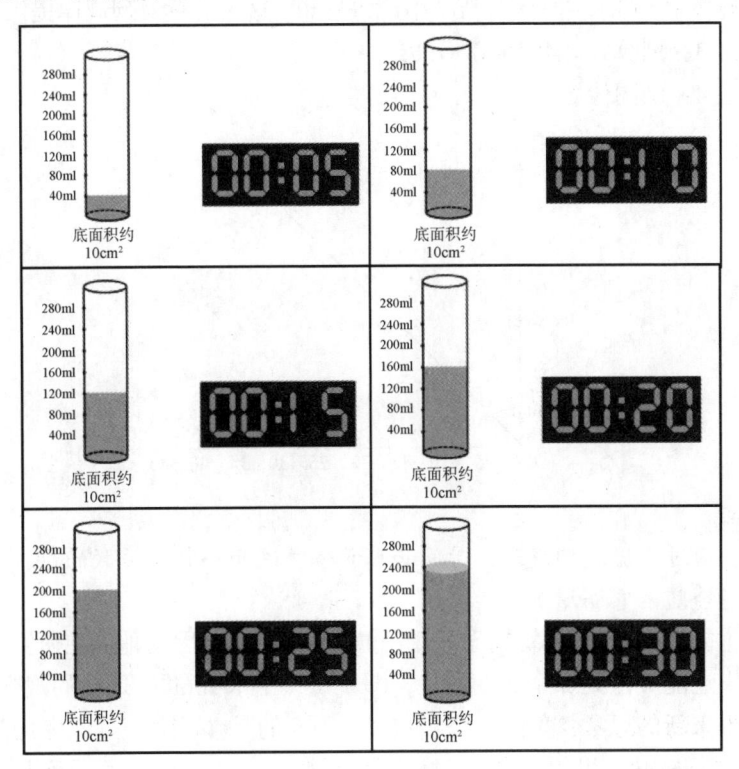

[量筒图示：00:05 时液面约40ml；00:10 时液面约80ml；00:15 时液面约120ml；00:20 时液面约160ml；00:25 时液面约200ml；00:30 时液面约240ml。底面积约10cm²]

1）初看体会变化

师：发现哪些变化？

2）再看记录变化

师：用自己喜欢的方式记录变化过程。

3）三看验证变化

师：一边观察，一边验证记录结果是否准确。

2. 多种形式表征

方法1：画直观图（这样记录最直观、形象）。

方法2：列表格。

时间（s）	5	10	15	20	25	30
体积（ml）	40	80	120	160	200	240

从上面的表格一眼就能看出我们要研究的是"时间"和"体积"这组相关联的量。表格中记录的数据也是模拟过程中的典型数据，例如5s 40ml、10s 80ml等。列表格于规律中，追求"有序""结构化"等思想，这为后续发现规律提供了有力支撑。

方法3：列算式。40÷5=8（ml/s）

方法4：画图像。

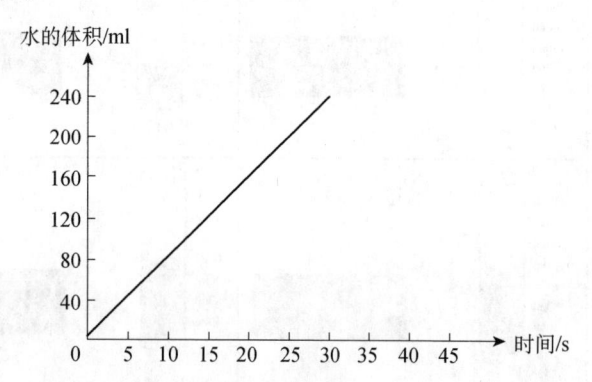

小结

师：通过交流我们发现，时间和水的体积这两个相互关联的量，一个量增加，另一个量会随着它而增加。

学生能想到通过列算式记录变化过程非常可贵，因为他们在研究"变化的量"的过程中还能关注到那个不变的量，即"每秒出水8ml"。这样的观察角度又给其他同学带来新的思考：变化的是"现象"，不变的是"规律"。于"变化"中寻找"规律"，即"模式化"思想，这是隐含在外显规律下的"数字美"。而且，学生还提到研究变化中的不变，应用规律进行预测，体现了数学学习的价值。本节课并不要求学生会画图像，只要能够看懂图像、知道有这样一种表征变化的形式、会识图即可。因此，当课堂上这组学生主动想到用图像来刻画变化时，我作为教师还是非常惊喜。虽然他们画的图像并不完整，但通过生生互动，其他学生提出问题并给予补充，大家共同对图像进行完善，最终表示出了这个不断变化的过程。生生交流过程生成了新的思考和新的收获，这是课堂上学生的成长。

思考

本环节我先结合"打水"这样一个实际情境，让学生体会变化过程中有多种变化的量相关联。之后通过电脑模拟演示，我更进一步通过变化过程中的数据信息，帮助学生深入思考哪些量发生了变化？发生了怎样的变化？如何记录变化的过程，并用自己的方式表示出来？学生体会到列表、算式、画图等都是表示变量关系的常用方法，在交流活动中积累了表征变量的数学活动经验，同时积累了一些研究变量的数学方法，为后续学习正比例和反比例做好了铺垫。

一个普普通通的打水现象，能够让学生用实物图、列表、画图像、列算式等多种形式来刻画变化过程，说明学生面对这个问题时的思维比较灵活，不是千篇一律的。学生在记录变化现象的同时，主动探究其中蕴含的变化规律，并用算式进行抽象概括，说明这样的环节设计和提问能够激发学生进行概括—迁移。在对不同表征方式进行交流后，教师通过"这些不同方式有什么区别和联系"这样的设问，再次引发学生深度思考，让学生明白列表、算式、图像这些方式都能刻画变化的过程，且各具优势。列表、算式、图像之间又有一定的联系，从数据分析、计算结果、图像特征（直线的斜率）看，学生易于抽象概括出变化规律，即"每秒钟出水量一定（或每秒出水8ml）"等，这种从分析到综合的思考过程体现了学生思维的灵活性。

二、拓展变化，拓宽学习空间，培养思维的深刻性

思维的深刻性，指思维活动的抽象程度和逻辑水平，在感性材料的基础上，去粗取精，去伪存真，由表及里，由此及彼，进而抓住事物的本质与内在联系，认识事物的规律性。

如何在"变化的量"一课中培养学生思维的深刻性呢？在认真研读教材、理解练习素材的基础上，我对教材提供的情景和题目进行了深入挖掘与拓展，通过"拓展变化"拓宽学生的学习空间，引导学生对变化过程和变化规律进行更加深刻的思考。

教学片段

（一）周期现象

1. 获取信息，发现变化规律

师：你从这幅图中发现了哪些变化的量？它们是怎样发生变化的？你还有哪些发现？

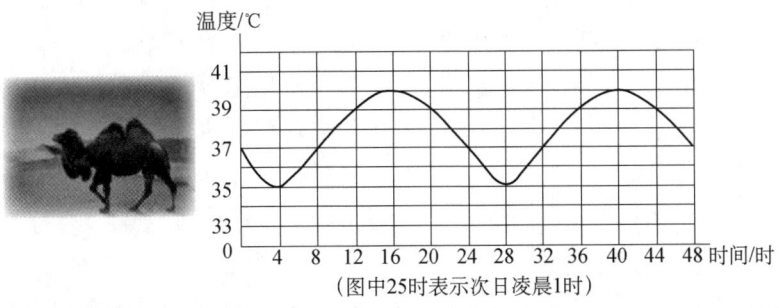

（图中25时表示次日凌晨1时）

生1：从图像上我们知道，4时骆驼的体温最低，是35℃；16时骆驼的体温最高，是40℃。

生2：而且我们知道，24时就是一天的结束。那么，在一整天中，0时到4时骆驼体温在下降，4时到16时骆驼体温在上升，16时到24时骆驼体温又在下降。

生3：我们也可以这样看，4时到16时骆驼体温在上升，16时一直到第二天的4时骆驼体温都在下降。

生4：我还发现，如果我们从这（24时处）切一下（用手做"切"的动作），第一天0时到24时骆驼体温是这样变化的（在图像曲线上用手笔划），第二天0时到24时其实就是图上的24时至48时，骆驼体温也是这样变化的（用手笔划）。这两天骆驼体温变化情况是一样的。

生5：我猜第三天骆驼体温应该也是这样变化的，以后每一天都应该大致相同。

师（小结）：真好！当我们用"变化"的眼光看问题时，真的会有很多有价值的发现，有人找到了骆驼一天体温的最高值和最低值，有人找到了骆驼体温的变化趋势，还有人发现了骆驼体温是呈这样的周期性变化的。

2. 应用规律，解决实际问题

师：有一天，动物园工作人员慌慌张张地跑来告诉兽医先生，"骆驼发烧了，刚测得它的体温是41℃"。如果你是这位兽医，你会怎样判断？

生1：我觉得骆驼发烧了，因为骆驼的体温是35℃到40℃，41℃比40℃高，比35℃高很多。

生2：我们不能只看温度，还要问问这是在什么时间测得的。如果是16时测得的，那只比平时的体温高一点，可能是当地气温变化引起骆驼体温稍微升高，很正常。但如果是4时测得的，那骆驼就是发烧了，因为比它平时这个时间的体温高太多了。

生3：也就是说，我们不能仅凭温度就下判断，一定要知道什么时间的体温，因为时间变化，骆驼的体温也会随着变化，而且变化的范围挺大的。

师（小结）：看来，图像不仅能表征骆驼体温随时间变化的规律，我们还可以应用发现的变化规律为判断一些问题提供依据，解决实际问题。

根据图像的变化规律，改编一个合理的情景。

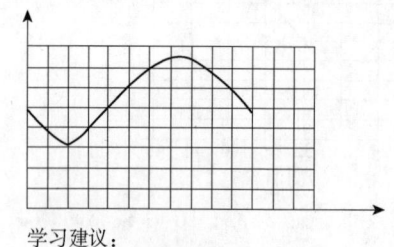

学习建议：
1.确定两个变化的量。
2.结合情景描述这两个量的变化过程。

（二）应用图像，合理猜测

（隐去题目中的其他信息）你还能根据图像的变化规律，改编一个合理的情景吗？

1）小组合作；
2）全班交流。

组1：我们改编的是一个空调销售情况的图像。横轴表示月份，纵轴表示空调的销售台数。随着时间的变化，空调的销售台数也在变化。

组2：我们想到的是某个路口汽车的车流量。横轴表示时间，纵轴表示经过的汽车的数量。可以看出，从0点到5点，车流量在减少；从5点到10点，随着大家纷纷出门上班，车流量在上升；从10点到下午2点，车流量在下降，因为很多人都在单位工作不出门。

师：我很佩服你们，短短的几分钟就能为这个图像赋予新的含义。从中我听出了你们非常善于观察生活中的变化，而且能够应用今天课上研究"变化的量"的方法。在这个教学环节中，真正的生活经验和数学学习完美地结合在了一起。

课后反思

本环节引导学生发现骆驼的体温是随着时间的变化而呈现周期性变化的规律，并结合情境体会"周期"的具体意义，使学生感知到变化的量还有各种不同的变化规律。

教材以骆驼体温的变化为研究素材，设计了三个问题：最值、单调区间、周期变化。面对这样一道有趣的问题，我在思考：它的价值仅仅是获取信息、探究变化规律吗？我们是不是可以再深入挖掘教材，多追问一些问题，拓宽学生的思维呢？于是，我设计了上面两次追问。第一次追问激发了学生应用规律、做出判断、解决问题。研究变化的量，渗透函数思想，除了让学生乐于探究、发现变化规律，并用多种形式表征变化规律，还应该帮助学生体会到，可以根据"规律"判断发展趋势，预测未来，并掌控未来，即"预测"的思想。第二次追问给学生以小挑战，鼓励学生根据研究变化的量的思路和方法，对信息进行加工和再创造。学生需要结合图像呈现出来的变化规律，选择一组合适的相关联的量，并自主创设合理情景。通过对教材题目的两次追问和学生上课的反馈，我们能够深刻地感受到，只要我们给学生多搭设一步台阶，他们就可以站得更高、思考得更深入。

总之，生活中存在着大量看得见的变化现象，其背后则隐藏着看不见的变化规律。对于这些内容的教学，我们除了关注知识层面外，还可以借助这些学习素材，帮助学生在观察变化和探究规律的过程中体会数学思想、发展思维品质，为学生适应未来需求注入发展动力。

参考文献

林崇德. 2005. 培养思维品质是发展智能的突破口. 国家教育行政学院学报，9：21-26.

刘加霞. 2015. 小学数学课堂的有效教学. 北京：北京师范大学出版社，122-137.

1.4 在学生的问题中发展学生的思维

北京第二实验小学涫水河分校　王晓烟

课前慎思

六年级学生即将告别小学生活，升入初中。那么，对于他们而言，此时的数学课需要带给他们什么呢？我想他们需要的是知识上的查漏补缺，需要的是增强知识结成的网的系统性，需要的是提升问题解决能力。于是，通过对学生的了解以及综合练习，我找到他们的知识上的漏洞，进行查漏补缺；通过让学生自主前参梳理以及进行交流活动，使他们的知识形成网络；通过开设游戏课、练习课，提升学生解决问题的兴趣以及能力。这样就可以了吗？教师按照自己的计划带领学生进行复习，可以提升学生的思维品质和数学素养，但这还不够。学生有自己的想法，有自己的好奇心，也知道自己想知道什么。因此，在复习阶段，教师也有必要让他们自己做主，如何让学生自己做主呢？两个字——问题。"发明千千万，起点是一问。禽兽不如人，过在不会问。智者问得巧，愚者问得笨。人力胜天工，只在每事问。"陶行知老先生用四句话将"问"在学习中的重要性阐释得很深刻。于是，在众多复习课中，这节以问题引领学生复习的复习课便诞生了。

实践与思考

一、我有疑问

《礼记·学记》中说，"善问者，如攻坚木，先其易者，后其节目"。问题不在于简单与否，而在于是否有问题，是否为自己的真问题。因此，在教学之前，教师要引导学生经历质疑问难的过程。在学生自己梳理立体图形的思维导图的基础上，我请学生提出他们自己的问题，可以是针对现在所学知识还不明白的问题，也可以是好奇心驱使他们想知道的问题。有了问题，先让学生自问：这些问题自己是否能够解决？让学生将可以解决的问题从问题单中去除掉，留下自己无法解决的真问题。通过整理，学生未解决的问题有以下 7 个。

（1）相邻的两个体积单位间的进率为什么是 1000？

（2）不规则图形的体积如何求？

（3）与长方体等底、等高、等宽的三棱体的体积是不是长方体体积的一半？

（4）立体图形中有没有梯形体？

（5）立体图形中有没有平行四边体？

（6）有没有三角体？如果有，怎么求体积？

（7）球体能不能求体积？

我将这 7 个问题进行整理，并进行细致的分析，对一些指向性不明的问题进行了"放"，比如，"不规则图形的体积如何求？""有没有三角体，如果有，怎么求它的体积？"我发现学生所指的不规则图形是图 1 所示的图形，而三角体指图 2 所示的图形。

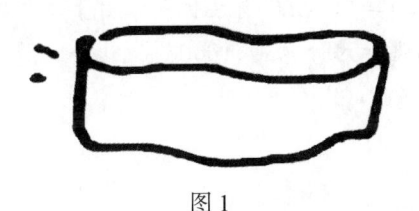

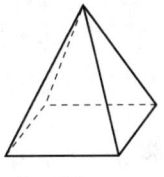

图 1

图 2

一些问题的产生是由知识漏洞造成的。比如，"相邻的两个体积单位间的进率为什么是 1000？"这一问题不明是由体积概念建立以及计算公式推导过程不清晰造成的。将问题产生的原因分析清楚之后，教师便可以进行复习课的设计了。

二、问题给我动力

复习课不能仅仅是一节答疑课，还应有一定的结构与层次，这样才能够使复习课有深度。在这节复习课上，我根据学生的问题将立体图形分为规则图形和不规则图形两大类，规则图形又分成直柱体和衍生出的立体图形两个类型，这样既解决了学生的问题，又有一些新的知识产生。

（一）投石问路

有些问题需要教师抛砖引玉，然后让学生自己去解答，如"相邻的两个体积单位间的进率为什么是 1000？"这一问题。大部分学生是知道原因的，只有个别的学生不明所以，要让这一部分学生根据前面的复习解决这个问题。

（学生通过一张正方形纸的运动想象出立体图形——圆柱、长方体、正方体。教师出示三个立体图形，并计算三个立体图形的体积，随后引导学生聚焦在三个图形的体积计算公式上）

师：请你回忆一下，这些图形的体积公式是如何得到的？

生1：是一张底面积那么大的纸，一张张叠在一起，然后就形成了长方体，也就是底面积乘以高。

生2：我记得不是纸堆成的，是由一个小正方体摆的。一行摆几个就是长方体的长，然后宽就是底面摆了几行，摆几层高就是多少。

（随着学生的发言，教师出示PPT进行演示）

师：正方体体积公式呢？

生3：长方体的长、宽、高都一样的时候就是正方体了。

师：如果用小正方体来摆会是什么样呢？

生3：每行摆的数、行数还有层数都是一样的。

（教师出示单位图）

师：这样的小正方体就是我们所说的体积单位。咱班有几位同学对于体积单位有这样的疑问："相邻的两个体积单位间的进率为什么是 1000？"结合上面的复习，你们能解决这个问题吗？

（教师邀请提问的学生进行回答）

生1：我还是不太清楚。

生2：我明白了，1分米就是10厘米，也就是一行摆10个小正方体，摆这样的10行，摆这样的10层，所以是 $10×10×10=1000$，所以相邻的两个体积单位间的进率是1000。

生1（点点头）：我也明白了。

学生得到通过回忆以前的知识、理解透彻以前的知识，有些问题便水到渠成得到解决了。学生以前的知识就是一颗颗小石子，若想解决当下的问题，就要弄明白这些小石子，并将它们联系起来，便形成了通向答案的路。

（二）问一知十

有些问题实际上具有相同的目标。看下面这几个问题。

（1）不规则图形的体积如何求？

（2）与长方体等底、等高、等宽的三棱体的体积是不是长方体体积的一半？

（3）立体图形中有没有梯形体？

这3个问题所指向的都是直柱体。于是，我借助学生的问题，将求立体图形的体积拓宽到求直柱体的体积，即底面积乘以高。

（教师让学生观察黑板上的3个图形）

师：它们都能用同一个公式来求体积，你们知道是什么吗？

生（齐声）：底面积乘以高。

师：那么它们一定有相同的特点，谁说一说？

生1：都是直上直下的。（边说边用手比划）

生2：上下一样粗。

师：像这样的物体，我们称之为直柱体。那么，直柱体的体积怎么求呢？

生（齐声）：用底面积乘以高。

师：课前有很多同学也对这样的图形很感兴趣。（教师出示学生的前两个问题，同时出示学生眼中的直柱体）看，它们都存在着。那么，它们的体积如何求呢？

生1：底面积乘以高。底面图形是什么就可以求出底面积，然后乘以高求体积。

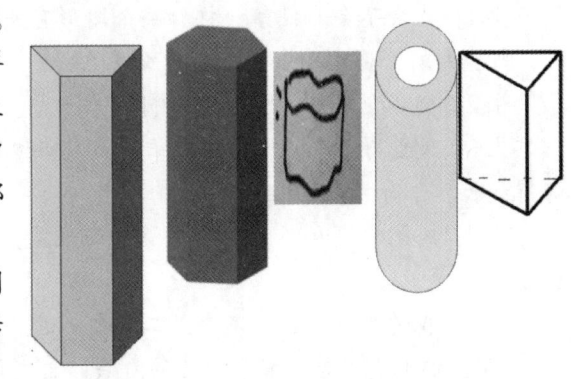

生2：那个不规则的底面怎么求底面积呢？

生1：这就得想办法了，比如分成小正方形估一估，要不就把它改变形状来求。

师：看来通过这样的讨论我们是有收获的，而一些不规则图形的体积还是需要进一步讨论。

（教师出示生3的问题：与长方体等底、等高、等宽的三棱体的体积是不是长方体体积的一半？）

生3：我知道了，是一半，因为它们的高相等。而三角形面积是长方形面积的一半，所以用底面积乘以高求出的体积当然是一半了！

（教师顺势出示相应图片，学生报以掌声）

看来苏格拉底说得没错，"问题是接生婆，它能帮助新思想的诞生"。一个小问题让我们得到了更多的东西。

（三）寻消问息

学生在成长过程中积累了很多经验，在数学这条路上也一样获得了很多经验。在解决问题的时候，他们会将以往的经验调取出来为自己所用。在后面的教学中，学生就很好地运用了已有经验。有几位学生提出了下面这样的问题。

1）在立体图形中有没有平行四边体？

2）有没有三角体，如果有，怎么求体积？

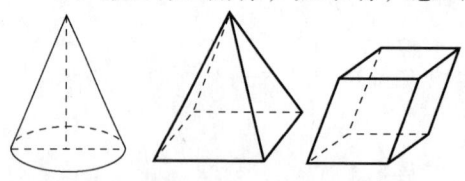

顺着学生的思路，我出示了继直柱体之后的第二梯队图形。

关于圆锥的体积，学生很快便知道了解决问题的方法，而且将推导过程讲得头头是道，但在求四棱锥的时候却出现了分歧。

师：咱班一位同学提出了这样的问题："有没有三角体，如果有怎么求体积？"这样的图形叫作四棱锥。那么这个图形的体积怎么求呢？你们有想法吗？

生1：它会不会和圆锥一样和某个图形有关啊？

师：和哪个图形有关呢？有什么关系呢？

生2：会不会和三棱柱有关系啊？

生3：我觉得不会，因为四棱锥下面是四边形的，如果和圆锥对比看的话，我觉得和长方体有关系。

生4：我也觉得和长方体有关系，而且是等底等高的，我觉得是三分之一的关系。

生5：我觉得不是，会不会是二分之一的关系啊？我觉得它不像圆锥。

（学生们七嘴八舌地发表自己的看法，自发讨论起来）

师（等了一会问）：想知道结果怎么办？

生（齐）：做实验看看。

（这时教师拿出了提前准备好的教具，请两名学生做起了实验。在四棱锥第一次被倒进长方体后学生便惊呼出声说："三分之一！"实验完成之后有学生说："看，就是三分之一。"满满的自豪）

生1：是不是像这样的情况都是三分之一的关系呢？

生2：我觉得是，可以再实验几组，就能得到结论了。

（教师欣喜地看着学生们，真心为他们感到高兴）

看，正是问题激发我们去学习、去实践、去观察、去思考。在解决"在立体图形中有没有平行四边体？"这一问题的时候，学生同样调用了已有的数学经验，将它转化成长方体、直柱体来解决。通过借助已有的经验，学生在问题的推动下得到了更多的信息！

三、为问题留白

学生的年龄决定他们的知识储备是有限的，对于某些问题他们是解决不了的，这时就需要有置之不问的大气。就像这个问题："球体能不能求体积？"这里需要更多的知识去解决这一问题。于是我将它放在了最后，为学生的问题留白。而课堂上却出现了伴着铃声举起的小手，他们的眼睛里闪着光，跃跃欲试地说："我知道是什么，我下课去查资料了！""我也知道，我也知道。"面对学生们的兴奋情绪，我知道课上不能解决的问题会成为学生学习、探究的一个动力。有时候需要一些不完美，生命有裂缝，阳光才照得进来。

在问题的引领下，学生在寻找答案中收获着。解决自己的问题的过程提升了他们的思维品质，毕竟"学源于思，思源于疑"嘛！

课后反思

思维品质，其实质是人的思维的个性特征。思维品质反映了个体智力或思维水平的差异。学生在学习中培养思维品质，反过来，思维品质又促进学生的学习，而思源于疑。

一、问题促进学生主动思考和探究

思维的深刻性是指思维活动的抽象程度和逻辑水平。课前教师要给学生留下提出问题的空间，他们便会主动去思考自己感兴趣的问题，并经过二次思考，从问题中找到自己真正的需求，从而提出来作为大家研究的内容。这一过程看似简单，但是学生要去自我反思，看看自己对以前知识是否真的掌握了，还有没有不明白的地方。面对这一个个鲜活的图形，我还想了解什么图形……这些小问题不断敲击着他们的心扉，引领他们积极地去思考，并在思考的过程中抓住事物的本质与规律，进行系统性地理解。这样的思考过程促进了学生思维深刻性的发展。

在铃声响起的时候，学生依然将手举得高高的，迫不及待地想要与同学们分享球体积的计算方法，可见他们在课下是下了功夫的。这些举手的同学一定也提出过这样的问题，或者提出问题后回家认真做了研究与学习。无论是哪一种，这一问题无疑成为他们思考的动力，促进他们主动去思考、查询相关资料、进行问题解决，甚至资料中那些晦涩难懂的数学知识都不能挡住他们的探究热情。这为以后的学习埋下了种子。看，课前提问给了学生思考的机会。带着问题去思考无疑是积极的，这提升了他们的思维水平。

二、探究学习提升学生的思维能力

在课堂的学习过程中，学生是一直带着问题进行思考的。对于他们特别感兴趣的问题，几乎不用教师进行组织，学生就自发地进行讨论。例如，在研究四棱锥体积的时候,他们经历了猜想、迁移、争辩、验证的过程。而在这一过程中,学生其实在不断地进行全面分析,分析自己心中的答案,分析从别人那里听到的答案,并津津有味地提出自己的看法,这提升了学生的批判思维能力,也让学生的思维更加灵活了。

再比如,在求 4 个面为平行四边形的立体图形的体积时,学生提出了很多方法:用割补法将其转化成长方体;将其内倒上水,然后倒进量杯中;转化成直柱体,用底面积乘以高计算;放入装满水的容器中看排出的水的体积。一个个精彩的答案让人眼前一亮,这样的探究学习给了学生提升思维能力的机会。

在问题的引领下,学生在寻找答案中收获着。解决问题的过程提升了他们的思维品质,因为"学源于思,思源于疑"!

1.5 让空间想象张开思维品质的翅膀

北京第二实验小学　刘铮

课前慎思

荷兰著名数学教育家弗赖登塔尔说过:"几何就是把握空间……那是儿童生活、呼吸和运动的空间。为了更好地在这个空间里生活、呼吸和运动,儿童必须学习了解、探究和征服空间。"这句话充分说明,空间观念对于我们每个人成长的重要。在知识层面,空间观念会伴随一个人的学业生涯,九年义务教育各学段都明确了对空间观念培养的目标。其中,1—3 年级经历从实际物体中抽象出简单几何体和平面图形的过程,了解一些简单几何体和常见的平面图形;感受平移、旋转、轴对称现象;认识物体的相对位置;掌握初步的测量、识图和画图技能。4—6 年级探索一些图形的形状、大小和位置关系,了解一些几何体和平面图形的基本特征;体验简单图形的运动过程,能在方格纸上画出简单图形运动后的图形,了解确定物体位置的一些基本方法;掌握测量、识图和画图的基本方法。7—9 年级探索并掌握相交线、平行线、三角形、四边形和圆的基本性质与判定,掌握基本的证明方法和作图技能;探索并理解平面图形的平移、旋转、轴对称;认识投影与视图;探索并理解平面直角坐标系及其应用。从目标的关键词中我们也可以看出,知识对学生能力的要求在逐步提升。从素养层面来看,空间观念为我们培养学生的创新精神、社会参与、审美情趣和人文情怀等诸多方面搭建了平台。

虽然教书20余载,但对于"空间观念"我一直存在着困惑:为什么我们会感觉"空间观念"不容易建立起来呢?其实空间观念是一种感觉,看不见摸不着,更多的是一种心灵的感受。它也是一种意识活动,存在于人的头脑之中。因此,这种感觉无法用准确的语言精准地描述。必须承认,我们每个人的空间感觉不一样。例如,同一幅图(下图),我们每个人看到的却不尽相同。第一幅图中人是在画中游还是画在廊中走呢?第二幅图是在用手画图还是正在画手呢?这两幅作品出自于荷兰的美术大师,人称史上"绝无仅有"的艺术大师,他创作每一幅作品都是从数学元素中得到灵感。由此看出,数学的感觉多么重要啊!

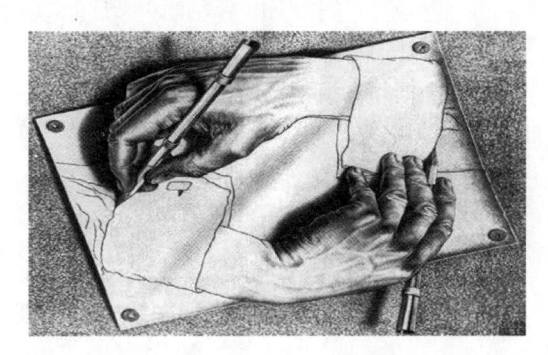

回顾一下课程标准对空间观念的解读:根据物体特征抽象出几何图形,根据几何图形想象出所描述的实际物体,想象出物体的方位和相互之间的位置关系,描述图形的运动和变化,依据语言的描述画出图形等。《义务教育数学课程标准(2011年版)》指出,把空间观念作为核心素养。所谓核心素养,就是以科学性、时代性和民族性为原则,以培养"全面发展的人"为核心,这更能充分说明空间观念的重要性。

如何在我们的课堂教学中有意识地对学生的空间观念培养有所铺垫,有所建立,我们也做了尝试。姚荣老师的"密铺"一课让我受到很大的启发,我感到茅塞顿开。空间想象要乘着思维的翅膀才能飞得更高、更远。

实践与思考

一、观察——观察力,思维发展的窗口

观察是人类认识事物最直接的一种方法,它是人类接触现实世界的触角,也是形成和发现数学知识的基本方法之一,因此,我们认为它是培养空间观念的一个重要窗口。

在课堂上，我们要努力创设"观察"的场景。

一上课，教师出示了一只精美的蝴蝶图，将此蝴蝶进行复制，并从不同的角度进行对接，将一只只蝴蝶演绎成神奇的密铺图。教师特意放慢演示的速度，学生通过观察，既可以感知物体由一到多的变化，也可以强烈感受到密铺神奇的特点：无缝隙不重叠。学生被蝴蝶图深深地吸引住了，"此时无声胜有声"，学生们陷入思考中。此时，借助观察和演示，学生能够清晰地把握住对概念的理解。在第一次试讲时，教师设计的是直接呈现一幅完整的密铺图，让学生进行观察。通过两次不同的设计的对比，我们发现：蝴蝶出示的方式和速度对学生的观察会有影响。

接下来教师将学生的观察视角引向生活，抓住生活中的密铺现象。在观察过程中，学生从三维到二维，从整体到局部，从复杂的生活中抽象出图形的本质特征，平面图形脱颖而出。学生在观察中感悟，在感悟中建立形象，从而培养了空间观念。

为什么教师会有如此设计？其实观察也有方法：

1）整体观察法：一只蝴蝶到一群蝴蝶，个体到整体；

2）对比观察法：生活现象中抽象出数学图形本质；

3）立体观察法：概貌、层次、方位、细节。

二、操作——创造力，思维发展的途径

著名教育学家杜威提出，只有动手操作才能创造奇迹。动手操作是学生直接获取知识经验的最好途径，它可以启发学生积极参与和思考，激发学生对数学的兴趣与探索欲望。学生的动手操作过程其实是手、眼、脑等多种器官协同合作的过程，调动学生多种感官参与学习的过程。

教师在这一课中设计了两次动手操作，这两次动手操作都和密铺有关，但有着不同的含义。

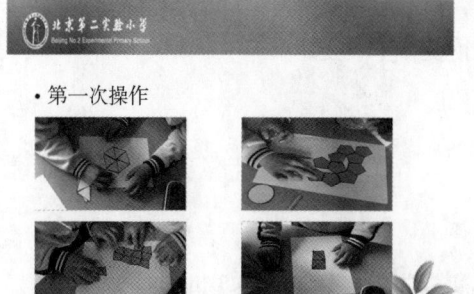

• 第一次操作

第一次动手操作：教师出示一些基本图形，请学生任选其中一个图形进行能否密铺的尝试。学生信心满满地选出图形进行拼摆。有的学生很得意地选出正五边形，反复将图形对接，学生发现无论怎么拼都会有缝隙。

对于不起眼的四边形，学生的内心有着犹豫，他们通过改变方向终于做成了密铺。尝试的环节一方面凸显了学生对密铺元素的认同；另一方面也让孩子在情绪情

感上有所体验。看似很合理的图形居然做不到密铺，看上去很犹豫、拿不准的四边形却实现了密铺。学生不能依据自己的主观想象去判断，要透过现象看本质，经过实践验证才可下结论。

第二次动手操作：让学生将视角锁定在能够密铺的图形中。经历了是否能够密铺的体验后，学生借助深入思考，继续通过操作探究能够密铺的图形有什么规律、它的必然条件是什么？在问题导向中，学生开始研究边与角的关系。他们发现：边与边相接可以密铺，但是"正五边形"的结论就摆在眼前，也是边边相接，为何却不能密铺？

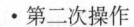

接下来，学生不得不研究角的关系。在学生激烈的辩论中，教师勇敢地"退下来"，真理越辩越明。教师适时地用课件演示出三角形角的关系，一语道破。此次的动手操作将学生的思维推向深入，对待一个问题，他们不仅迫切地要知道是什么，还要探究为什么。

这次的设计让我们看到：动手操作不是一个表演，不能流于形式。必要的操作能够帮助学生准确地在头脑中进行想象，将几何图形与现实生活中的形象产生联系，促使学生在大脑中建构空间图像，从而建立空间观念，发展空间观念。

三、猜想—想象力，思维发展的载体

数学需要猜想，本质上看是一种数学想象，实际上是一种常见的数学思维方式。它能锻炼学生的另一种非逻辑思维能力——直觉，还能影响我们在创造过程中的灵感和顿悟。一个直觉能力强的人，他的灵感也来得快，也更容易让自己找到问题的突破口。

当教师给出生活中熟悉的平面图形，让学生大胆地去猜想"哪个图形可以密铺"，相信此时孩子的脑子里会快速运转，将这些图形迸发出千奇百怪的组合。课下，我采访了学生，有的学生说："我想到了蝴蝶，我也要将三角形变换方向，想方设法去紧紧对接。"有的说："我的脑子里正方形在转，想到了天花板，它们每条边都紧紧地贴在一起。"还有的说："我眼前立即展现了长方形拼接在一起的模样，我的长方形是斜着拼接的。"这次猜想是在教师的设计和有意的安排中达成的。

课接近尾声，学生们居然在思维碰撞中主动做了猜想：足球面上的图案是密铺吗？有的学生说："刚才验证正五边形不能密铺，足球上一定不是只有正五边形。"

立刻有个学生接着说:"对,还有六边形包着彩色的五边形。"会是怎么包的呢?

猜想凭借的是自己的感觉,对错都有可能,但问题的最终解决还要靠逻辑思维。猜想的过程有其独特的不可替代的意义,要将猜想与归纳、类比、演绎等逻辑思维方式相结合,最终发展成为能解决实际问题的全面的思维方式。让猜想成为一个好习惯。

四、问题—思维力,思维发展的核心

爱因斯坦说过,提出一个问题比解决一个问题更重要。新问题的提出需要创造性的想象力,因此,建立空间观念也要和问题意识紧密相连。

课前参与:

  所有的图形都可以密铺吗?

  为什么要密铺?有什么好处呢?

  只有一个图形才可以密铺吗?两个或多个可以吗?

课中研讨:

  密铺有什么条件吗?密铺要遵守什么规则?

  足球面上的图案是密铺吗?

课后延伸:

  什么图形最适合密铺?

  怎样密铺是最好的?

  三角形可以密铺,四边形可以密铺,三角形和四边形正好组成一个五边形,可这个五边形却不能密铺,是不是所有的五边形都不能密铺?

我们发现,学生在不同学习时期所提出的问题的深度是不同的。我们从提出的问题中看到了学生学习的发展、思维的延展以及角度的拓展。带着问题走进课堂,再带着新问题走出课堂,这将是我们每节课所追求的目标。有问才有思,有思才有追问,这样持续地思考可以促进思维的深度发展。

课后反思

在这节课的设计上,我们努力从四个路径引导学生进行探究:观察是思维发展的窗口;操作是思维发展的途径;猜想是思维发展的载体;问题是思维发展的核心,并以此为教学突破口,以达到空间观念和思维品质的同步培养。我们不仅注重学生对知识的学习,更注重学生空间观念的建立和思维品质的提升。观察、操作、猜想、发问是我们探究的手段。其实,再次追问我们会发现,这些手段都离不开思维培养。因此，思维品质的提升和空间观念的建立相辅相成。

培养学生用数学的眼光观察世界，用数学的思维分析世界，用数学的语言表达世界，让空间想象张开思维的翅膀，将思维品质的培养扎根于课堂教学中，这样我们的思维发展之花将处处盛开。

参考文献

胡卫平.2012.学思维活动课程（教师用书小学版）.北京：外语教学与研究出版社.

中华人民共和国教育部.2011.义务教育数学课程标准（2011年版）.北京：北京师范大学出版集团.

1.6 关注度量本质 培养度量意识
——以"角的度量一"一课为例

北京第二实验小学 唐菲

课前慎思

本单元的教学目标：经历探索角的度量单位的产生过程，认识角的度量单位，会用量角器等工具量角和画角，发展估计意识和策略，并逐步养成独立探索，交流反思，认真细心的良好学习习惯。本节课是在学生认识了锐角、直角、钝角、平角、周角的基础上进行教学的。这节课的学习不仅为学生后续学习度量角、画角打下基础，也为学生今后学习其他几何知识创造了条件。

小学数学中有关"图形的测量"的知识，主要要求学生从三个方面掌握：首先是度量单位，其次是测量或计算的方法，最后是运用度量知识解决实际问题。在教学中，"度量意识的培养"远远高于"度量技能的熟练运用"，否则学生的思维将会成为无源之水。

教师要让学生感受到，无论度量什么，度量前先定义一个小单位，被测物包含小单位的个数就是它的大小。而这个小单位的确立就是标准，标准统一是测量的前提。秦王嬴政统一六国之后的一个智举就是统一度量衡，即统一标准，而我们度量的本质就是较小单位的累加。教师在课上让学生经历度量的过程，体会标准的确立,感受度量的本质,通过这样的学习过程,引导学生层层深入,抓住现象背后的本质,加深学生对数学问题的认识和理解,发展学生的思维能力。

认识角的度量单位是学生在学习了长度和面积的度量之后,又一次经历度量。学生虽有前面量长度和面积的经验,但很难把角的度量和他们联系起来,很难自觉地在头脑中形成一条度量的主线。因此,让学生体会度量单位统一很有必要,体会"各种度量之间是相通的"是把学生的思维引向深刻性的体现。

此外,我还在课前与学生的聊天中发现,一提起角的度量,学生们津津乐道的往往是量角器,想知道怎么量角、如何画角等。对于角的度量单位,部分学生知道是1°,至于为什么是度、1°是什么、有多大等,就很模糊了。让学生在现实情境中感受统一角的度量单位很有必要性,把测量与头脑中角的大小的表象结合起来对于发展学生的空间观念非常重要。因此,本节课把让学生经历角的度量过程、了解1°角的产生及大小、体会度量本质、发展空间观念作为教学重点。

实践与思考

一、出示情景图,引发思考

师:同学们都喜欢玩滑梯吧?你能用学过的角的知识解释吗?

生1:它们的坡度不一样,有的比较陡,有的比较缓。

生2:最后一幅图中滑梯与地面形成的角较大,第一幅图中形成的角比较小,所以(第一幅中地滑梯)它舒服。而最后一幅图让人感觉更刺激。

生活中的滑梯情景激发了学生由滑梯坡度变化而引起下滑感受不同的已有经验,从而引发学生度量角的大小的需求,这既有利于学生在后面调动更多的经验解决问题,也可以培养学生的数学应用意识。

二、引导学生操作、交流,体会统一标准的必要性

师:角有大有小,怎样度量角的大小呢?今天我们就来共同研究有关角的度量的问题。[板书:角的度量(一)]

师:拿出你的学具∠1、∠2、∠3,如何度量它们的大小呢?

（学生先同桌互相说，再小组合作；全班汇报）

生1：首先我们用三角尺最小的一个角与这3个角比较，得出∠1较小，∠2和∠3都大于这个角，∠3＞∠2＞∠1，但不知道大多少。

师：他们用了一个固定的角作为标准来度量。（板书：①固定角）

生2：因为角的大小跟角的两条边张开的大小有关，所以我们测量了两边之间的开口大小（右图）。发现∠3开口2厘米，∠2开口1.5厘米，∠1开口1厘米。

生3：我们组同意此方法，但有质疑。我们先是在角的两条边上各取厘米，做好记号，再去测量两个标记之间的距离。

生4：我们组是在一条边上取2厘米，做标记，然后向下一条边作垂线，量垂线的长度。（右图）

师：大家同意吗？

生（齐答）：同意。

师：是的，测量时大家力求准确，有理可依，值得表扬。（板书：②量张口）

生5：我们组用∠1做标准，∠2比两个∠1多一点；∠3比3个∠1多，不到4个。（右图）

生6：这个方法与用固定角（指黑板）的方法一样，只能比出角的大小，不能得出大多少。

师：刚刚大家积极动手操作，积极思考，能倾听，会质疑，老师特别欣赏。我在想，上面同学的方法要是能够用整数来表示∠2和∠3的大小就更准确了，你有办法吗？

生7：这个角要是再小一些就有可能是整数。

师：有道理吗？这个作为标准的角要是再小一些，看看是这样吗？（右图）∠1等于3个小角，∠2等于7个小角，∠3是11个小角还多一些。

师：又遇到到困难了，∠3的结果还不是整数，怎么办？

生8：再用更小的小角做标准。（板书：③小小角）

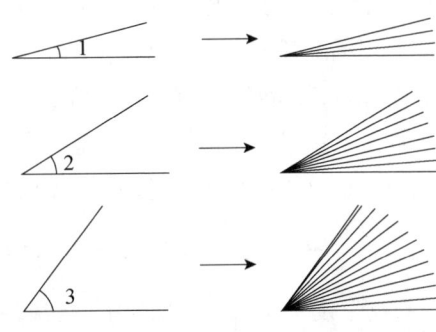

师：（出示PPT）看来是把标准定得越小，剩得就越少，就越接近真实值，

越精确。刚刚大家研究出了这么多度量角的方法(指黑板:①固定角;②量张口;③小小角),你有什么发现?

师:同桌说说。

生9:方法①和③相似,都是用一个小角做标准来量,方法②不一样。

生10:其实方法②也是有标准的,要么都取1厘米,要么都取2厘米。

师:是的,大家的思考都很深入。那你们比较一下方法②和方法③,更喜欢哪一个?

生9:方法②,只要量量长度就好了。

生10:不对呀,你说方法②是在量长度,可我们是在量角。量角得用角作单位(重音落在"角"上),不能用长度作单位,而且每个角得量好几次,误差也会比较大。还是方法③更准确、方便,量角器就是这样的。

师(小结):这些方法各有特点,同时也有共同之处,就是测量之前都得确立一个标准。只有标准统一了,才能方便沟通。

引导学生自主探究度量角的方法,在实践中发现问题,思考问题,得出度量角的大小要有一个统一的度量单位,是培养学生度量意识的重要途径。学生在拿到任务之后比较兴奋,小组同学动手动脑,积极配合。全班交流时,学生们主要呈现了3种方法:①固定角;②量张口;③小小角。我特别欣赏第一个孩子在汇报"量张口"的方法时,其他学生能够先认可,再提出质疑。同时,在角的两边先确定1厘米或2厘米,再去测量开口大小,既强调了标准的重要,本身又是对第一名同学的纠正。这样的对话更容易让人接受,也更容易产生共鸣,学生的思维也慢慢丰富起来。

同时,多种方法被呈现出来时,教师及时地追问:这么多方法,你有什么发现?这又推进了学生思维的进一步发展。尤其是量张口的方法,学生们从一开始盲目地找到边上的一个点就量长度,到经过思考,找到1厘米处或2厘米处的固定点再量长度或作垂线,这一方面说明学生在实践中不断钻研、不断调整,本身就是一个思维成长的过程;另一方面,这也是学生最本真、最朴实的想法,是学生思维的生长点,是我们不容忽视的客观存在。虽然它不是这节课教师主推的方法,但学生经过动手操作澄清了认识,思维得到了发展。当然,度量之前先确立标准是学生们一个很重要的收获,这也是本节数学课的教学目标之一。

三、揭示 1° 角的定义,认识度量角的单位

师:度量角,其实数学家们也统一了标准,给咱们的"小小角"下了定义。(出示 PPT)

教师提出以下问题：

1）学生自学，教师展示自己做的 1°角，贴在黑板上，让学生感受 1°角有多小。

2）（课件随意出示圆中的若干 5 份、10 份等）你知道这个角分别是多少度吗？

3）请大家找一找，看看你能不能找到直角、平角和周角。你发现了什么？

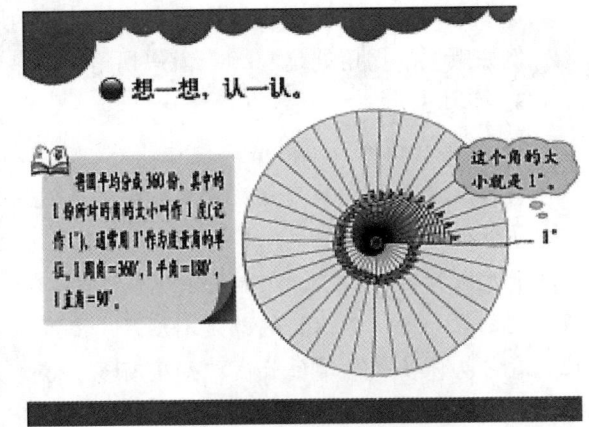

（学生边找，教师边板书：1 直角＝90°，1 平角＝180°，1 周角＝360°）

师：你还有什么发现？（指板书）

生：都是一半的关系。

（教师继续板书：1 周角=2 平角=4 直角）

（教师让学生动脑动手，感知不同角度的大小）

1）估一估

师：我们已经了解了度量角的单位是 1°，现在请大家估一估 3 个滑梯中的角分别是多少度？

2）折一折，剪一剪

教师组织学生利用教材附页中的图 1 剪出不同度数的角，让学生感知角的大小。

"你发现了什么""你还有什么发现"等问题串的设立，可以引领学生的思维一步一步向纵深发展。学生不但验证了每种特殊角的度数，同时又明确了他们之间的关系。在引导学生明确度量角的单位后，教师又通过估一估等活动让学生感受角的大小，为进一步学习量角、画角做好铺垫。

四、巩固练习，提升反馈

1. 练习 1：说出每个钟面上时针和分针所成的角度

2. 练习2：在生活中找一找角，并估计角的度数

例如黑板的拐角处是90°、窗户拐角、楼梯与地面的夹角、椅子面和靠背等。

3. 练习3

师：（播放课件及画外音）度量，实际就是用统一的单位来测量。我们从一年级的时候就会用身体尺来描述周边物体的长度，比如一拃、两拃。慢慢地我们发现，每个人的手不一样大，结果也就不精准了。于是我们就统一了单位长度，用一小段长度做标准去测量，比如用1厘米、1分米、1米等作单位。我们把若干个单位长度刻在一个工具上，这就是刻度尺。要度量某个物体的长度，只要用尺子一比，看它包含多少个单位长度就知道有多长了。如果度量的物体不能正好是整数个单位，我们就把一个单位长度再平分为10份，这又产生了更小的度量单位。后来我们又学习了面积的度量，规定了1平方厘米、1平方分米、1平方米等的大小，度量时只要看度量对象包含多少个1平方厘米，就得出面积有多大了。而今天学习的角的度量，也是看这个角里包含多少个单位（即1°的小角），就能确定角的大小了。

练习2将本课所学与生活联系起来，具有一定的挑战性，学生既可以从1周角等于360°考虑，也可以直观推断从表2入手。练习3结合生活实际，体现了数学与生活的紧密联系，进一步揭示了度量的本质，促进了学生思维系统性的发展。

课后反思

一、动手操作、亲历度量过程，培养思维灵活性和独创性

教师在课堂上通过滑梯引入，不经任何提示，直接把问题抛给学生：你能度量这3个角的大小吗？教师为学生创设了探究的空间。学生则通过独立思考和小组讨论，经历动手操作、合作探究，最后呈现了多种方法去解决问题，这本身就是学生的思维向灵活性和独创性发展的过程。

（一）独立思考与小组合作：为学生思维灵活性的发展创设空间

课堂中教师留出充足的时间和空间给学生，让他们的思维活动既有个体发生、发展和提升的过程，也有小组同学间彼此学习、思维碰撞的过程。在这样的时间和空间里，在这个过程中，教师为学生思维灵活性和独创性的发展创设了空间。

（二）动手操作：方法的多样化体现思维的灵活性

学生通过独立思考，在小组合作的基础上完成了对多种方法的探究。在实践

中，学生们不断探索，不断调整，通过折一折、画一画、剪一剪、写一写等多种探究手段，自主探究，努力完成学习任务，当然也收获满满，呈现出了多种探究方法。

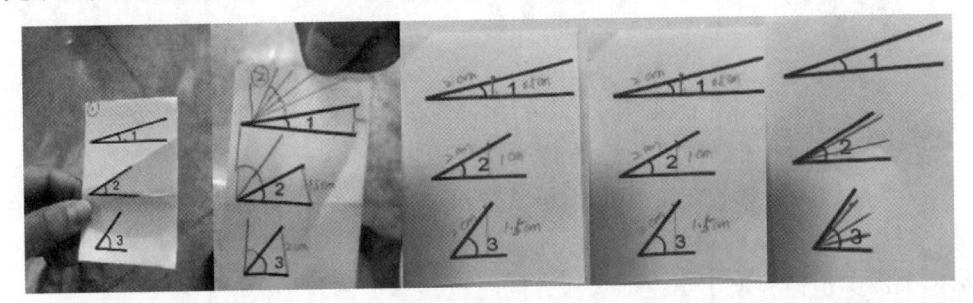

在此基础上，学生确定了3种主要方法：①固定角；②量张口；③小小角。动手实践换来的是学生能从更多角度思考问题，不断调整、寻求更适合的灵活解决问题的方法。

在动手操作环节，其中一组学生向我展示了他们的独创方法（右图）。学生说，他们把每个角复制，看看大概几个可以组成一个直角，用的角越多就说明它越小，或者说分的份数越多角越小，因而得到∠3最大、∠1最小。

可见，给学生时间和空间展开个性思考，并给予他们动手操作的机会，他们思维的创造性就会迸发！

（三）练习部分

教师再次组织学生折一折、剪一剪，利用教材附页中的图1剪出不同度数的角，让学生感知角的大小。学生在实践中把各种度数的角与头脑中角的大小的表象结合起来，为进一步学习量角、画角做好铺垫，并发展了空间观念。

二、问题引导、建立关联：彰显思维培养的深刻性

思维的深刻性是指思维活动的抽象程度和逻辑水平，涉及思维活动的广度和深度。学生的思维往往停留在对数学问题的表面认识上，还不能做到更广、更深，要达到思维深刻，需要教师预设有梯度的问题，引导学生的思维走向深刻。

（一）问题串的提出使学生的思维建立关联、走向深刻

教师用固定角、量张口、小小角这3种看似不相关的度量角的方法，通过提问，引发学生的自发讨论和交流。经过几轮思维碰撞，学生们达成了共识：3种方法表面上不相关，但有共通之处，都是先确立标准，再去解决问题，暗示了度量的本质。只有标准统一了，才能方便沟通。固定角和小小角的方法可以被归为一类，

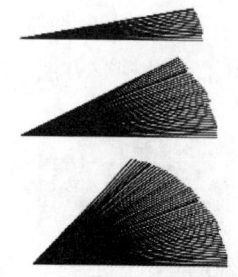

都是用一个小角做标准进行测量；而对于量张口的方法，无论是找 1 厘米的点还是 2 厘米的点，都得先确立一个标准。总之，度量之前先确立一个标准是同学们达成的一个共识。如果没有教师的这一问，学生的思维就停留在 3 种方法上，看不到不同之中的相通。找到 3 者之间的共通之处，可以使得学生的思维向深刻性迈进一步。

"要是能用整数表示它们的大小就更准确了，你有办法吗？"这一问题更是将学生的思维引向纵深。当然，把标准定得越小，结果就越精准。课件的演示（上图）不但验证了学生的想法，同时也让学生体验了极限思想。

（二）长度、面积、角的整体回顾揭示了度量的本质

在平日的学习中，学生往往是一个一个点地研究，知识点独立，不习惯将这些点串起来，而今天恰恰用一根线将这些美丽的"珍珠"穿起来。在自己思考和讨论的前提下再听录音，学生就不难理解：角的度量和长度及面积的度量在本质上都是一样的，都是先确定一个较小的单位做标准，再看要测量的事物里包含多少个这样的小单位。如果还不精准，可以再细分。这样，在学生的头脑中，一条度量的主线就建立起来了。

通过以上设计，学生顿悟到：原来一切度量的本质都是较小单位的累加。长度的度量本质是长度单位的累加；面积的度量本质是面积单位的累加；而角的度量本质是小小角（1°角）数量的累加。无论是长度、面积的度量，还是角的度量，看似不同，本质却相同。发现知识之间的内在联系并在头脑中重新建构，这正是思维深刻性的培养过程。

一堂好的数学课应该是充满问题的。随着教学的推进，教师应该及时鼓励学生提出自己的疑问。人们常说，提出一个问题比解决一个问题更重要。培养学生的思维向纵深发展，也许学生会给你更大的惊喜。同时，数学是思维的体操，数学课堂则是锻炼学生思维的主要场所。作为数学教师的我们，一定要将培养学生的思维品质放在首位，每节课在深钻教材的基础上，都要坚持思考其中的一点或几点，把对学生思维品质的培养落在平时、落在行动上。

参考文献

侯德峰. 2017. 关注度量本质 提升基础素养：以"角的度量"为例. 小学数学教师，5：43.

1.7 动起来的数学课——以"相交与垂直"一课为例

北京第二实验小学　王小磊

课前慎思

一、教学方式活动化

在上"相交与垂直"这节课之前，我翻阅了以往很多教学视频及案例，发现大家常使用任意画两条线、任意摆放两支笔、观察生活中实物上的两条线，或直接给出两条相交的线的研究方法引入本课的学习知识。虽然这样的引入可以直入主题，开始新知识的探究，但这些引入都是教师给的，学生只是被动地接受学习。

我在《运用课堂游戏培养小学生学习兴趣》一文中读到：中低年级小学生在不能直接观察到事物特征的情况下会感到对某些概念进行概括有困难。他们不善于主动地给自己提出观察的目的和任务；注意力不稳定，且常与兴趣密切相关。生动、具体、新颖的事物容易引起他们的兴趣和注意，而比较抽象的概念、定理则不能引起他们的兴趣。他们的记忆效果明显受情绪和外加动机影响。因此，巧妙运用课堂游戏可以提高学生的记忆水平，有利于培养学生的学习兴趣。游戏的引入可以让学生们学得更专注，能够更深入地去探究数学知识。

儿童心理学家皮亚杰说过，游戏是认识兴趣和情感兴趣之间的一个缓冲地带。那么，我们从这节课的内容来思考：什么样的游戏既容易观察，又能自然地将对数学的探究融入情境之中呢？这让我想到了小时候玩过的挑棍游戏。教师在课堂中适当地运用游戏，能够调动学生的情感兴趣，从而触发他们的认识兴趣，引发学生积极地思考。

让学生动起来，除了教学方式活动化，还有哪些方法呢？我们再来看看教材。

二、静态知识动态化

北师大版数学教材的特点是让学生在线的运动中认识线与线的位置关系。编者的意图在于把图形的运动与研究图形的特征结合起来，发展学生的空间观念。在本节课之前，学生已经对角和线有了一定的认识。能从生活中的实物抽象出角、线等数学元素。也初步认识了图形运动中的平移与旋转。并以此为起点，观察一条线不动，另一条线旋转或是平移，感受平行和垂直的特殊性，用运动变化的观点来处理孤立静止的问题，将静态的知识动态化。

三、课堂互动优化思维

《义务教育数学课程标准（2011年版）》指出，数学思想蕴含在数学知识形成、发展和应用的过程中，是数学知识和方法在高层次上的抽象与概括。学生在积极参与教学活动的过程中，通过独立思考、合作交流，逐步感悟数学思想。在过程中适当地渗透和使用数学思想方法，对于培养学生的数学思维能力起着至关重要的作用。

要使学生对数学思想有所体会，必须给学生们留有质疑、思考的空间。王永春在《小学数学与数学思想方法》一书中说道，把知识从宏观到微观不断地分类学习，既可以把握全局，又能够由表及里，有利于形成比较系统的知识结构。分类讨论也为学生们提供了互动的空间，并促进其思维的优化。

因此，我试图通过教学方式活动化、静态知识动态化、课堂互动中优化思维三个方面来设计本课，让学生"动"起来。

实践与思考

一、教学目标及重难点

教学目标：①借助分类活动探究两条直线的位置关系，认识相交与垂直，了解点到直线距离的应用；②在探索线与线的位置关系及垂线段应用中发展学生的空间观念；③在游戏活动中激发学生的学习兴趣，让学生感受数学与生活的紧密联系。

教学重点：认识相交与垂直。

教学难点：点到直线距离的应用。

二、课堂的主要环节、流程

下图为本节课流程图。

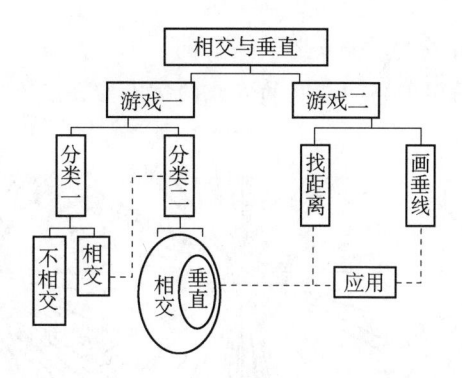

（一）分类一：活动、互动

开始上课时，"挑棍"游戏一出，学生的注意力迅速集中在课堂上。但是小棍的位置关系过于复杂。

师：如果现在只有两根小棍，他们可能是怎样放的呢？你能用两条直线来代替它们画在纸上吗？

教师选取学生的作品放在黑板上供大家讨论。这时，教师静心倾听学生发言。第一组的分类方法如右图所示，这时有人提出质疑。

生1：我认为他们应该分为一类，因为都有直角。

生2：我同意他的想法，应该是4类。

生3：我也认为是4类，不过应该这样分，因为直线无限延长之后，也会出现锐角。

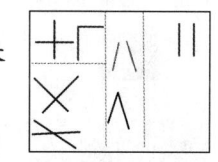

（这时教师帮助学生画延长线，纸不够了就画到了黑板上，可刚画完，生3就改变主意了）

生3：这6个应该分一类，因为直线延长之后，都会出现"叉子"。

在分类过程中，学生的分法要么标准不统一，要么没关注到直线这一条件，出现了分歧。在互动中，学生的思维由表及里，细化每一个条件，明确了相交概念。对于不同的分类情况，学生相互质疑、批判，相互补充。这使学生思维的角度更加全面，知识在头脑中的印象也更加深刻。

（二）分类二：知识动态化

第二次分类之后，学生已经意识到按角分类的标准了。那么如何让学生发现还可以从运动角度观察相交与垂直呢？

师：如果老师将同学们画的相交的直线的交点重合在一起，还有很多很多，你看到了什么？（下图）

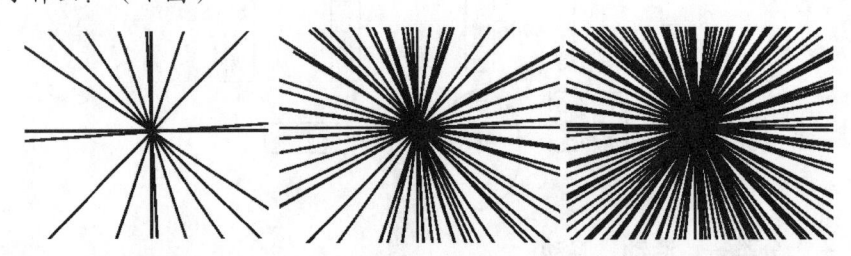

师：这么多情况，只能用两条直线，能将这些情况都展现出来吗？

我们在学生的惊讶声中展开了研究。这时，有的学生用两根纸条一起转，也有的学生让一条线不动，另一条旋转。这时，教师将学具放在黑板上，将一条线旋转180°，让学生再次观察这个过程中角的变化，感受垂直的特殊性。

在整个环节中，我们从众多的位置关系中取出两条小棍画下来。通过两条线的位置关系的讨论，我们得到了相交与垂直的概念。然后将这些图片的交点重叠在一起，让学生去想象从运动的角度去处理几何问题，引导学生将静态知识动态化，发展他们的空间观念。

回看视频我发现，当学生因为分类标准出现分歧的时候，教师应更好地把握"进"的时机，帮助学生明确标准，并将关键词板书出来，进行强化，这样才能让学生更好地理解概念的内涵，体会分类标准的重要作用。

（三）游戏：活动、知识动态化

两次头脑风暴之后，学生注意力需要再次充电。我们又玩了一个游戏。

规则是这样的：我在地上用胶带画了一条线。我会随意站在一个位置，学生需要在线上找到一个能够最快到达我所处位置的点。

游戏中学生很容易找到点到直线垂直距离垂足的位置。但是在描述的时候，学生还是习惯说"直线""别的位置会偏的"这样的话，并没有将刚刚学过的知识与生活中的实际问题联系起来。

这时教师让学生先静下来，跟着教师想一想，将地上的线移到黑板上，教师也变成了黑板上的一个点。

师：我在这，那你们的位置在哪呢？（下图）

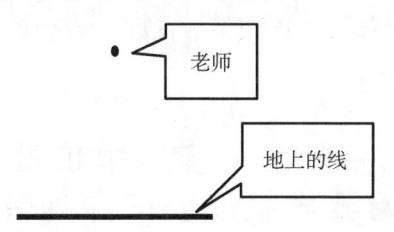

老师

地上的线

（话音刚落，学生就跃跃欲试地举起手来，然后立刻用尺子尽量地去标出垂足的位置，可还是有很多学生举起了小问号）

生1：我觉得还是不够准确，应该用三角尺的直角去画这个点。

（学生在互动中知道了垂线段，还明确了垂线的画法）

师（追问）：这条线一定是最短的吗？

生2：可以量一下。

师：（拿出一个纸条，一端放在点上，一端放在垂足的位置）用这个能量吗？

生：动一下就可以。

（教师慢慢地旋转纸条，学生静静地看，最后得出点到直线之间垂线段最短）

在这个活动中，学生通过游戏的"动"感受知识和生活密切相关，又在知识运用中比较了垂线段的长短，从行为上的"动"和思维上的"动"理解了动态的知识。

课后反思

本堂课的两个游戏活动让教学动了起来：认识垂直特殊性和点到直线距离的应用体现了知识动态化；两次分类讨论让学生的思维动了起来。

不过我发现，课堂中教师不能一味地去关注学生的动，也需要有静下来听和思的时间。教师要有这样的动和静：课堂中勇敢地退下去听学生发言，就是静；适时地进，引发进一步的思考，就是动。在一动一静的过程中，我们关注了学生的需求，拓展了学生的学习空间，促进了学生的发展，使教师成为学生学习的合作者和引导者。

参考文献

watlxf 的博客. 2009-06-30. 运用课堂游戏培养小学生学习兴趣. http：//blog.sina.com.cn/watlxf.

鲁英. 2007-05-29. 就是要玩个没大没小. http：//china.rednet.cn/c/2007/05/29/1215088.htm.

王永春.2014. 小学数学与数学思想方法. 上海：华东师范大学出版社，21-22.

中华人民共和国教育部. 2011. 义务教育数学课程标准（2011年版）. 北京：北京师范大学出版社，46-47.

1.8 在提问—想象—实践中积累活动经验，培养思维品质的深刻性

北京第二实验小学　姚荣

课前慎思

《义务教育数学课程标准（2011年版）》在总目标中明确提出：通过义务教育阶段的数学学习，学生能获得适应社会生活和进一步发展所必需的基本活动经验，并将基本活动经验与过去的"双基"并行，进而形成"四基"。数学活动经验是一个内涵很丰富的概念，史宁中认为，其为通过对具体事务进行实际操作、观察和思考，从感性认识向理性认识飞跃时所形成的认识。

数学实践活动是一类以问题为载体、以学生自助参与为主的学习活动。我们看到，无论是问题解决教学理念，还是数学活动实践课程，两者都把"问题"作为着眼点。在实践活动过程中，思维深刻性恰恰是一切思维品质的基础，是数学思维品质的核心内容。作为数学教师，我们应当把对数学思维深刻性的培养作为培养学生思维品质的立足点和突破口。通过阅读大量资料和实践，我认为，培养小学生思维深刻性最有效的途径莫过于拓展他们的想象空间和深挖他们的问题意识。下面我以"生活中的密铺"一课为例，谈谈如何利用实践活动来培养学生思维品质的深刻性。

实践与思考

一、猜想—想象力—载体

皮亚杰等研究认为，儿童的空间表象是通过内化行为的逐渐组织而构建起来的。因此，空间表象不是儿童对空间环境的感性"读出"，而是通过与环境的交互作用和经验积累逐步感悟起来的。猜想作为一种常见的数学思维方式，能锻炼学生的另一种非逻辑思维能力——直觉，还能影响我们在创造过程中的灵感和顿悟。一个直觉能力强的人，他的灵感也来得快，也更容易找到解决问题的突破口。

实践证明，教师只有在学情中找到突破口，才能有的放矢，发挥学生的能动性。在动手操作之前，教师特意给出生活中熟悉的平面图形，让学生大胆地去猜想哪个图形可以密铺。相信此时学生的头脑会快速运转，对这些图形迸发出千奇百怪的组合。课下我采访了学生们，有的学生说：我想到了蝴蝶，我也要将三角形变换方向，想方设法去紧紧对接。有的说：我的脑子里有正方形在转，想到了天花板，他们每条边都紧紧地贴在一起。还有的说：我眼前立即展现出长方形拼接在一起的模样，我的长方形是斜着拼接的。这些猜想都在教师的设计和有意安排中。通过猜想，学生的操作更有目的和意义。而动手实践本身又是一种验证，展现了数学的严谨。

课接近尾声，学生们居然在思维碰撞中主动做了猜想：足球面上的图案是密铺吗？先前验证了正五边形不能密铺，可足球上就是正五边形啊，为什么能够密铺？这时马上有学生站起来反驳："那你一定没有仔细观察，足球上不仅有五边形，还有六边形，所以它能密铺。"紧接着马上又有学生猜想："是不是所有的图形，只要组合两种或多种，就都可以密铺？"随着思维的不断碰撞，学生的想象力越来越广泛，思考也越来越深入。

要让猜想成为一个好习惯。可以看出，随着学习的深入，学生的空间观念从平面发展到立体，并且也拓展了密铺在生活中的应用。密铺不仅是平面装饰，很美观，更可以起到坚固的作用。猜想凭着自己的感觉，对错都有可能，问题的最终解决还要靠逻辑思维。但猜想的过程有其独特的、不可替代的意义。将猜想与归纳、类比、演绎等逻辑思维方式相结合，最终发展出能够解决实际问题的全面的思维方式和思维品质。

二、问题—思维力—核心

爱因斯坦曾说，提出一个问题比解决一个问题更重要。新问题的提出需要想象力，因此，建立空间观念也要和问题意识紧密相连。美国学者布鲁巴克也说过：最精湛的教学艺术，遵循的最高准则就是让学生提问。可见，培养学生自觉的问题意识，以及提出问题的方法和能力，对培养学生的科学学习方法具有重要意义。我的这节课以学生提出问题作为课的主线。学生能在不同时刻提出不同的问题是思维力强的有效体现。

（一）课前提问

数学知识的系统性很强，前后联系紧密，课前提问对回顾旧知识、学习新知识起着承前启后的作用。合理的课前提问可以让学生明确听课目的，之后的问题解决更能使学生明白学有所用。在新知识的导入阶段，教师借助揭示课题，引导学生开展联想，提出数学问题，这有利于激发学生的求知欲和学习热情，并有利于学生明确如下学习问题：①所有的图形都可以密铺吗？②为什么要密铺？有什么好处呢？③只有一个图形才可以密铺吗？两个或多个可以吗？

这样的提问可以很快引入正题。可能学生会提出一些价值不大的问题或偏离本节课主题的问题，这时教师不要着急处理，可等到这节课或者这单元学完之后呼应学生提出的问题，看看解决了没有。

（二）课中提问

在质疑问题时，学生主要运用观察、比较、判断推理、归纳等逻辑方法，但随着年龄和知识的增长，学生还会用到猜想、推测等。在教学中，教师要注意启发、引导学生运用上述方法发现下列问题：①密铺有什么条件吗？②密铺要遵守什么规则？③足球面上的图案是密铺吗？

在学生课中提问环节，我认为可以从以下几个方面引导学生：①在知识的"生长点"上提出问题，即在从旧知识到新知识的迁移过程中发现和提出问题；②在知识的"结合点"上提出问题，即在新、旧知识的内在联系上发现和提出问题；③在教学过程中引导学生，从解题的过程与方法中提出问题；④从动手操作的实践中提出问题；⑤从自己不明白、不清楚的地方提出有价值的问题，逐步培养学生的发散性思维和求异思维；⑥从法则、规律的结论处提出问题。

（三）课后提问

课后提问可以补充教学中存在的不足，也可以培养学生全面、整体地看问题。学生有什么问题都可以提出来，这样既让学生进行深入思考，又能使教师及时了解学生的学习情况。下面是学生提出的一些问题：①什么图形最适合密铺？②怎样密铺是最好的？③不同的图形拼在一起算不算密铺？④三角形可以密铺，四边形可以密铺，三角形和四边形正好组成一个五边形，可这个五边形却不能密铺，是不是所有的五边形都不能密铺？

我们发现，学生在学习的不同时期所提出的数学问题的深度是不同的。教师可以从问题的提出看到学生学习的发展、思维的延展以及角度的拓展。新课程标准理念特别强调教学要以学生为主体，培养学生的问题意识，就是贯彻这一理念的具体措施之一，真正让学生做到自己发现问题，解决问题，再应用于生活。"带着问题走进课堂，再带着新问题走出课堂"，这将是我们每节课所追求的目标。有问才有思，有思才有追问，这样持续的思考才可以促进思维的深度发展。

课后反思

新课程标准要求教师强调学生的动手操作，而在教学中，很多教师忽略了学生主体的学习特点和学习规律，一味强调动手，导致学生不能进行必要的静态想象和思考，数学思维的培养成了"镜中花""水中月"。还有的教师认为，只要让学生动手操作后获得感性经验，就可以启发学生想一想、说一说。可是这样一来，却压抑了学生想象能力的发展，阻碍了学生的独立思考。学生的很多直观操作都是一味地对照操作，并无思考力。通过教学实践我认为，在培养学生空间观念和想象力方面，应让学生先进行学习，教师随后顺学而导，这样的模式不但能够使学生发展动态想象，而且能够避免学生操作的随意性和机械性。值得注意的是，在动态想象之前，教师首先要关注学生思维的最近发展区，比如在本次课堂教学设计中，我就从学生的学情入手，通过让学生探索"哪些图形可以密铺"来进行空间想象力的引导和启发，打开想象空间，促进学生的进一步思考。在建立数学空间概念的课堂教学中，教师要让学生将想象内化成一种思维，再动手操作，这样才能达到内外合力的数学化思考，收获应有的效果。

数学被称为"思维训练的体操"，而"问题又是数学的心脏"，因此数学学科对于提高学生思维的深刻性有着义不容辞的责任。借助想象和实践，引导学生深入地钻研与思考问题，从复杂的事物中把握知识的本质，这有利于培养学生的思维深刻性。

1.9 从长方体的特点看思维力的培养
——以"长方体的特点"一课为例

北京第二实验小学　何欣

课前慎思

思维品质，其实质是人的思维的个性特征，思维品质反映了每个个体智力或思维水平的差异，主要包括深刻性、灵活性、独创性、批判性、敏捷性和系统性6个方面。优秀的思维品质来源于优秀的逻辑思维能力。

"空间观念"是《义务教育数学课程标准（2011年版）》中的10个核心概念之一，主要是指根据物体特征抽象出几何图形，根据几何图形想象出所描述的实际物体；想象出物体的方位和相互之间的位置关系；描述图形的运动和变化；依据语言的描述画出图形等。《义务教育数学课程标准（2011年版）》将双基变四基，积累数学活动经验就是其中之一。活动经验的积累是提高学生数学素养的重要标志。

帮助学生积累数学活动经验是数学教学的重要目标，是学生不断经历、体验各种数学活动过程的结果。数学活动经验需要在"做"的过程和"思考"的过程中积淀，是在数学学习活动过程中逐步积累的。教学中注重结合具体学习内容，设计有效的数学探究活动，使学生经历数学的发生发展过程，是学生积累数学活动经验的重要途径。

本节课以长方体的特点为主要内容，在对已有零散的、不完全的长方体特点的认识基础上，通过观察、操作、推理、归纳等数学活动，探索长方体的特征，发展空间观念。在积累学生的数学活动经验的同时，提升思维的深刻性与系统性。基于此，通过课堂中的数学活动，有效地把思维力与空间观念二者结合起来，进而促进学生空间观念的建立，提高学生的数学思维能力也就成为我要探索的问题。

实践与思考

五年级"长方体"的学习内容从研究平面图形过渡到研究立体图形，是学生空间观念发展的一次飞跃，从直观感受到认识图形的特点也是学习上的一次深化。学生通过学习长方体的特点，可以更好地了解周围的世界，形成初步的空间观念，是进一步学习其他立体图形的基础。能灵活且综合地运用知识解决长方体相关的问题，不但打开了学生思维的空间，更能开发学生无限的智慧，使学生的知识变得鲜活起来。

本文以"长方体的特点"为例开展研究。

一、化零为整，提升思维的系统性

长方体的特点

	个数	形状	大小关系
顶点			
棱			
面			

苏霍姆林斯基曾经说过，为了使学生从思考中获取知识，教师必须对学生的知识有充分的了解。小学阶段认识图形，我认为大致分这样两个阶段：第一是直观阶段，要求学生会辨认、会从整体上把握图形特点，并自由表达，这一阶段是从儿童的实际生活出发，再抽象出数学图形，因此顺序为先立体后平面；第二是分析阶段，要求学生对图形各个方面的数量、性质做准确地刻画，这一阶段需要从简单到复杂，因此顺序为先平面后立体。一年级时，学生已经能够辨认长方体、正方体的外部特征，即形状特征。五年级则要进一步认识它们的内部特征，即结构特征。通过自学单的方式，我们不但完成了对学生

关于长方体特点的学情调研，同时把长方体的结构要素——面、棱、顶点的名称和定义，对学生做了简单的介绍，为学生整理长方体特点奠定了基础。

教学片段

片 段 一

师：参照你课前完成的自学单和手中的实物，在有需要的时候可以借助学具，通过看一看、比一比、量一量等方法，在小组中交流研究并把表填写完整。

师：小组汇报，其他同学补充，可以边说边利用你手中的长方体指指看。其他同学随时都可以质疑。

这是盒子兄弟的一段对话
弟弟问："哥哥，我的头是长方体的吗？"
哥哥不慌不忙地说："是呀！"
弟弟又问："长方体是什么样的呢？"
……

棱：面和面相交的线段
顶点：棱和棱的交点
面

如果你是盒子哥哥，你会怎么说呢？请写一写。
_____
_____

生：顶点——8个顶点；面——6个面。可能都是长方形，可能2个面是正方形，相对的2个面完全一样。

师：你能再加上方位词再说说吗？动手指一指，要有序。

师：你怎么知道相对的2个面完全一样？

生：我把这个长方体打开，相对的面一比，发现它们都是一样大的。

（幻灯片演示相对的两个面完全一样）

师：要是相对的面不一样会是什么样子？

生：两个相对的面一个大一个小，那么周围的4个面就不是长方形了，是梯形，就不是长方体了。

（这时教师拿出事先准备好的一个棱台出示给学生）

生：棱——12条棱。相对的4条棱的长度相等。

师：动手数一数，注意要有序。（PPT演示相对的4条棱的长度相等）

生：相交于一个顶点的三条棱分别叫作长方体的长、宽、高。

师：现在你能有条理地按照面、棱、顶点这三方面说说长方体有什么特点吗？

学生把已有零散的、无序的长方体特点，通过先对照实物再整理填表的方法梳理出来，突显了思维的系统性（意即思维活动的有序程度），以及学生整合各类信息的能力。长方体的特点是本单元的核心概念，是表面积、体积学习的基础，因此，这样的教学过程更利于学生掌握知识，也为后续学习做好了铺垫。

二、由此及彼，提升思维的深刻性

知道不等于理解，明白不等于会做。为了掌握牢固的知识，学生还必须进行思考，这样才能提升的思维品质。

思维的深刻性是指思维活动的抽象程度和逻辑水平，涉及思维活动的广度、深度和难度。人类的思维主要是言语思维，是抽象、理性的认识。个体在感性材料的基础上去粗取精、去伪存真，由此及彼、由表及里，进而抓住事物的本质与内在联系，可以认识事物的规律性。在这个过程中，个体表现出思维深刻性的差异。思维的深刻性集中表现为：在智力活动中深入思考问题，善于概括归类，逻辑抽象性强，善于抓住事物的本质和规律，开展系统的理解活动，善于预见事物的发展进程。超常智力的人的抽象概括能力高，一般智力的人往往只是停留在直观水平上。

为了培养学生思维的深刻性，教师要精心设计这方面的练习。为了能让学生很好地掌握长方体的特点，我从不同的角度设计了相应的练习，然后逐一分析题目的思维含量。首先从"棱"的角度，在长方体中棱长的作用很大，求表面积、体积都要用到棱长的数据，所以我设计了"用一根1米长的铁丝制作一个长方体框架"的数学活动。我挑选了几种规格的铁丝后，发现硬的铁丝不好剪，软的又无法支撑。后来决定改用木条，但又发现除数学本身之外的干扰因素太多，影响了学生的学习，最终放弃了对棱长特点的巩固。

在北师大版小学五年级数学下册第二单元"长方体（一）"的教学中有这样一个练习题（下图），其给我带来了思考。从面的角度巩固长方体特点，既要考虑面的特点，又要兼顾棱的特点，对学生来说更有思维价值。苏霍姆林斯基说过，观察对于儿童之必不可少，正如阳光、空气、水分对于植物是必不可少的一样。在这里，观察是智慧的最重要的能源。所以培养学生仔细观察、深刻思考的品质尤为重要。

第1章　思维品质培养

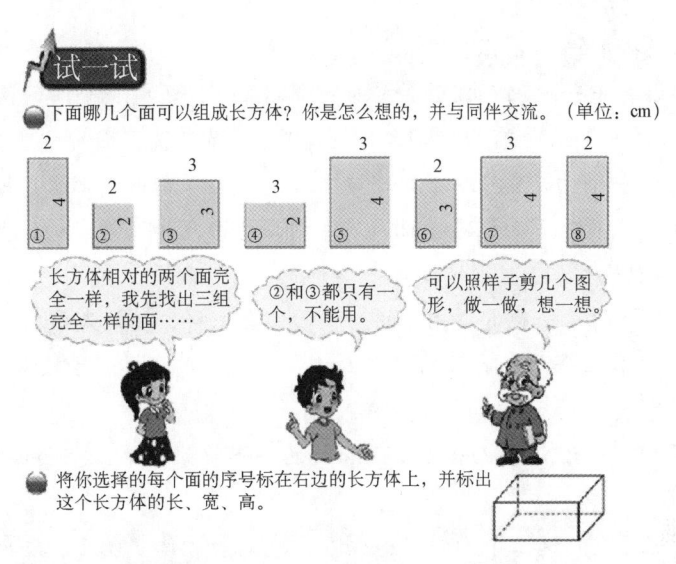

试一试

● 下面哪几个面可以组成长方体？你是怎么想的，并与同伴交流。（单位：cm）

长方体相对的两个面完全一样，我先找出三组完全一样的面……

②和③都只有一个，不能用。

可以照样子剪几个图形，做一做，想一想。

● 将你选择的每个面的序号标在右边的长方体上，并标出这个长方体的长、宽、高。

本课中，在"给多个面选其中的6个面"和"少给几个面补出剩余的面"这两种题型中，我选择了更有思维含量的后者。进而让学生逐一归类分析：给五个面补一个面，给四个面补二个面，给三个面补三个面，给两个面补四个面。让学生继续思考：若给三个面，给哪三个面呢？方案一给三个不同的面，补出相对的三个面；方案二给两个相同的面一个不同的面，补出剩余三个面。方案一中学生只需要考虑相对的两个面完全一样；方案二中学生不但要考虑面的特点，还要考虑相对棱的关系，如何从面中提取出长、宽、高这三个数据，对学生来说还是很有挑战的。最终方案二成为我本节课针对长方体特点的一个巩固环节。通过以上操作，学生在认真观察的同时，思维的深刻性也随之提升了。

教学片段

片 段 二

小明想帮助盒子兄弟做一个盒子妹妹，他先做盒子妹妹的头，已经画好了其中的三个面，你能帮他画出剩下的面吗？

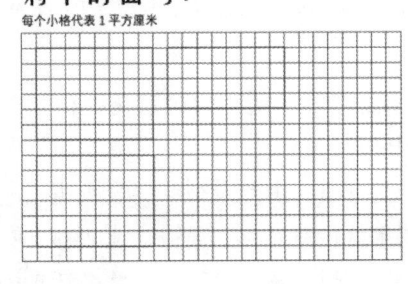

每个小格代表1平方厘米

49

（给出正确答案的学生汇报想法）

生1：通过其中一个面确定两条棱分别是8和6，还有一个面的两条棱分别是8和4，8和6的面如果是前面，那么8就是长、6就是高。因为都有8，它就是公共边，所以另外一个面就是上面，那么4就是宽。有了前面和后面，还有上面，缺的就是下面和左右面，下面照着上面画，左右面是由宽和高组成的，所以再画两个6×4的长方形就行了。

生2：有2个面是一样的，相对的两个面完全一样，我就先画出了一个和第三个面一样的面，第五个面和前面的四个面都要连上，我就找到了棱长4和6，就画出第五、六个面。

师：这两位同学都是根据长方体面和棱的特点推导出第五个面棱的相关长度，画出剩余面的。

生3：我把图中的这三个面对应地画在了我的长方体实物上，把数据标好后就照着数据找到了剩余的3个面。

师：这位同学借助学具把平面的面和数据对应标在了长方体实物上，把抽象变为直观，一下就发现了剩余面的相关数据，再在平面上画出结果。

（给出错误答案的学生汇报想法）

师：我们再看看这些同学的作品，你有什么发现吗？

（生1的现象：画出与之前相同的4个面）

师：这位同学根据面的特点相对的两个面完全一样，没有关注图形的数据。

师：能抓住面的特点进行分析很好，要是再细心关注数据就好了。

（生2的现象：没有关注所给面之间的关系，不能从面中抽离出长宽高）

师：你这幅图里面有4个数据，但是长方体只有长、宽、高3个数据。

师：除了关注面的特点，可以关注棱的特点，得到了棱的长度，从而确定长、宽、高。同一个问题可以从不同角度去思考解决。

师：我们确定长、宽、高就能确定这个长方体了？为什么？

生：因为确定了长、宽、高就确定了这个长方体的3个面，也就能确定6个面了。

师：所以长、宽、高对于长方体来说很重要，关注它们就是关注了长方体棱和面的特点，也就抓住了这个长方体的特点。

在这个环节中，学生去粗取精、去伪存真、由此及彼、由表及里，进一步抓住事物的本质与内在联系，更深地认识了事物的规律性，通过认真观察，借助面和棱的特点，分析出长、宽、高3个数据，画出剩余的3个面。在这个活动中，教师引发学生深入思考问题，观察、分析，利用逻辑抽象判断，最终推断出结果，使得学生的思维深刻性得以加强。

课后反思

学生思维力的培养，不是靠被动地接受知识，而是要有更多机会，更为主动地进行探究。作为教师的我们就要通过根据学生的学情，以学论教，不断设计有实效性的教学活动、教学环节，以培养学生的思维力。要把培养学生的思维力作为教师备课的第一要务，让学生在我们的培养下思维品质得到不断提升。

1.10 让教师的"退"促学生的"进"
——以"利用方格求面积"一课为例

北京第二实验小学　何欣

课前慎思

著名数学家华罗庚先生说，善于退，足够地退，退到最原始，而不失去重要性的地方，是学好数学的一个诀窍。看后我产生了一个问题：教师怎么"退"才能促学生的"进"呢？如何通过教师的"退"促进学生知识水平与思维能力二者的提升？我以"利用方格求面积"一课为例，对这个问题谈谈自己的思考。

实践与思考

一、在课前思考如何"退"，寻找最原始的地方

（一）学情调研中"退"

纵观小学数学教材，我发现在有关图形面积的知识部分，方格纸的使用贯穿始终，对此《义务教育数学课程标准（2011年版）》各学段也有明确的要求。可见借助方格纸数方格、求面积是一个最基本的方法，也是求图形面积最原始的地方，那么学生有没有掌握呢？于是我进行了课前调研。

班级_____ 姓名_____

一．你知道吗？

　　平行四边形面积=_____

　　三角形面积=_____

　　梯形面积=_____

二．你能想办法得到下面各图形的面积吗？

项目 图形	公式正确		公式错误 解题错误
	解题正确	解题错误	
平行四边形	7人（23.3%）	13人（43.3%）	10人（33.3%）
三角形	7人（23.3%）	10人（33.3%）	13人（43.3%）
梯形	6人（20.0%）	2人（6.7%）	22人（73.3%）

　　从以上实例我们可以看出，学生即使学会了公式，但是对于公式的含义、各部分名称所对应的数据和应用都不是很明白。教师对以上这些学生进行访谈，回答大多是"爸爸告诉的""我听说的"等类似的理由，这说明学生只是被告知了概念，并不理解。

　　书面调研结束后，我又对学生进行访谈："还有没有其他方法？"结果没有一人想到数方格的方法，可见数方格这个基本方法已经被学生们遗忘了。在对部分学生进行二次访谈中，我直接给出了方格纸，学生一格一格地数没有问题，但面对不满一格的情况，多数学生还是有困难的，这也使我找到了学生最原始的地方。两个"原始点"都为我的课堂设计提供了依据。

（二）教材整合中"退"

在人教版和北师大版数学教材中，"多边形的面积"这一单元都是两条主线：一是基本概念；二是通理通法。基本概念是 3 个面积公式；通理是量的守恒性，即"出入相补"原理，通法是转化的数学思想方法。都是要先通过拼摆、添补、割补等不同方式转化图形，然后建立联系，最后推导出公式。所以说，在研究图形面积时，转化是"道"，是思想，难点在于"术"的运用，特别是对图形"高"的认识与理解，因为现在五年级的学生正处于思维水平从直观向抽象过渡的时期。

单元整体备课

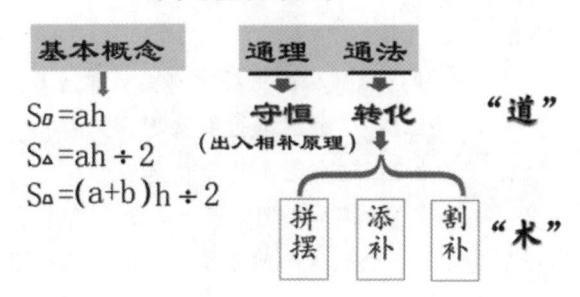

基本概念
- $S_{\square}=ah$
- $S_{\triangle}=ah \div 2$
- $S_{\square}=(a+b)h \div 2$

通理 → 守恒（出入相补原理）
通法 → 转化
"道"

拼摆　添补　割补　"术"

方格纸在转化的初期起到了非常重要的作用，就好比是学生思维的脚手架。学生可以从"利用方格求面积"开始数方格，到"图形间的任意转化"（无方格纸背景）利用变与不变的数学思想，在变中抓不变，找图形间的联系，最后推导出三个图形的面积公式。我按照这样的顺序对教材进行重组，先讲授通理通法，即"出入相补"原理和转化的数学思想方法，然后再集中进行三个图形（平行四边形、三角形、梯形）面积公式的推导，"转化"贯穿始终，这培养了学生思维的系统性（思维活动的有序程度，以及整合各类不同信息的能力）。

本节课是在北师大版教材"比较图形的面积"这一课基础上设计的。我选取了部分教材中的素材，给学生创设了开放的学习空间和足够的思考空间，组织系列教学活动。学生依靠对图形面积的探索，感悟转化的数学思想方法，发展空间观念。

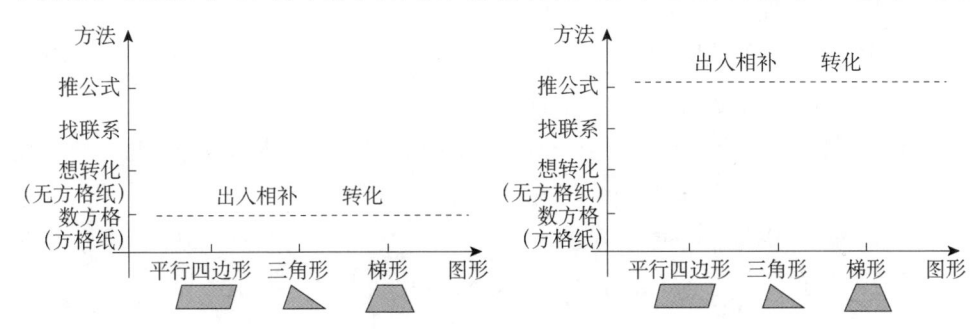

二、在课中大胆地"退",提供最充足的空间

(一)教学目标及重难点

基于以上分析,我制定如下教学目标:①借助方格纸能求出图形的面积,掌握数的方法,了解转化的不同方式,理解"出入相补"原理;②通过观察、思考、操作、交流、想象等活动增强几何直观能力;③初步体验转化的思想在图形探究中的应用,在积累活动经验的同时发展空间观念,培养学生思维的深刻性和灵活性。其中,探究转化的数学思想方法是教学重点、难点。

(二)教学设计

1. 出示图案、激趣引入

师:你们从图中提出哪些数学问题?

生1:这个图案的周长是多少?

生2:这个图案的面积是多少?

生3:哪个小图形面积最大?哪个小图形面积最小?

师:聚焦这个问题,要想解决这个图形的面积到底是多少有什么办法吗?

生1:可以求出每块小图形的面积,再加起来就是这个大图形的面积。

生2:我想到了七巧板,可以由七个图形拼成一个正方形,知道这个正方形的边长就能知道正方形的面积。我觉得这个图形好像也能拼成正方形,这样就能求大正方形的面积了。

师:那我们一起来看看PPT,果真能拼成一个大正方形!

我对七巧板进行改造,把其中一个三角形替换成了长方形,通过聚焦求图案面积引出学生的解题策略:一是逐一求小图形面积,再求总和;二是联想到它和七巧板很像,可能可以拼成一个大正方形再求面积。我通过激发学生的已有经验来培养学生思维的灵活性。

2. 聚焦转化、积累经验

师:怎么求出等腰直角三角形的面积?

生1:想象出一个和原图完全一样的图形,拼在一起就是正方形,除以2就能得到其中一个等腰直角三角形的面积。

师:一大一小拼在一起行吗?

生2:只有两个完全一样的才能拼成正方形。

师：只有一个怎么办？

生3：看着一个三角形，想一个正方形，所以除以2就能得到三角形的面积。

师：如果是直角三角形呢？

生4：看着一个三角形，想一个长方形，所以除以2就能得到三角形的面积。

生5：通过割补，把等腰直角三角形转化成正方形，图形形状改变了，但是面积大小没变。

生6：沿中位线剪，拼成长方形。

生7：将图形对折成两个小等腰直角三角形，再拼成正方形。

师：为什么沿着这条线剪？

生：因为沿着这条线剪才能剪出直角，平移到另一边才能拼成平行四边形。

师（追问）：一定要这样剪吗？沿这条线剪行不行？

生（异口同声）：行，只要这样剪能剪出直角就能拼出长方形。

在前面了解起点、唤醒经验的基础上，我设计了借助手中的学具写一写、画一画、剪一剪，求出等腰直角三角形和平行四边形面积的活动，并给予学生先独立完成再小组交流想法的机会。在汇报交流时，我勇敢地退出来，让我欣喜的是学生想出了几种不同的方法，并在对比中达成共识。学生不但关注转化的方式，更关注到转化图形前后的关系，学生的思维品质也随之发展。

同时，我又适时地进，通过对"为什么沿着这条线剪？"的追问，让学生进一步理解转化的数学思想，也为他们认识平行四边形的高做了铺垫，提升学生思维的深刻性。在转化的过程中，学生发现，不但要看边的关系，也要关注角，这为学习平行四边形面积埋下了伏笔。我在此基础上进行归纳、总结，拼着数、想着数是为学生学习三角形面积公式中除以2做孕伏，割补着数是为让图形通过转化变得好数。整个教学活动不但提升了学生对转化的数学思想的认识，还增强了学生的几何直观能力。

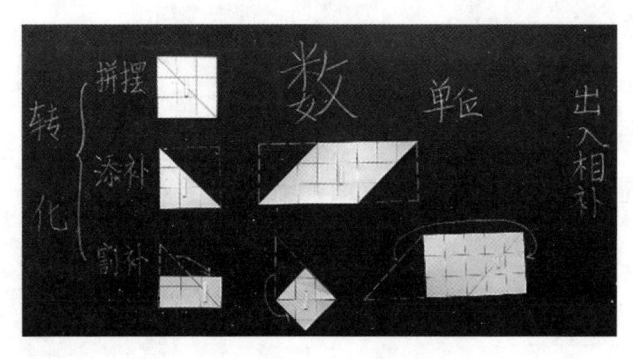

3. 拓展延伸，求图形面积

师：用你喜欢的方法研究这个图形的面积。先独立完成，再小组交流想法。

一个小方格代表1平方厘米

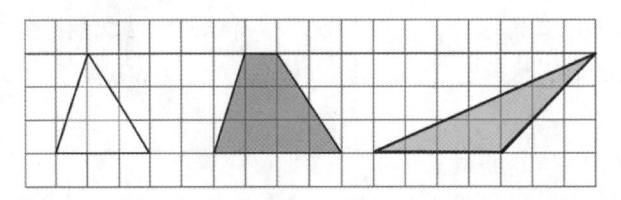

①一般锐角三角形

生1：分成两个直角三角形，各自想象再除以2，然后求和。

生2：分成两个直角三角形，各自想象并求和，再用总面积除以2。

生3：等积变形。

生4：找中位线割补。

②一般梯形

生1：分割成3部分。

生2：先画出两条垂线，分出两个直角三角形之后就和锐角三角形是一样的。

生3：填补再转化。

③一般钝角三角形

生1：先想象出大的直角三角形，再减去一个小的直角三角形。

师：如果想得到图形的面积，我们可以像刚才那样先分再合，进行转化，也可以合再分。

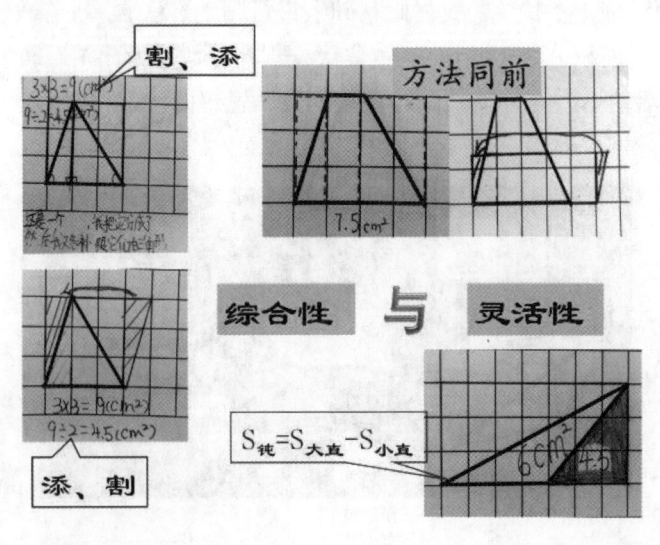

从上面的作品我们可以看出学生转化方式的多样性及综合性，尤其是钝角三角形面积的解法更是其灵活性的体现。思维的灵活性，也就是思维活动的灵活程度。它的一个特点就是思维起点灵活，即从不同角度、方向、方面，能用多种方法来解决问题。思维的灵活性反映了智力的"迁移"，如我们平时说的"举一反三""运用自如"等。在学生互动交流中，教师适时地"进"，"为什么要画出这条线段？"继续为学生学习图形的高做孕伏。在全课小结环节，教师让学生大胆质疑。学生从数直边图形联想到数曲边图形，从数规则图形联想到数不规则图形，这为后续的学习埋下了伏笔。

课后反思

"进"与"退"，促进学生更全面地发展

（一）我"退"得更多些，是不是学生就能"进"得更多些?

课后我进一步思考，教师的"退"是为了更好的学，是为了让学生有更大的发展。我能不能"退"得更多些，把五个图形（直角三角形、平行四边形、锐角三角形、钝角三角形、梯形）同时都给学生，给他们更大的研究空间，让他们在自主探究中发现直角的作用？因为上述五个图形更容易拼出长方形、正方形。这样，学生对于转化的数学思想方法会认识得更充分。

（二）今天的"退"是为了明天更好的"进"

数学课程改革强调数学思想的渗透和活动经验的积累。回顾本节课，虽然我们在"退"，但是在"退"的过程中学生掌握了方法、积累了活动经验。令人欣喜的是这节课的"退"引出了下节课的"进"。"图形间的任意转化"这节课虽然没有方格纸做背景，但是学生也很快地完成了图形间的各种转化。我问学生："为什么这么快？"学生说："高就是之前剪的那条线段、画的那条线段，转化不就很容易了嘛。"这说明方格纸已经深深地印在了学生的头脑中。

如果把用方格纸解决问题当作一个点的话，图形的转化过程自然就是一条线，进而可以让学生通过转化找到图形的联系，就如同形成一个面。退到最原始，而不失去重要性的地方，这种解决问题的方法还可以拓展到其他相关领域。由点成线，由线成面，由面到体，不断累加，这些意味着这种方法也可以推广到对其他领域数学知识的学习，这才是真正的以退为进。进退之间，教师不但拓展了学习的空间，更促进了学生的全面发展，尤其是思维力的发展，使学生终身受益。

1.11　有效课堂提问　培养思维品质

北京第二实验小学玉桃园分校　彭雪松

课前慎思

一、课堂提问的重要性已得到广泛证实

课堂提问作为一种常见的教学手段,在教师的教学过程中发挥着重要作用,主要表现在以下几个方面。①课堂提问可以激发学生的学习兴趣与动机。在教学过程中,教师采用提问的方式能够吸引学生的注意力,激发学生的好奇心和求知欲。②课堂提问可以增进师生互动,活跃课堂气氛。积极有效的课堂师生互动更有利于课堂教学目标的实现,促进师生共同发展。③课堂提问可以及时反馈信息。通过提问和回答,教师与学生都能够从中获取有用的信息,为教学的顺利进行提供支持。

二、课堂提问低效性普遍存在

由于教师对提问观念认识不足、问题设计策略不当等因素,课堂教学中教师提问的低效或无效现象仍然存在,其表现主要有以下几个方面。①封闭式、低水平提问较多,不但不能激发学生思维,反而会使学生思维受到抑制。②提问缺乏系统性设计。学生被动应对,缺乏质疑问难、独立思考的时间,不利于学生创新能力的发展。③问题设计缺乏针对性。学生之间存在个体差异,缺乏针对性、层次性的问题,难以满足学生的学习需要。

因此,有效地设计课堂问题,可以在师生、生生、师生与文本之间的对话中,经历发现问题、探讨问题,从而一起创造性地解决问题的过程。课堂教学中问题设计的有效性直接关系学生学习成效的高低与教师教学质量的高低,因此,教师研究课堂教学中问题设计的有效性很有必要。同时,有效的课堂提问不仅是激发学生学习兴趣的"良方",还是培养学生思维品质的重要途径。在提倡新课程、新理念的今天,我们更应该重视课堂提问,找准课堂提问与学生思维培养的切入点,点燃学生思维的火花。

实践与思考

事件取样法是指观察者期待某种预选行为的出现,尔后对其进行观察记录,以期了解某种特定行为出现的条件和过程。我聚焦小学三年级数学课堂，以班级教师身份进行观察，采用事件取样法，将数学课堂中发生的典型情境记录下来，通过分析，发现实际问题，探究有效课堂提问的可行性策略，以切实提高课堂教学的有效性。

教学片段

片段一：复习统计的方法

师：上周我们在班里做了一个调查——"最喜欢的活动"（出示图片），当你看到这张表格时，你知道了什么？

生1：我知道要分别调查男生的和女生的（喜好）。

生2：我知道这张表是要写最喜欢某一项活动的人数。

生3：我知道要调查的活动有什么。

师：你是怎样统计的？

[预设]

生1：我是一个一个问同学，问了40个，再加上我自己的。

生2：我是请喜欢某一个活动的同学投票，然后数出结果。

师：怎么数才能避免错误呢？

生：画正字或者写数字。

师（小结）：同学们的方法非常好，一起去看看你们的结果吧。

片段二：学习单式统计表

学生观察、对比单式统计表，从中发现两个单式统计表的异同点。

师：请你拿着这两张表格，认真观察，用手势回答老师的问题，注意听喜欢看书的男生比女生少多少？

[预设]

（学生边观察边计算）

师：为什么数字不大的计算没有那么快呢？

生：因为两张表得分着看，还容易看错。

师（小结）：如果我们将两张表合在一起，就可以解决这个问题了。想一想把两个统计表合并后所体现出的信息会不会少呢？

生：不会。

师：都要体现哪些信息呢？

生：要体现的信息有性别、男生数据、女生数据、活动、标题。

片段三：制作表格

[预设]

师：请把手中的两张统计表通过拼、剪、折、改的方法进行合并，并贴在学习单上。（可以小组为单位）

生1：直接贴在一起的。

生2：将重复项目去掉的没表头。

生3：去掉重复项目，但没表头，有性别。

生4：去掉重复项目，有表头，有表题，有性别。

学生的作品呈现出各种类型，但是也在一步一步趋于完善。以下为学生的课上作品。

活动	看书	踢球	看电视	画画	跳绳	玩电子游戏
人数	9	2	0	0	0	9

活动	看书	踢球	看电视	画画	跳绳	玩电子游戏
人数	12	0	0	5	3	1

男生
活动	看书	踢球	看电视	画画	跳绳	玩电子游戏
人数	9	2	0	0	0	9

女生
活动	看书	踢球	看电视	画画	跳绳	玩电子游戏
人数	12	0	0	5	3	1

1. 在探究中认识"表头"

师：观察这些同学的表格，对照表格观察，我们要反映的信息都有吗？你认为他们合并得合理吗？请你用手势表示你的选择，说说理由。

师（小结）：在合并的过程中，所有的同学都去掉了重复的部分，××将"人数"栏改成了"男、女"。但是老师还有一个问题，你怎么知道这里一定表示性别、这里一定表示项目呢？

师：（竖着出示另一张表）这样行不行呢？

生1：也行，但是这样看着不好看（这样布局不合理）。

师：那么谁来决定这个表是横着还是竖着呢？

生2：调查项目的数量来决定的。

师：打开书第37页，观察书上的表格，对比我们写的，你发现了什么？

活动 人数 性别	看书	踢球	看电视	画画	跳绳	玩电子游戏
男生						
女生						

这个表包含哪几项内容？根据上表，回答下面的问题。

(1) 男生最喜欢哪种活动的人最多？女生呢？

(2) 参加调查的一共有多少人？

(3) 你对调查的结果有多少看法和建议？

2. 教师讲授：认识表头

师：表格左上角的单元格被分成了3份，分别指向表的3个内容，这个单元格叫作"表头"，观察表头中的斜线方向，是怎么表示表中的3个内容的？

这一部分内容突出了复式统计表中表头的重要性，以及自己在制作复式统计表时如何填写表头。

3. 学生通过分析，动手操作自己制作课程表（右图）

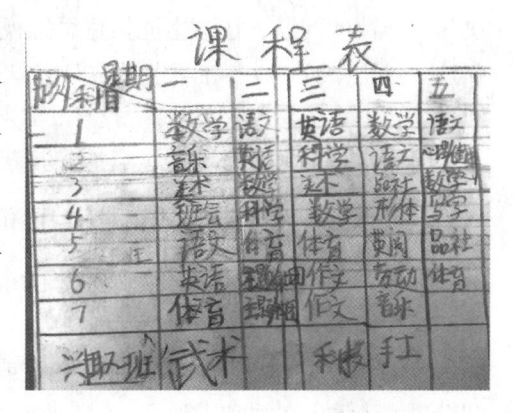

课后反思

一、设计探究式提问，培养思维的深刻性

在数学教学中，知识的呈现方式不但要适应学生的心理特点和生理特点，还要适应他们的认知条件和认知能力。问题不要太浅，也不要太深，也就是俗话说的"跳一跳，摘果子"。问题太难，学生无法入手；太易，学生学不到东西，更没兴趣。既要寻找知识的"固着点"，更应关注知识的"增长点"，这样学生便于将知识同化，也加深了思维的深刻性。同时，教师还应积极创造条件，使学生向"潜在发展区"转化，进而形成良性循环，使学生的思维不断向深层发展。

例如，教师在教学"复式统计表"一课时，由于学生已经学习过单式统计表的知识，那就可以从调查班中学生最喜欢的运动入手，让每一个学生都参与到调查中，复习单式统计的方法及单式统计表的结果，并且可以从单式统计表中得出相应的结论。这一环节并没有直接给出学生已经填好的单式统计表，而是让学生去观察，学生在探究中锻炼了概括、归纳的能力，思维的深刻性得以加深。

二、设计开放式提问，培养思维的灵活性

新课程理念特别重视对学生思维灵活性的培养，注重从不同的角度分析问题，随机应变，不局限于某一方面，根据条件和问题的变化转换思路，不受消极定势的影响。而一题多问、一题多解、一题多变是发散式的、灵活的思维方式，它们不仅是培养思维灵活性的好方法，也是提高教学质量的老方法。学生可以在其原有的认知结构中进行同化，不同水平的学生都可以作答，教师只需进一步引导学生、探索合理多样的方法、做最后的升华。因此，在课堂教学中，教师要尽可能地设计多层次、有弹性的问题，让学生能拓宽思维视野。以情境二"学习单式统计表"为例，在这一过程中，教师引导学生观察对比单式统计表，从中发现两个单式统计表的异同点，激发了学生的学习兴趣。这样，学生真正实现了知识迁移，思维活跃了起来，不同思维水平的学生都获得了启迪和收获。

三、设计启发式提问，培养思维的独创性

在数学课堂教学中，学生最乐于的事莫过于动手操作。新课标指出，动手操作、合作探索、自主交流是学生学习数学的主要方式。好动是儿童的天性，因此，在课堂教学中教师设计的问题可以通过或借助活动来解决，这样能激发学生的求知欲望，让学生在活动中独立、创造性地解决问题，培养其思维的独创性。课堂提问作为培养学生思维的重要手段，是新课程语境下师生对话的重要形式。作为教学设计的重要元素，课堂的问题设计不仅承担着教学衔接和过渡的基本任务，而且能够发挥问题的价值。教师的提问在于"启"，而不在于多。课堂提问要重视启发性，让学生在独立思考的基础上进行内部组织，最终形成分析问题、解决问题的习惯和能力。

四、设计生活式提问，培养思维的敏捷性

学生在生活中已经经历了许多数学问题，积累了不少数学经验，只是这些经验常常是零散的、混乱的、表象的、粗糙的或无序的，最有效的教学就是唤起学生的这些经验。只要我们从学生熟悉的生活环境中提出生活式问题，使问题具有真实性，这样就会让学生既感到好奇，又感到数学知识就在身边，不再是抽象、空洞的，那么学生接触问题时的反应就会快很多。

数学教学的根本任务不仅在于向学生传授知识，更重要的是优化、培养学生的思维品质。虽然方法多种多样，但最根本的一条是要调动学生学习数学的积极性。

教师要善于启发、引导、点拨、解疑，使学生变学为思，主动参与到探索知识如何形成的过程中去。

新课程强调以创新精神和实践能力的培养为重点，发展学生的智力，培养创新人才，其核心是培养学生高水平的思维能力。思维品质的实质是人的思维的个性特征，它反映了每个个体智力或思维水平的差异，是学生思维能力的重要标志。

在教学过程中，课堂提问是一项设疑、激趣、引思的综合性教学艺术。要想掌握好这门艺术，教师应勤思考、多分析，努力优化课堂提问，积极引导学生进行提问，"问"出学生的思维，"问"出学生的激情，"问"出学生的创造性。在实际教学中，教师只有不断探索、用心体会、认真总结、取长补短，才能使课堂提问进入新的境界，并真正促进学生思维品质的提升。

第 2 章 项目式学习

2.1 项目式学习概要

项目式学习（project-based learning，PBL）是由教师或学生选择主题，学生围绕主题展开对资料的收集、整理、分析及研究，形成学习成果，进而获得新的知识、技能，发展能力提升素养的学习方式。项目式学习是基于问题的学习，它为学生创造了经历自主收集资料、规划学习、合作研究、交流反思、解决现实问题过程的机会。这种通过对一个项目的研究，促进学生更深入的学习、更大量的阅读、更广泛的应用的学习方式，更具有吸引力和激励性，因此也有可能成为未来学习中普遍的学习方式。

一、项目内容的开发

（一）项目开发的路径

项目开发的路径是多元的，既可以首先源于教师、学生的生活和知识背景，生成某个项目，再寻找与该项目最为密切的单元，将两者连接、融合成为学习单元；也可以从要学习的课标单元入手，根据学习目标有目的地创设项目，形成项目学习单元；还可以直接发掘、利用教材中已有的项目雏形，对其进行进一步开发，使之成为一个完整的项目。这些项目的主题既可以涉及解决现实世界的热点、难点问题，也可以是对身边某个设计的挑战，还可以是对某个内容的调查，进而形成学生自己的观点。

（二）开发项目的范围

项目的范围与其复杂程度有关，也与其所包含的课标学习内容的多少相关，还与其涉及的学科数量有关。我们可以根据项目内容，开发针对某一数学知识点的项目；也可以开发针对某一单元或某几个单元的项目；还可以开发基于某个主题的跨学科的项目。相对而言，在课时有限的现状下，规模越大的项目对教师整体把握、系统整合能力的要求会越高。

二、项目方案的设计

（一）确定教学目标

项目式学习的目标除了包括与学科相关的知识目标，也包括团队合作能力、沟通人际能力培养等普遍性技能目标，创意思维、批判思维等能力及习惯培养目标，以及同理、承担、服务、自信等情感、态度、价值观培养目标。这些目标维度是学习者适应未来生活的关键能力，也是个人成为终身学习者的基本条件。同时，为了增强学生的项目学习动力，还可将完成项目时要呈现的作品列入目标。

（二）设计项目过程

项目过程设计是对项目进行分解，使之转变为系列化任务的过程。它包括项目启动设计、补充知识与技能的课程设计、活动间排序及计划日期设计、公开产品形式及要求设计，等等。总之，项目过程设计需要包括项目的所有工作，各阶段的目标、任务、时间都在其中。因此，制定一个包括时间进度、主要活动的项目进程图可以帮助我们理清过程，在此基础上，再考虑各部分内容的教学环节设计，特别是驱动问题设计。

三、课堂教学的实施

（一）项目导入

在前期设计出的利于激发学生兴趣与思考的项目的基础上，教师设计导入事件，并选择适当的形式，如视频、阅读、故事引入、参观等，进行项目的启动导入。在此过程中，教师要帮助学生理解项目的内容、范围、个人及团队的作品和项目公开产品的要求等。

（二）项目研究

项目研究过程也是师生共同解决问题的过程。在学生清楚自己要解决什么问题的基础上，教师可带领学生制定研究步骤，并根据步骤进行任务分解，例如完成相应步骤所用的方法、所涉及的知识（哪些是已知内容，哪些是未知内容）、小组任务分配等，从而在明确学习议题的同时形成行动计划。

在项目研究中，学生对信息的收集与整理是至关重要的，在此过程中生成的问题也可促进学生持续调查与学习。因此，教师要结合项目研究，对学生的信息收集与整理进行相应的方法指导。例如调查形式多样化；除了在书上或网上查找信息，还可以采访专家、实验、调查等；信息收集合作化；面对复杂任务，需要收集的信息也是多维的，因此，信息收集的合理分工也是项目研究成功开展的关键；信息整理系统化。信息整理的过程，也是学生思维品质培养的良好契机，教师要引导学生在整理过程中结合分析与结合、比较与分类、抽象与概括等，适当运用思维导图等工具，帮助学生更好地理清思路，进而分析问题。

同时，为了提升师生在项目活动中的有效性，教师还应引导学生在活动中进行反思。如针对所遇到困难进行反思，思考以往遇到类似难题所用的解决策略，思考可以解决此问题的已有知识，并思考如何尝试解决；针对项目进展，反思对问题认识的发展与变化，积累、发展学习经验；针对合作学习中自己的表现、收获及所做贡献进行反思，提高自身参与度。教师引导学生对项目进展不断进行反思，可促进学生更积极地管理自己的学习进程及成果，其中也蕴含了对学生的批判性思维的培养。

（三）公开作品

学生讲解、展示或演示项目工作的成果即学生项目学习的公开作品。其内容与形式相关，也与学生的年龄特点相关，如建议书、研究报告、演讲、模型设计等，以及与之相配套的视频短片、宣传手册、海报等。教师要鼓励学生把作品展示作为展示个体与团队研究深度与价值的重要机会，全力以赴参与其中，并结合团队成员的特点，对作品内容与汇报形式进行通盘考虑，进而提升学生对任务的把控能力。

总之，项目式学习为学生提供了在小组内一同解决真实的、与学科学习相关的甚至是跨学科的问题的机会。学生在设计、策划成果和制作产品的过程中，不仅能学到新的知识与技能，更重要的是有了更多从头到尾发现和解决问题的机会，学生的自主学习能力、动手操作能力、分析研究能力、合作交往能力等都得到了更大的发展空间，这样的学习方式无疑会为学生的未来发展注入强有力的动力。

2.2 利用PBL培养学生的思维品质——以"生活中的停车位"一课为例

北京第二实验小学　张学会

课前慎思

《义务教育数学课程标准（2011年版）》强调：学生在获得对数学知识理解的同时，思维能力要得到进步和发展。这就是说，数学教学不仅是对数学知识的传授,更重要的是利用数学知识这个载体来发展学生的思维能力。生活离不开数学,数学离不开生活。数学知识源于生活,最终又服务于生活。在数学教学中,教师要积极地创造条件,充分挖掘生活中的数学,为学生创设生动、有趣的生活问题情景,让学生体验数学学习的乐趣,还要鼓励学生去发现生活中的数学问题,并主动运用数学知识解决生活问题。

在北京这个大都市,我发现停车位非常少,同时也发现不合理的停车位设计经常会让人出行不便,影响交通。生活中的停车位应该怎样施划更合理呢?下面我将以 PBL 学习的方式来研究"生活中的停车位"一课,谈谈如何利用 PBL 学习来培养学生的思维品质。

实践与思考

一、利用 PBL 学习培养思维的深刻性

PBL 学习与更大的任务或问题挂钩,使学习者投入于问题中。它设计真实的任务,强调将学习设置到复杂的、有意义的问题情境中,学习者通过自主探究和合作来解决问题,从而学习隐含在问题背后的科学知识,形成解决问题的技能和自主学习能力。

思维的深刻性是指思维活动的抽象程度和逻辑水平,以及思维活动的广度、深度和难度。它表现为思维的多层次,善于进行由表及里、深入思考、概括归类,善于抓住事物的本质和规律。在数学学习中,经常有学生对结论不求甚解,做练习时照葫芦画瓢,无法领会解题方法的本质,离开书本和教师就无法独立解题。这种现象正是学生思维深刻性低的表现,为帮助学生克服这一现象,我利用 PBL 学习方式,有意识地对学生进行思维深刻性培养。

(一)通过归类—梳理—类比找到问题的核心

能否透过表面现象,洞察数学问题的联系及核心,是思维深刻与否的主要表现。很多数学问题的条件关系比较隐蔽,如果学生只看问题的表面是无从下手的。因此,在 PBL 数学学习中,学生要进行由表及里的思索,抓住问题的本质和规律。

师:对于生活中的停车位,你们想要怎么研究?

生1:怎么停省地方?

生2:为什么设计成平行四边形?

生3:为什么大部分车头都朝外?

生4:停车位的占地面积是多少?占地面积都一样吗?

生5：每种停车位的优缺点是什么？

生6：什么时候选长方形或平行四边形？

……

面对开放性的问题，学生的回答是无序的。如果我们只研究其中一种，并不能解决学生心中的所有问题。我稍加分析就发现，这些问题中有多个都是关于停车位形状和占地面积的，这样就可以把零散的问题归类、梳理、类比，找到本节课研究的核心，即停车位的占地面积问题。

因此，在项目式教学中，教师要有意识地让学生对教学中的某些问题进行归纳、总结，使每个学生都积极地参与到探索知识间的内在联系、寻找核心问题中来。

（二）围绕核心解决问题，培养思维的深刻性

人的思维在现成的知识体系中不活跃，而在形成知识结论的整个探索过程中比较活跃。在教学中，教师若单纯地讲，学生容易觉得枯燥无趣，不能进行深度思考，收不到好的教学效果。教师利用PBL学习，可以让学生动起手来，这样学生在教学过程中就会受到启发、发现问题并解决问题，学生的数学思维会持续活跃。教师要多给学生创设一些情景，既调动学生的学习积极性、提高教学效率，又培养了学生的思维深刻性。

师：生活中有很多不同停车方式（信息：我国小型汽车标准为长小于5米、宽小于2米）。

| 垂直式 | 平行式 | 斜列式 |

（1）垂直式

生1：前后比车长长一点就可以，5.1米到5.3米，左右2.3米到2.7米。

生2：同意他的想法，前后5米到5.5米，左右2.4米到2.6米。

师：把数据与国家的标准对比一下，国家标准是长5米、宽2.5米。

（2）平行式

生1：我们是这样摆放的，车的前后距离应该大一点，左右距离小一点就行了。

生2：保证前车头和车尾的距离，这样才能方便进去，肯定要比垂直式的车长要长一点，前后是5.8米，左右2.4米。

师：对比国家标准前后6米，左右2.2米。

（3）斜列式

生1：垂直式停的车最多。

生2：斜列式停车数量不一样，第二种停的车就比第三种停的多，第三种就是太斜了，导致这种停车位停的车最少。（下图）

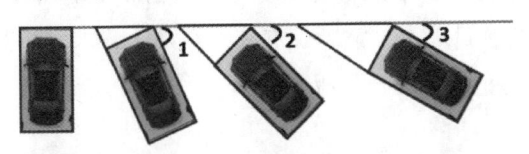

生3：进出的角度别太大，这样停的车就多一些。

生4：我发现斜列式停车位与车停放的角度有关。

生5：对于斜列式停车位，考虑车前后的空间时，施划时就在长方形的前后增加两个三角形，就形成了平行四边形。

师：对比平行四形边的车位数据，再和大家的数据对比，二次修改。

首先，面对三种不同的停车方式，学生明确了停车位的面积不等于车的占地面积，要比车的占地面积大一些才可以。学生根据已有生活经验和手中的学具，尝试着思考不同停车方式的停车位应该怎么施划和如何确定停车位的占地面积。

在利用PBL学习解决问题的过程中，学生的思维是开放的，思考问题的角度是不同的，但研究问题的目标是一样的，这样研究出的结果更有说服力，学生思维的深刻性也会得到发展。

二、利用PBL学习培养思维的批判性

（一）多问题、多角度地交流，以培养思维的批判性

思维的批判性来自学生对思维活动各环节、各方面的调整与校正，即自我意识。这种自我意识的"调整""校正"又来自学生对问题本质的认识。学生通过PBL学习方式，可以深刻地认识、周密地思考，能全面、正确地作出判断。

在交流"影响不同方式停车位占地面积大小的因素"的过程中，学生结合生活实际，从不同角度进行论述、质疑，这无疑培养了学生的思维批判性。

（1）垂直式

生1：我在摆的时候考虑到停车位应该比车大一点，前后保证一定的合适距离

就可以了。

生2：我同意他的想法，但这样停的车不能太多，要不车门就开不了了。

师：这是什么意思啊？

生1：比如现在把我们两个人的桌子看成汽车，如果这两辆车靠得太近，这车门就打不开，人进不去、出不来，所以要考虑车辆和车辆间的距离。

生2：如果车能勉强进去，前风镜有可能会别上，人就不好出来了。

生3：我曾经在网上看到一段视频，两车的距离太近了，那司机就从天窗出来了。

生4：两车门间的距离只要保证一个车门打开能进出人就可以了，共享位置。

（课堂里不约而同地响起了掌声！大家都笑了！）

（2）平行式

生1：平时停车时，我爸都是先开过这个停车位，之后车尾先进，然后倒进来，这样好停车。要是车头先进，车很难停到车位中，要不就是停车位前后都没车（可以这样进）。

（3）斜列式

生1：（斜列式的停车位）比较好停车、好出车，很方便，视野开阔。

生2：平行四边形的车位要大一些，底要比车长长，高要比车宽宽一些。

生3：平行四边形车位的占地面积也应该是比较大的。

教师在处理这个环节时，学生很自然地流露出了自己的想法，如不同方式停车位的左右距离、前后距离的确定等。我想，这些来自PBL学习后学生的体会以及小组交流中思维的碰撞、生活中的经验，是学生有理有据的想法。

（二）延伸问题，以培养思维的批判性

我们平时总是按照"先提出问题，再解决问题，最后得到解决这类问题的方法和经验"这样的模式教与学，很少对研究过的问题提出新问题和质疑。而利用PBL学习后，我让学生大胆地质疑：生活中的停车位就是这样的吗？以问题为驱动，来突破学生的硬式思维，培养学生的思维批判性。

（1）对停车位的延伸

师：生活中的停车位一定是这样的吗？（播放立体停车库视频）

（2）对环境保护的延伸

师：是不是在生活中，我建立更多的立体停车位和停车库就行了呢？

生1：要考虑成本，值还是不值。

生2：还是多建公共交通设施，这样更环保，天更蓝，水更清。

学生回答问题的角度是多样的,他们的回答没有对错之分,只有对问题的不同理解。如果在研究问题时总是让学生有这样思考问题的机会和时间,学生在面对问题时就不会总是去接纳别人的意见和想法,而自己不会或不敢有不同的意见和建议了。

三、利用 PBL 学习培养解决问题的能力

根据地点的不同,怎么才能合理设计停车位,既满足场地大小,又结合生活实际情况呢?此时,学生通过思考,对三种停车位的特点有了更深刻的认识,这一过程是对学生思维灵活性的培养。

学生反馈如下:

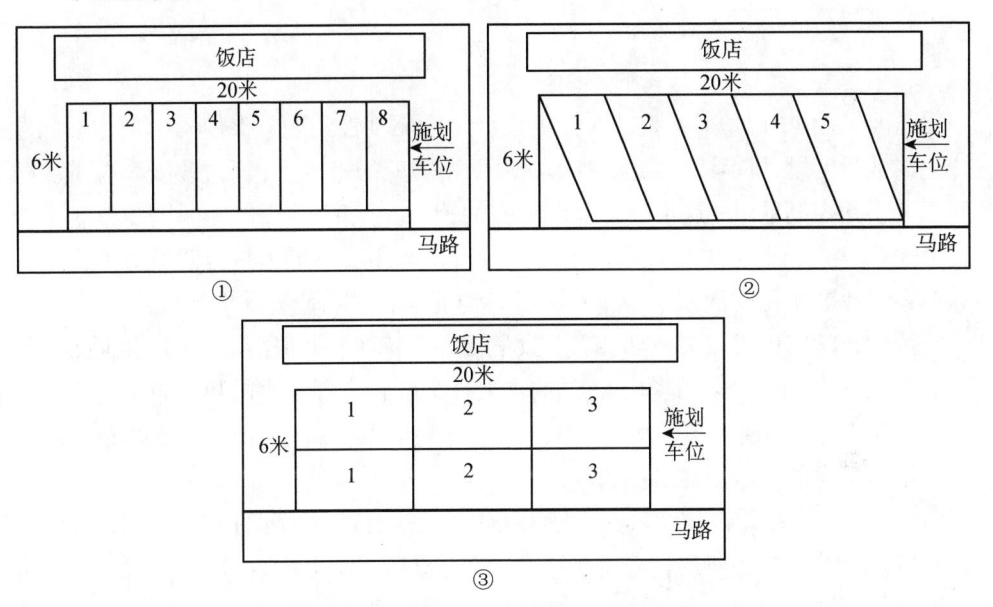

师:小组内交流(你如何选取停车位施划方案?)。

生1:我认为施划长方形的比较合理,因为北京人口密度大,机动车多,本来每个人拥有的面积就小,所以要尽量把车位划得小一些,给人多一些活动的空间。

生2:可以划平行四边形的车位,这样有两个好处,第一进出方便,第二少占道路。

生3:要根据实际情况,在道路比较窄的地方按图②的方法划出车位;在面积比较大的空旷场地可以按图①划出车位。在车多、道路又不是很宽时可以按图③进行施划。

生4:垂直式和斜列式占地面积差不多,但这两种施划是有不同用途的。图①可

以在并排停放时多停车；平行式停车少，但占用道路资源最少；斜列式停车数量在前二者之间，占用的道路资源也在前二者之间。

生5：后退停车需要的马路窄一些，而前进停车需要的马路宽一些。

（课堂里响起了掌声！）

不同形状的停车位适合不同的道路条件：垂直式适合停车场等空间大的地点；斜列式适合出入没有足够距离的路边；平行式适合需给机动车道留空间的道路。学生在对比与交流中理解问题，更加了解不同的施划要求。这样的设计让学生在对比过程中收获的不是停车位的好与不好，而是哪种停车位更合理，改变了平时思考问题的角度，培养了思维的灵活性。

课后反思

若要利用 PBL 学习，教师首先要设计一个驱动性问题，促使学生把生活问题转化成数学问题。本课是在确定停车场总面积不变的基础上，通过改变车位的单位面积大小来控制数量，这也是本节课研究的核心。在解决问题的过程中，学生不仅要考虑垂直式、平行式和斜列式车位的特点，运用长方形和平行四边形的面积计算，还要考虑车位的面积不等于汽车的占地面积，进而使设计更加合理。

数学教学与思维发展密切相关，数学能力的特性和一般能力不同，因此，利用 PBL 学习发展数学思维是数学教学的重要任务。在发展学生的数学思维能力的努力中，教师要深入研究数学科学、数学活动和数学思维的特点，寻找数学活动的规律，培养学生的数学思维品质。

总之，数学思维品质培养是数学教学中的一项长期任务。作为小学数学教师，我们应把各种思维品质的培养有机结合起来，根据小学生的实际接受能力，遵循循序渐进的原则，利用 PBL 学习有效地培养学生的思维品质。

参考文献

崔丁今，金康彪. 2013. 小学数学 PBL 教学模式中"问题"开发流程研究. 才智，（8）：21.

陆中良. 2014. 小学数学思维品质的培养. 少年素质教育报，2014-11-29（005）.

中华人民共和国教育部. 2011. 义务教育数学课程标准（2011 年版）. 北京：北京师范大学出版社.

2.3 项目式学习进行时

北京第二实验小学　王红

> **课前慎思**

一、对项目式学习的认识

立足小学数学教学实践、现代教育教学理念以及"全人发展"的育人目标，未来的学习方式不应该是整齐划一的，而应该是丰富多彩的，以满足学生的个性化发展需要，为不同的学生创设不同的平台和公平展示的机会。教育工作者应从不同的维度积极探索新课堂的教学方式，培养学生的理性思维、批判质疑精神、勇于探究的精神，进而让学生乐学善学、勤于思考，以提升学生解决问题、创新实践的能力。项目式学习就是其中之一。

项目式学习是一个系统的学习方法，通过延伸的、受学生影响的探究过程，使学生习得重要知识和21世纪能力。该探究过程围绕复杂和真实的问题、精心设计的公共作品以及学习任务构建，也是一种有规划的学习方法，可以激励和吸引学生学习，这样的教学方式也被称为"问题式学习"。

二、借助PBL教学思路进行教学设计及其实施价值

（一）更有效地传送内容、知识和技能

大多数传授课程都"有宽度没有深度"，教师为了达到标准或"为考试教"，有时会匆忙讲完某个主题，而不是长时间地讲解。在现代社会，人们只了解一些事实是不够的。信息是很容易获得的，我们需要的是能够提出正确的问题、深入调查、找到最佳信息，并把它应用到现实世界中去。项目式学习的重点是深刻理解概念、探究，并将知识和技能应用到现实世界中，而不是简单地记住一些事实。

（二）让课程更具有吸引力，更有意义

项目式学习能激励和吸引学生学习，因为学生能意识到自己正在做的事情是有趣且有意义的。项目式学习涉及真实的任务和作品，它探索与学生生活相关的问题，并能将学生与其所在环境中的成人和组织连接起来。因此，学生受自我鼓励去学习，而不是由外部因素（如学校要求、高分、取悦他人等）驱动。一般而言，当学生愿意主动参与时，大多数课堂中的管理问题将不复存在。

（三）为学生在 21 世纪工作、生活而准备

21 世纪的人才需要具备以下重要技能：①批判性思维：分析、解决复杂问题的能力；②沟通：口头的和书面的表达能力；③创新和创造力：在现实环境中运用知识和技能的能力；④团队合作能力：在不同团队环境中与他人合作的能力，培养领导能力。

（四）连接学生及其社区的新方式

项目式学习是一种不只有学生受益的教育方法，它还可以加强学生与父母、社区以及广阔世界的联系。虽然课堂上许多实践操作的任务或活动有其合理的地方，但它们并不是项目式学习。这些活动往往伴随着传统的课堂教学，虽然很有趣，但其主要目标不是传授内容，而是提供有趣的实践操作体验。

三、开展 PBL 的设想

PBL 可以激发学生学习数学的兴趣，促进原动力；增强教师在课堂上解决问题的能力，提升教师的数学专业能力。项目式学习方法对于教师和学生都有不同程度的挑战，它可以转变我们的教学观念，发挥教师的组织作用、参与作用、指导作用是 PBL 教学法顺利进行的关键。这对教师的自身发展也是一种挑战，而且教师只有对 PBL 的概念和技能深入理解和熟练掌握，才能有效地向学生提供问题，确定学习目标和实现目标的方法，以及控制讨论的技巧。教师要善于总结自己和其他人的先进的学习方法，在指导过程中潜移默化地传授给学生。教师还要能够创设恰当的问题情境，引导学生提出问题，带动学生的思维，使单向思维向多向思维转变。教师更要培养学生的问题意识，把着眼点放在使学生对新授知识产生问题，以及如何引导学生去探索、发现、自主解决问题上。教学时教师要在使学生"想问、敢问、好问、会问"上做文章，让学生在活动中综合运用各方面的知识解决实际生活中的问题。

实践与思考

项目主题：我的房间我做主。

项目概要：一个家庭有了孩子后，一般就不会再装修房子，直到孩子上学。孩子逐渐长大，到了 3、4 年级就有了自己的想法，自我意识增强，想要有自己的学习和生活的独立空间、自己的隐私。所以有的孩子提出想要装修自己的房间，体现自己的个性。经过同学们讨论，我们确定"我的房间我做主"这个主题。

参与学生：三年级下学期的学生。

持续时间：8 周。

包括学科：数学、语文、美术、社会。

学习目标：①知识目标：综合运用三年级的知识，认识图形、求长方形的周长和面积、初步认识小数、设计平面图形、能够画出思维导图；②技能目标：培养思辨能力、灵活运用知识解决问题的能力、画图能力、计算和估算能力、分析问题能力；③情感目标：培养与人沟通的能力、自我管理能力、提高创造力、抗挫折能力。

驱动问题：如何改变自己房间的装修风格？

进入事件：房间设计不是自己喜欢的，不能实现自我的个性，想要改变。

项目作品：①思维导图；②设计草图；③走访信息；④购买方案；⑤反思总结。

项目评价：①绘制平面图，能求图形的周长和面积；②能主动做市场调查，做好记录；③与人良好沟通，交流方法正确、有礼貌；④灵活运用知识进行计算、估算；⑤有整体、全面的思考。

所需资源：①教师帮助学习新的一些知识；②家长带着去市场；③市场人员配合调查；④电脑或打印机。

反思方式：①每个阶段后自我反思；②全班展开讨论；③听取他人的意见。

教学实施过程如下所示。

1. 第一周

课堂：教师提出问题，请学生谈想法、装修需要什么？

活动：设计自己的思维导图，涉及平面图、颜色、设计方案、预算等。

教学实施过程如下所示。

教师引导：要装修房间你能想到什么？（大家讨论发言，彼此启发）

1）画一个房间平面图，需要的知识：①简单比例（教师介绍图上1厘米表示实际距离1米）；②把实物虚化，书桌是一个长方形、椅子是一个正方形等；③房屋图案设计，如轴对称图形、平移、旋转等。

2）预想材料：①木头地板（实木、复合）的面积、块数；②不同规格的地砖大小不同，面积、块数不同；③刷墙涂料的颜色、环保性，根据墙壁面积选用不同品种，确定涂料的重量、需要几桶。

3）价格：做好市场调查和预算。

4）房屋的装饰品：护眼灯。

5）家具摆放位置是否合理。

2. 第二周

课堂：全班同学交流自己的思维导图，提出需要帮助的问题，例如所需知识是什么、需要什么资料。

活动：画出自己的方案、设计草图。

过程：针对学生提出的问题，教师结合课内知识进行教学指导。

1）北师大版小学数学教材三年级下册第二单元——"图形的运动——图形的对称和平移"（用一周教学过程落实教学目标）：①什么是轴对称图形？②平移会产生什么图形？③怎么画图形？④怎么让图形动起来？

2）在交流中学生提出下列问题：①不会做两位数乘法；②不会求长方形、正方形面积；③不会画对称图形；④不知道需要多少块地板。

3）集体讨论：哪些问题是可以自己解决的，哪些是需要教师和家长帮助的？

3. 第三周

课堂：同学们交流草图，帮助他人提出需要改进的地方，并质疑解答。

活动：走访市场，调查所需物品的价格，做到货比三家。

过程：发现草图问题并及时调整；提出走访市场发现的问题并随时解决。

1）钱的知识。在做市场调查时，我发现有的学生不知道钱如何表示，补充了钱用小数该如何表示，小数各部分即分别代表元、角、分等知识。

2）在交流设计图时，我发现有的学生画的书桌比例不对。

3）组内同学自我反思，找出原因并调整。

图上1厘米表示实际1米。那么不到1米怎么画，超过1米又怎么画呢？这些问题引发了学生思考。（全班讨论，解决问题）

总结出实际的长度在画图时该如何表示：实际0.9米，图上画出0.9厘米；实际1.2米，图上画出1.2厘米。

4. 第四周

课堂：交流市场物价情况，谈自己的想法。

活动：调整自己的设计思路。

过程：通过市场调查，确定自己要买的商品的价位。

1）北师大版小学数学教材三年级下册第三单元——"乘法——两位数乘两位数"（用一周教学过程落实教学目标）：①会计算一位数乘两位数、两位数乘两位数的乘法；②理解算理，能灵活运算。

2）有的学生发现自己要买的瓷砖很贵，但是如果买得多老板可以给打折。

3）教师补充：打折是什么意思？如何计算打折后的价格？

5. 第五周

课堂：知识点——长方形、正方形面积计算。

活动：设计购买方案，做好预算。

过程：学生要确定购买的所需物品的具体数量时需要面积知识，教师及时补充如何计算长方形、正方形的面积等知识。

1）北师大版小学数学教材三年级下册第五单元——"面积"：①如何计算长方形、正方形面积。有的学生在前期提出问题后，已经通过自己看书知道了计算方法；②教师通过引导，让学生明白计算公式的道理；③学生计算自己房间的面积；④通过选中的地板砖的边长计算出一块砖的面积，确定大面积（房间总面积）里有几个小面积（每块砖的面积）。这样就能得出需要购买砖块的数量。

2）计算出需要购买砖块数量后教师提出问题：真的需要那么多块地砖吗？

生1：不需要，因为书桌、床这样的地方不要铺地砖。

生2：不对，都要铺好砖才能买家具。

生3：不用多买，不是整块的时候可以裁开、拼摆。

生4：应该买比算出来还要多的地砖，因为在裁的时候可能会有破损。

经过讨论，大家认为还是应该买比计算值多一点的地砖。

3）计算出自己所设计的家装需要的总费用。

6. 第六周

课堂：针对学生采集的数据，教师指导其进行整理。

活动：学生拿着自己的设计方案和预算走出学校，去市场假装采购，是否有新问题？

过程：走访市场后，如何在一大堆数据中选取有用的？

1）北师大版小学数学教材三年级下册第七单元——"数据整理与表示"：①数据分类；②数据分区；③画条形统计图；④画出图分析数据。

2）如何根据家装数据在市场中选取合适的材料？要符合家庭收入、符合家装整体设计，做到环保、实用、方便。

3）学生回忆低年级所学的"至少""最多"的含义，在购买时哪里需要+1，哪里不需要，并明白不是所有的数值都可以四舍五入。

7. 第七周

学生完成成果，准备展示，活动包括小组交流、家人评价、改进方案等。

8. 第八周

学生用各种方式展示自己的成果，例如文字交流、数据支撑、口头讲解、PPT演示。

课后反思

1. 针对不同的学生，教师在项目式学习的过程中要采取不同的方法

低年级教学一般以教师启发、引导为主。为了帮助学生搭好活动支架，让学生

根据教师的启发式问题去自主解决问题，教师要紧跟随学生的活动，发现问题及时进入，给学生提供帮助，帮扶要及时。在评价方面，教师主要对学生是否能与他人合作、是否积极参与到活动中、是否主动向其他同学展示成果等进行评价。

对于高年级学生的教学，教师要从学生的疑问中选取研究内容，促使学生能够主动与所学知识挂钩，灵活运用所学知识解决问题。学生需要教师帮助的时候教师再进入，以学生为主。在评价方面，教师从方法是否多样、能否多方面多角度去思考问题等对学生进行评价。要做到人人有任务、人人有目标、人人有思考、人人有成果，以体现个性发展。

2. 让课程更有吸引力、更有意义

通过活动的开展，学生好奇心增强，注重学习的过程和态度，能主动提出各种问题，并能想办法多途径地解决问题，不再是等、靠、要。他们对生活充满信心，学习更开放、更自主、更有兴趣。

3. 收获多种思维方法，提高思辨分析的能力

项目式学习使学生从辨析的角度看事物，能够多角度分析问题。在活动中，学生能把事物分解，分出事物的表面特征和本质特征，完成解构过程，可以把事物各部分、各方面、各种特征结合起来，进行综合考虑，多方面建构知识，使思维系统化，完成构建过程。

4. 项目式学习要切合学习金字塔原则

在项目式学习学习过程中，教师要减少单项讲授，让学生主动去建构知识，这样可以更有效地传授知识和技能。通过项目式学习，学生能够收获解决问题的方法，步骤清晰，目标准确，灵活运用访问、统计、画图、问卷调查、比较、分类等多种方法解决实际问题，整合多层、多元知识概念，将知识和实际生活紧密联系起来。

5. 培养学生勇于质疑和批判的精神

项目式学习让学生不再人云亦云，他们思维的独立性加强，有分析，有反思，全面性听取别人的意见，能够给其他小组的同学提出合理化建议；能够正视自我和他人；提高坚韧性和抗挫折能力；发展更高水平的思维能力。

6. 存在的问题

通过项目式学习，教师和学生都有一定收获。我静下心来，认真反思，还有一些值得思考的地方：①前期教师预设要到位，设计任务单时所提的问题要充分、具体、全面、可操作强，小组分工、合作要明确；②教师要关注研究过程是否存有漏洞，关注每一位学生的参与程度，多观察，为学生多提供帮助；③发现问题要随时提出、随时记录、及时调整、随时更新。

2.4 利用项目式学习探索数学的应用价值
——以"三角形的稳定性"一课为例

北京第二实验小学　袁志静

🍃 课前慎思

在国际社会中,注重数学应用是各国和各地区数学课程目标的突出特点。西方教育学家认为:数学是过程,是活动,学数学就是做数学,就是去解决一个问题,获得一种体验。陶行知说,手和脑一块儿干是创造教育的开始,手脑双全是创造教育的目的。《义务教育数学课程标准(2011年版)》提出:数学课程目标应更加注重联系现实生活与社会,人人要学到有用的数学。

风靡全球的项目式学习为教师提供了课堂之外的教学设计模式,为学生的自主学习、合作学习、实践研究搭建了平台,使学生有足够的空间去独立探索、发现,选择合适的方法解决实际问题。学生在真实而有价值的情境中,在生活实际、社会环境中学习数学,用数学的眼光观察世界,用数学原理解释自然现象,探究数学在生活中的应用价值,并能感受生活中数学知识的奥妙。

在"认识三角形和四边形"一课中,教材介绍了三角形具有稳定性的特征,这一内容在北师大版教材中所占比重不大,学生学习兴趣浓,问题意识强烈,却浅尝辄止。基于学生的探究欲望及三角形稳定性的研究价值,以及和年级主题研究课"桥"相结合,促使我借助项目式学习法为学生搭设研究平台,使学生在探究活动中真正理解三角形的稳定性及这一特性在生活中的广泛应用,进而体会数学学习的应用价值。

🦋 实践与思考

项目式学习既关注学科概念和原理,又聚焦现实世界的问题,活动内容反映学生的生活实际和生活现象,任务是让学生解决实际生活问题,将数学原理应用到生活中去,充分感受数学的应用价值。《义务教育数学课程标准(2011年版)》指出:数学教学不仅要考虑数学自身的特点,更应遵循学生学习数学的心理规律,强调从学生已有的生活经验出发,让学生亲身经历将实际问题抽象成数学模型并进行解释与应用的过程。

下面我就谈谈用项目式学习法讲授"三角形的稳定性"一课的一些做法。

一、活动内容要关注学科概念，更要基于对现实世界的探究与应用

项目名称：探究三角形的稳定性。

项目概要：以小组为单位，让学生在实践中明确三角形稳定性的数学含义，研究三角形的稳定性在生活中的广泛应用，并设计利用三角形稳定性的实验，和年级主题研究课"桥"结合，设计牙签桥、斜拉索桥等。

年级：四年级。

项目历时：课内2节，课外2周。

学习目标：①理解三角形的稳定性，了解该特性在生活中的广泛应用；②学生在动手操作过程中体验三角形的稳定性，感悟数学研究的方法，增强实践能力；③学生在小组合作时树立团队合作意识和敢于批判的精神。

二、以学生为主体建构思维，挖掘现象背后的客观规律和普遍原理

项目式学习强调学生始终是学习的主人、占据主体地位，强调学生对知识理解的深度，发展学生解决复杂问题的综合技能，让学生最终完成头脑中的知识建构。该模式采取团队合作的方式，促进学生共同完成任务。根据建构主义学习理论，学生是在自己已有的知识、经验和文化背景的基础上建构新知识的，学生的知识、经验和文化背景差异会导致其理解知识的侧重点不同。在团队合作学习中，学生通过与同学互动交流，能够实现优势互补，从而促进知识的建构。

项目式学习的核心是抛给学生最能驱动他们思考和探索的问题。这个问题要源于生活实际，能够吸引学生，并激发学生乐于实践、勇于挑战。三角形的稳定性对于四年级学生来说是抽象的，学生只有在现实生活中探求应用、构造数学模型解决生活中的实际问题，才能深刻体会三角形的稳定性。

教学实施过程如下所示。

1. 项目导入

师：看椅子图即将引发的"安全事故"，你想说点什么呢？

2. 引发猜想

三角形的形状是稳定的,四边形的形状不稳定。学生在两种形状的对比中形成表象认识,产生驱动问题:怎样确定三角形的形状是稳定的?

3. 项目研究

在驱动问题的带动下,学生以小组合作的方式,通过实验探究理解特性,寻找生活中三角形稳定性的应用,并利用这一特性设计作品。

4. 项目研究流程

项目式学习的一个重要特征是强调学习者的中心地位。在学习中,学生自主探究,所有流程都由小组学生独立规划,全部过程为:结成小组—绘制任务单—准备资料(材料)—交流讨论—设计作品—展示成果。

(1) 尊重学生意愿,自由组成项目研究小组

研究小组以5~7人为宜,成员结合自身特长合理分工。

(2) 各组交流讨论,绘制项目完成任务单

人员	分工	使用方法	相关知识	得出的结论	时间安排

学生在研究过程中由表及里、由浅入深,经历了不断提问、不断发现、不断反思的过程。在学生的研究遇到瓶颈时,教师的指导作用就更加重要。

(3) 学生在最初研究中由"拉一拉"产生疑问

教材用小木棒分别做成四边形和三角形,在"拉一拉"的活动中引导学生发现三角形具有稳定性,四边形具有不稳定性,但学生在探究中有了不一样的发现。

发现1:用吸管制作的三角形和四边形都不够稳定。

发现2:我们坐的椅子有四边形的,却非常稳定。

学生对三角形的稳定性产生了疑问:使用材料不同,导致图形稳定性不同。三角形的稳定性和材料有关系吗?

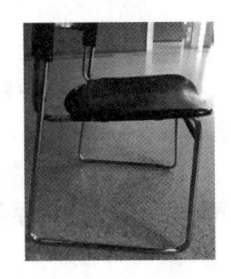

教师引领：这里的"稳定"应该怎样理解呢？

师：请用3根小棒摆三角形，用4根小棒摆四边形，分别能摆几个？3根小棒确定了3角形只能摆一种；而4根小棒能摆出很多种四边形。所以这里的稳定性指的是确定性、唯一性，而生活中的稳定性指物体稳固、牢固的意思。

在"拉一拉"产生的疑问中，学生在实践对比中产生了困惑，在教师的引领下，学生再实践、再对比，剖析了"稳定"一词的数学意义，抓住了概念的核心本质，为研究三角形稳定性在生活中的应用起到了支撑作用。

（4）设计作品

在收集、整理资料以及交流讨论后，各小组开始着手设计利用三角形稳定性的作品。学生可以绘制思维导图，并讲明设计用途。在准备材料、展示作品的过程中，学生再次研讨，思维碰撞，情感交流，勇于批判，遇到困难大家齐心协力，共同想办法，必要时向他人求助。

（5）全班展示交流及评价

通过 PPT 汇报、展板展示等形式，学生呈现了生活中三角形稳定性的应用作品。学生介绍了三角形稳定性在生活中的应用：三角形有稳固、坚定、耐压的特点，建筑与三角形等数学知识有着密切关系，埃菲尔铁塔以三角形形状建造，宏伟的陵墓——胡夫金字塔和等腰三角形存在关系等。三角形稳定性也在道路、桥梁建设上有所应用，最典型的就是下图的斜拉桥。

学生在作品中搭配图文介绍，充分说明了数学在生活中应用的广泛性使大家开阔了眼界。

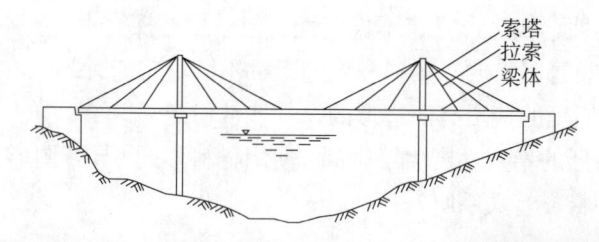

学生的实践作品有"牙签桥"、吸管架、小支架等。在展示"牙签桥"时，学生充分解释了哪里利用了三角形的稳定性，"牙签桥"的承重是多少。真是只有想不到，没有做不到！在展示交流中，学生们互相评价、互相补充，将生活中的三角形物体研究得更加透彻。

在整个活动过程中，结合学生小组合作时的任务完成情况，教师设计了活动评价表，每个学生都对团队合作及个人表现进行评价，满分是 5☆。

	初始阶段		准备阶段		成果展示	
	绘制思维导图	资料搜集、整理	设计方案	材料准备、制作	成果交流	汇报展示
合作品质						
分工协调						
个人参与						
个人贡献						

课后反思

一、PBL 实现了团队合作和个人发展的协同

本次项目式学习培养了学生的团队合作意识和能力。学生在整个合作过程中互相取长补短，同时也增进了友谊。他们通过查阅书籍、在线搜索、咨询、请教等方法收集有关资料；到生活和社会大课堂中寻找相关信息；动手制作展示作品。

活动中学生出现了目标不一致、意见不统一、分工不合理等问题，这些对于四年级学生来说也是不小的考验，对此他们有辩解、有争执，但在共同愿景的指引下，他们互相交流，互相磨合，既发挥优秀个人的领袖作用，又体现薄弱孩子的默默奉献，使每个人在团队中的发展水平都得到了提升。

二、PBL 促进了数学核心概念和应用价值的和谐统一

学生在本次项目式学习中经历了"观察—猜想—实验—解释—应用"的研究过程，在活动中理解了三角形稳定性的数学核心本质，为在初中对三角形特性的再认识奠定了基础。学生在获取知识的同时，能用所学知识解释生活现象，深刻体会了稳定性在生活中的广泛应用。学生在动手创作作品的过程中，数学学习的应用价值得到最大提升。

三、PBL 问题驱动下的探究精神与批判精神相辅相成

对于学生来说，项目式学习是新奇、令人感兴趣的。但仅有好奇心是不够的，面对驱动问题的挑战，学生能始终保持探究的积极状态更为重要。研究过程中问题层出不穷，有他人的肯定，也有激烈的反驳与质疑，在思维火花的碰撞下，问题逐一得到化解。学生经历了提出问题—解决问题—评价反思—产生新问题—再解决问题的闭环，不断探究，不断反思，终将不可能变成可能。

2.5 浅谈如何在低年级开展项目式学习
——以"我的发言稿"一课为例

北京第二实验小学　赵伟

课前慎思

在数学教学活动中，学生喜欢动手操作，并且对有挑战性的问题进行研究，因为这样的教学活动真实、有趣，而且能调动学生思考的积极性，让学生探究问题的本质。学生在活动中有很多交流的机会，可以互相学习，互相合作，一起探究解决问题的方法。但在实际的教学中，课本中虚拟的问题和情景比较多，学生总是在被安排的活动中思考，接触生活中的真实问题的机会较少。然而，学生希望有更多的活动课，去探究和应用数学知识。北京第二实验小学"学森课程"体系将项目式学习与教学相结合，尝试让学生在活动中去探究、去学习，培养学生的综合能力。如何将项目式学习与日常教学结合是一个值得我们思考的问题。基于此，我们以"生活中的大数"为研究内容，通过分析教材，了解学生，我们确定了项目式学习的主题。

通过在网上查阅资料，我们知道：项目式学习是一种以学生为中心设计执行项目的教学和学习方法，从而促进学生的学习效果。在一定的时间内，学生选择并形成一个项目构思，通过展示等多种形式解决实际问题。与传统学习方法相比，项目式学习能有效提高学生思考和解决实际问题的能力。项目式学习的目标是通过与现实相结合的实践方式，使学生更有效率地掌握学科知识，并在此过程中培养学生的社会情感技能。

通过上面的描述大家对项目式学习有了初步了解，那么结合实际教学，我们可以设计什么样的项目式学习来培养学生呢？北师大版小学数学教材二年级下册第三单元是学习"生活中的大数"，这单元的内容是学生学习完百以内的数之后，要学习千、万以内的大数，并学习大数的大小比较。这单元的最后一课是"有多少个字"，是通过让学生估算来培养他们的数感。这样的教学安排是让学生从认识计数单位到了解大数在生活中的应用，从而感受生活中的大数。《义务教育数学课程标准（2011年版）》中指出：学生要能结合具体情境，选择适当的单位进行估算，体会估算在生活中的作用（第一学段）。"有多少个字"这节课是学生在学习了大数认识之后，要运用大数进行估计。教材关注学生的估计愿望，让学生在反思结果的合理性过程中进一步体会估计的可靠性，并进一步发展学生的估计意识和数感。对于"有多少个字"这节课，关于"为什么要估字数"我有一些思考。首先，"字"是学生在学习生活中最常见的事物，学生每天看书、学习都会用到字，当读到有意思的小故事时兴趣会更浓。其次，"字"是平铺在纸上的，对于进行估计的学生来说，其相对直观、形象。最后，字数估计在生活中是有必要的，这可以让学生体会估计在实际生活中的作用。结合本单元的内容框架以及"有多少个字"这节课的教学目标，我设计了项目式学习的主题——"我的发言稿"。

在确定项目式学习的主题之后，我对学生的估计能力进行了调查，以下是对80名学生的问卷调查题目及结果。

1. 问卷题目

你估计一下大约有（　　）个小圆点？在图上画一画。

2. 数据分析

1）对估计数据进行梳理

	100～800点	801～1200点	1200点以上
人数（人）	25	38	17
百分比（%）	31.3	47.5	21.2

根据上表，47.5%的学生能根据自己以往的经验估计出比较接近结果的数值，并利用圈一圈的方法帮助自己估计结果，说明这些学生能利用自己的方法通过一百估计更多的数，数感比较好。52.5%的学生的估计结果是不正确的，有的估计结果是100、300、5000、10000等数值，而且这些学生在估计的时候没有使用方法，只是觉得多，就填写了一个他认为的数。这些学生缺乏估计策略，数感还需要进一步提升。

2）对"画一画"的分析

	画图	没画图
人数（人）	49	31
百分比（%）	61.3	38.7

大部分学生能按照要求采用画一画、圈一圈的方法，找到一个标准去估计。但是还有38.7%的学生无从下手，不知道画什么。在画图的49人中，有31人圈的估计"单位"是合理的，有18人虽然圈了图形，但是圈出的标准与他估计的数量差距很大。

根据上面的分析我们可以知道，小部分学生已经有了估计的方法，通过"部分"的数量，估计出整体的数量，而且数感较好。大部分学生能估计出数量，但缺乏估计的方法，对于估计结果的可靠性没有信心，数感需进一步提高。

实践与思考

一、设计方案，提出构想

在学生正式开展学习之前，我们先上了一节准备课。这节课的目的是让学生明白项目式学习的主题的意义，让学生根据自己所在小组的计划设计合理的方案。

主题：我的发言稿。

意义：我们在学习过程中经常会有发言、朗诵、演讲的经历，如何在规定时间内完成我们的发言是一门技巧，也是一种能力。发言稿的字数和时间有什么关系？我们可以利用估算的方法来解决问题。

发言内容：数学家故事、数学知识、数学趣题等。

分组情况：4 人一组。

研究方案：①小组分工；②查找资料；③讨论交流（如何估计发言稿的字数）；④确定内容；⑤归纳总结。

研究内容：如何估计字数？字数与时间的关系是什么？

学生在讨论、交流中确定自己所在小组的计划，并设计方案。有的小组在分工的过程中不仅确定了组长、组员，还确定了查找不同资源的人选，例如查找朗诵资料的人、查找数学资料的人、查找肢体动作资料的人等。还有的组在设计方法时对用到的工具进行了整理，例如录音机、计时器等。

二、拓展学习空间，放长思考时间

学生设计完学习方案之后，教师会给学生一周的学习时间。学生利用这一周的课余时间开展合作学习，解决本组在研究过程中遇到的问题。例如，有的小组的发言稿很长，需要解决如何在删减内容的同时又不影响意思的表达；有的组员的发言声音很小，需要解决如何利用声音的表现力来吸引大家的注意力；有的小组需要课件，需要解决如何制作有效课件的问题……实际上学生在准备与交流的过程中也在动手解决出现的一系列问题。

学生交流的地点也随时在变，有时在学校，有时在家里。为了能有演讲的真实效果，有的学生还组织家人作听众来演练。学生创建了微信群，在群里分享自己的学习成果。教师给学生空间和时间后，让学生在真实的情境中思考、解决问题，这

样，学生自主交流、分享的机会更多了，学习的效果也更好了。

三、汇报展示，加强思维的深刻性

经过一周的学习，学生在小组交流中形成了自己的思考，并精心准备好自己的发言稿。学生展示并说出自己的研究过程是学生思维外显的一个过程。通过交流分享，学生可以互相学习，反思自己的研究，进而加强思维的深刻性。下面是其中一个小组的汇报及研讨过程。

生1：下面是我们小组展示的演讲内容，我们讲的是祖冲之的故事。

生2：我们为什么选择祖冲之的故事呢？因为他是我国很伟大的数学家，我们感到自豪。他对圆周率研究得很深入，我们通过查找资料知道了圆周率大约是3.14。

生3：我们在制作课件时对祖冲之的头像进行了讨论，改了好几个样式，最后我们觉得这个头像比较好，因为它能表现出祖冲之的博学。

师：大家能估一估这篇小故事大约有多少个字吗？

生4：可以用数数的方法。

师：利用"数"方法可以知道准确的数量，也是一个方法，只是有点慢。

生5：乘法口诀9乘6等于54，大约是50个字，估整体大约是150个字。

师：利用乘法，方便计算。

生6：每行大约10个字，再数数有几行。

师：同学们选择了一行10个字作为标准，我们来数一数，10、20、30、40、50。还有必要数吗？

生7：谁来说一说？

师：50个又可以作为一个标准，标准是可能会变的。再估一估，只要看清它们之间的倍数关系，就可以估出整体了。

生8：先数左边一栏，大约100个字，右边一栏是左边的一半，大约是50个字。

师：看出了左右两部分的倍数关系，就方便地估出了整体。

生9：先数出右边一栏大约有50个字，左边是右边的2倍，所以是100个字左右，一共大约150个字。

师：不仅找到了标准，而且看出部分和整体的倍数关系，这样估更有说服力。同学们的方法很有价值，其实你们都在做一件事，数出"一部分"的数量，有了这个标准，再用它进行衡量，再估整体。选择一个合适的标准很重要，一般找10、50、100这样的数更好估。你们觉得150个字，如果让大家讲出来大约需要多长时间呢？

生8：我认为需要1分钟的时间。我们小组用秒表计算了演讲的时间，1分钟我们可以读出大约200个字。

师：看来同学们研究得很深入，不仅会估出字的个数，还计算了演讲的时间，等后面我们准备发言稿的时候，就可以根据时间估出大约的字数了。"估"在生活中作用还是很大的。

课后反思

　　学生在汇报的过程中介绍了他们的思考过程，特别是在估计有多少字的时候，学生的思维被打开了。从数的方法到估的方法，从小单位到大单位的转化，学生不仅能大概估出字数，还能找到部分和部分之间的倍数关系、部分和整体之间的倍数关系。此时的"字"不再是"字"，而是学生脑子里的数学模型。有了这样的模型，学生的思维水平一定会得到提升，学生思考问题的角度和深度都会发生变化。

　　项目式学习让学生在一个真实的问题情境中去探究。学生通过自己思考、动手操作，写一写、画一画，在问题中去发现、去获得知识。对于低年级的学生而言，项目式学习融入日常的学习生活中，会使他们得到更大的发展。

2.6　谈PBL在实际操作中对学生问题意识的培养
　　——以"折一折，做一做"一课为例

北京第二实验小学　姚荣

课前慎思

　　对比几种版本的教材我发现，"折一折，做一做"一课的内容都是让学生在剪、折的活动中感知轴对称现象，但人教版、苏教版小学数学教材在学生初学轴对称图形时都有严格的定义，而北师大版小学数学教材在三年级会有一节关于轴对称图形的概念课，因此，我将这节课定位为一节数学活动课。但是，活动课不能只停留在活动上，把活动课上成手工课；更不能只是为三年级学习轴对称图形做简单的铺

垫。因此，本节课的核心是通过在对折、画出图形的一半、最后再剪一剪的操作中，让学生观察、思考，初步感知轴对称图形的特点。《义务教育数学课程标准（2011年版）》中特别强调：数学活动经验的积累是提高数学素养的重要标志。这节课的价值就是重在让学生体会、积累经验。

在教学中开展有趣的剪纸游戏，可以让学生在剪一剪、看一看、折一折、想一想等活动中积累丰富的图形经验。结合 PBL 学习方式，教师可以根据学生的需要提出问题和解决问题，让学生在活动中激发兴趣，在操作中感受轴对称现象，在探索中培养空间观念，在研究中培养问题意识。通过这样的数学活动，我们让学生在"做中问、问中学"。

实践与思考

如何判定一节课的教学设计是否属于给予有效问题学习的范畴？我从任务是否创建了开放、有意义的学习情境，学习的任务是否一定需要合作才能解决，以及任务设计中学生的自主学习能否得到体现等方面进行分析。

结合上面的思考，我制定了下面三个教学目标，并结合低年级学生的年龄特点、PBL 学习方式，有意识地对学生进行问题意识的训练。

1）结合有趣的剪纸活动，初步感知轴对称现象，了解轴对称现象的特点；

2）在观察、操作、欣赏、交流等活动过程中发展初步的空间观念，培养动手操作能力、提出问题和解决问题的能力；

3）欣赏数学中的对称美，激发学习数学的兴趣。

一、录制微课，尝试翻转课堂，培养问题意识

要让学生在一节 35 分钟的课中充分感知轴对称现象，对于小学三年级动手能力相对较弱的孩子来说是一项有挑战性的任务。如何做到保质增效？为此，本节课我想到了录制微课，尝试翻转课堂。

在第一次录制的微视频中，我给学生展示了许多漂亮的剪纸作品，目的在于引发学生的兴趣；然后让他们自己动手创作自己的剪纸作品，教师不给出任何操作性指导，目的是让学生在制作过程中提出更多的问题。第一次试讲过后，我发现大多数学生没有问题，且拿来的作品非常精美，在课堂上自己做的却很粗糙。我在思考：学生在制作时一定是感到很茫然，所以，家长都进行了干预，并给予了一定指导。这样的微视频是不是只是在给家长留作业？学生在制作过程中并没有提出更多的问题，效果不好，且教参中也提出，要先教给孩子制作步骤，然后再操作。因

此，在第二次录制中，我先给学生演示剪纸的方法，并设置了任务单——看完微视频后完成两个小任务：①边做边记录，把制作的步骤用写一写或画一画的方法记录下来；②边做边思考，把在制作过程中遇到的问题或发现记录下来，在课上与大家分享。这样也让学生在动手操作中有了明确的目标，而不是盲目地做手工。

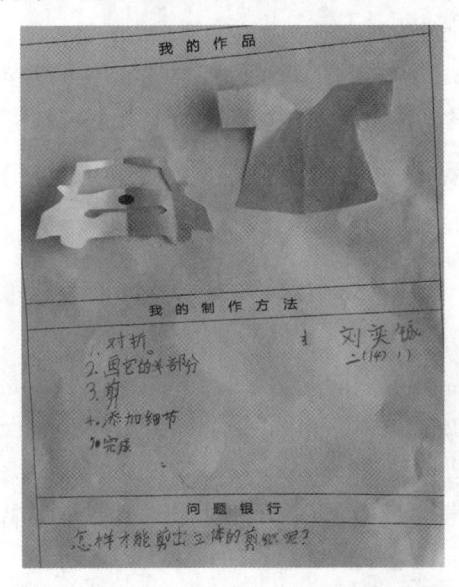

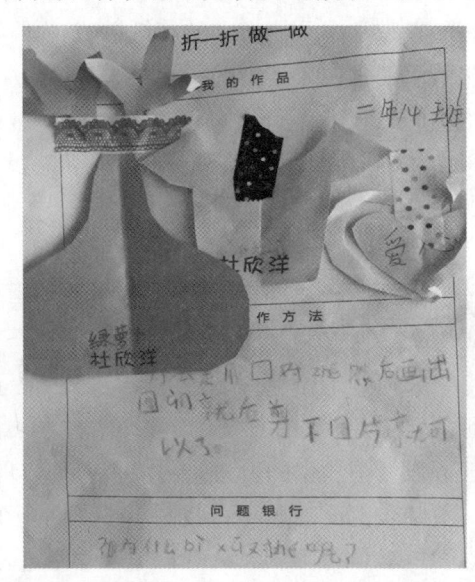

第二次微视频后的作品

第二次上课时，我发现学生确实能提出一些问题，但我预设的是学生之间能把问题完全解决，结果却发现：因为在家创作的作品不同，学生之间找不到共鸣，无法为同伴解决问题。即使有个别学生愿意帮助其他同学解决问题，但也好像总是文不对题，并不能真正有效解决。因此，在第三次录制微视频时，针对如何让学生提出更好的问题并能相互解决问题，我做了统一规定：请在家做一件小衣服并带来。而且我有意把视频分成两段，第一段是让孩子们通过观察，利用想象，自己尝试；第二段演示制作方法。之后让学生再次尝试，记录自己的发现和问题。我想这样学生的问题会更丰富。随着学生的提问，我把他们的问题在黑板上进行梳理。在梳理的过程中我发现，学生在操作中提出的值得思考的问题还真不少！

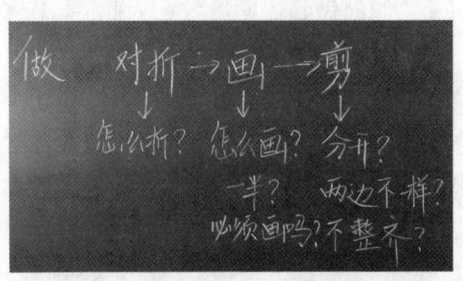

学生前期动手实践操作后产生的问题

二、在介绍制作方法中培养问题解决能力

学生在前期的微视频中已经看到了轴对称图形的制作步骤,因此,在交流制作方法时他们很快就一致通过了。而这个环节的重点在于让学生提出问题并相互解答。

北京第二实验小学的三段式课堂教学一直提倡让学生带着问题走进课堂,让学生学会质疑。因此,从一年级入学开始,我们就一直努力培养学生提问的意识与能力。只要学生能提出问题,教师就会给予肯定,并有意识地帮助学生梳理,带动学生思考,从而使其提出有价值的数学问题,而不是为了提问而发问。到了二年级,教师就会指导学生不仅会提问题,还要养成主动解决问题、在课堂上生生互动的意识,并且不同于一年级,学生在解决问题时也有自己的选择。

对于一年级学生来说,什么样的问题是有价值的可能需要由教师来选择,但在二年级,教师完全可以让学生凭借自己的成功经验去选择想要解决的问题。学生在发现问题、解决问题的过程中对轴对称现象认识得更深刻了。在课堂上,学生从不同角度阐述如何运用自己的经验去帮助别人解决问题。我相信,帮助别人的学生和被帮助的学生在这个过程中都会有所收获。这种收获不仅是知识上的,还有相互合作、沟通能力的提升。让学生解决问题的真正目的是想告诉学生,面对问题时不要盲目放弃,首先要相信自己能行,然后可以通过仔细观察、动手操作(如右图)或向身边的同学和老师求助,从他人的成功经验和方法中受到启发,来解决自己的问题,即教给学生面对问题时的态度和解决问题的途径。进入三年级,教师会从关注数学本质以及怎样让学生提出有针对性的问题来进行指导。

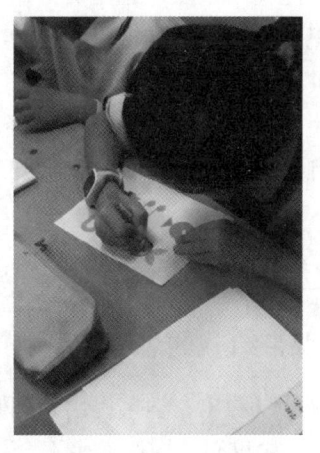

三、利用资源产生新问题,加深学生对轴对称现象的理解

轴对称这节课上出现的所有问题资源都来源于学生。在研究轴对称图形的特征时,学生产生了一系列意料之外却非常有深度和价值的问题。有的学生对左边图

形（下图）有疑问，认为上下对折就不是对称了。多好的问题呀！在质疑与解答中，学生们明确了：只要能找到一种折法满足两边完全重合，就是轴对称现象。还有的学生认为右边黑色箭头（下图）沿着中间也可以把它平均分成两半，因此，这个黑色箭头也是轴对称图形。听到这个预设之外的问题，我愣住了，但马上有学生站起来解答："老师今天交给我们的图形都是通过对、折、画再剪得到的，你这个没法对折，所以这个不是。"我当时非常佩服这个学生，他能用从动手操作中得到的经验去解决问题真的很了不起，我能感觉到学生是在认真研究问题的。我们都非常清楚这个黑色箭头不是对称轴，学生能通过与前面图形的比对，自己把这些问题弄明白，虽然现在只是初步感知，但在将来再次学习轴对称图形时，他们会有更深刻的理解。

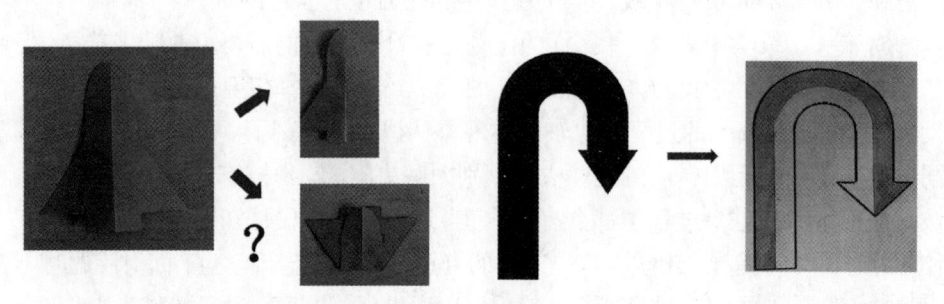

在课的最后，我安排学生动笔练习和欣赏生活里的轴对称现象。令我惊喜的是，学生提到了长方形和正方形、1+1等这些学过的知识。

在查阅和学习大量资料后我发现，所有教师都把这节课作为以动手操作为载体的活动课，但我的重点，也是贯穿始终的，是在操作的过程中结合PBL培养学生的问题意识。学生在操作前期，是在尝试中提问题；在操作中期，是探究轴对称现象，解决问题；在操作后期，是在讨论差异中提出新问题，加深对轴对称现象的理解。让学生在操作过程中总结成功经验、发现失败的问题，并且随着研究的深入，提出更有价值的问题、主动挖掘知识之间的内在关联，是我的研究目标。

课后反思

一、微课带给我的思考

从微视频可以看出，学生提出的问题越来越丰富，而且有的问题非常有价值。由此我思考：往常我们总抱怨学生不会提问题，其实不然，是我们没有从学生的角度出发，为他们创设适合的问题情境。如果学生有了提问题的沃土，一定会生根"发言"的，提高学生能力也就不会只是教学目标中的一句空话了。

二、课程整合，在体验中促进学生全面发展

像这样的数学活动课，那些涉及剪、画的动手操作内容，如果可以和美术课或手工课整合，这样学生在课上会有充分的时间感知，再结合 PBL，学生能够学会从不同学科的角度去多方位认识知识，感受知识的本质。学生们在动手、动口、动脑这一系列活动中发现问题，在对话探究中解决问题，通过学科间的整合拓展思路，学生将会更乐学、爱学。

2.7 利用项目式学习培养学生的问题意识
——以"三角形边的关系"一课为例

北京第二实验小学　刘鑫

课前慎思

"君子之学必好问。问与学，相辅而行者也。非学无以致疑，非问无以广识。"（刘开，《孟涂文集》）而项目式学习强调以学生为中心，主要是学生在日常学习中探究和发现问题、创设问题情境，通过自主探究和小组合作解决问题，进而有效提高实际思考和解决问题的能力。其中有几个非常关键的环节——提出问题、规划方案、解决问题、评价和反思，以实现"提出问题—解决问题—提出新问题—解决新问题"的螺旋式进步。项目式学习的目标是通过与现实相结合的实践方式，在问题驱动下，使学生更有效地掌握学科知识，并在此过程中培养学生的社会情感技能。这种学习方式将有利于调动学生思考的积极性，培养其问题意识，鼓励他们亲身经历知识的形成过程，进而积累并发展学生互相学习、互相交流、开拓思维的能力。基于以上认识，我们以"三角形边的关系"一课为例，尝试探索如何具体实施以项目式学习方式培养学生的问题意识。

实践与思考

项目名称：探究三角形三边关系。

项目概要：4人为一小组，在探索中明确三角形三边关系的数学含义，认识三角形的三边关系在生活中的广泛应用；与年级主题研究课"桥"相结合，能够判断出材料能否组成稳定的三角形结构。

年级：四年级数学课。

项目历时：课内 2 节，课外 2 周。

学习目标：①通过摆一摆等操作活动探索并发现三角形任意两边之和大于第三边；②在实验活动中体验探索的过程，提高自主探索、合作交流的能力。

学习过程如下所示。

1. 项目导入

看桥的图纸，检查哪些图纸是"空中楼阁"。

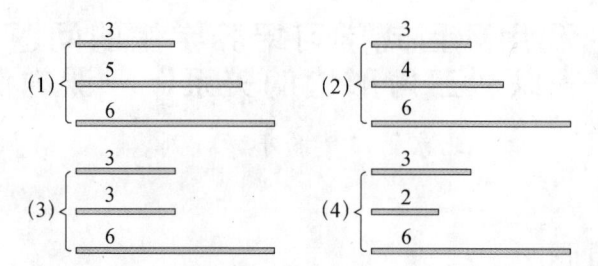

(1) 3, 5, 6　　(2) 3, 4, 6

(3) 3, 3, 6　　(4) 3, 2, 6

2. 引发猜想：任意三条边都能组成三角形

学生在草绘了几幅图后有了疑问：怎样才能一眼判断出哪三条边可以组成三角形？

3. 项目研究

在自主问题的驱动下，学生自发组成 4 人小组，通过拼摆试验来探究三角形的三边关系，并利用这一特性尝试标注设计图的数据。

4. 项目具体流程

1）学生自发组成合作研究小组，结合每个人的优势合理分工合作。

2）小组交流探究，记录结论。

人员	分工	方法1	方法2	方法3	得出结论

在探索研究中，学生一次次动手操作，记录下拼摆过程的数据，寻找解决问题的方法。当学生遇到解决不了的问题时，教师要及时地介入，给予指导。

3）在最初的实验中，学生对教师给出的选项（3）3 厘米、3 厘米、6 厘米这组小棒产生了质疑。有部分学生认为，在极限的情况下，两端的边能抬起一点点，与长边组成一个三角形。有部分学生认为并不可以。

教师引导：这里可以用以前所学的知识"两点之间线段最短"来反驳么？

在实验探究过程中，学生发现了两边之和要大于第三边，对三边关系有了最初步的认识。在后面的实验中，在思考教师的提示后，学生利用反证法，假设3厘米、3厘米、6厘米可以组成一个三角形。然而两点之间线段最短，也就是这条线段长6厘米。而3厘米、3厘米要组成三角形另两条边，那它们的长度就要比6厘米长，然而它们的和是6厘米，这就与两点之间线段最短相矛盾，因此3厘米、3厘米、6厘米这样的三条边组成不了三角形。在选项（4）3厘米、2厘米、6厘米这组数据中，学生又把结论补充完整：任意两边之和大于第三边。

4）活动交流与反思。在探索三角形三边关系的分组合作活动中，学生们自发确定实验计划、实施计划；在实施过程中明确分工，不仅确定了领头人，还确定了记录数据的记录员、拼摆的实施者。在实施过程中，如某次没有成功摆成三角形，大家会集体反思为什么会出现这种情况，并记录在记录单上。这表明，给学生时间和空间，让学生由被动学习变主动学习，学习的效果更好。

5）设计图纸的具体数据。学生结合年级主题研究课"桥"，尝试先设计一些简单的利用三角形的桥的图纸，根据图纸上的数据来实际动手操作。在设计图纸和动手操作时，学生在一次次的思维碰撞中交流心得体会，勇于质疑，遇到问题时大家齐心协力去寻找解决的办法，必要时向他人寻求帮助。

6）交流展示。学生展示了小组设计的简易斜拉桥的设计图，设计中规划了材料的长度，省去实际造桥中一次又一次调整拉索的时间。学生在交流展示中介绍了本组的汇报内容和思考的过程。在给桥的设计图纸填写数据后，学生对利用三角形原理的斜拉桥有了更深的理解。在交流过程中，学生互相评价，互相补充，互相提出质疑，对三角形的三边关系理解得更加透彻。

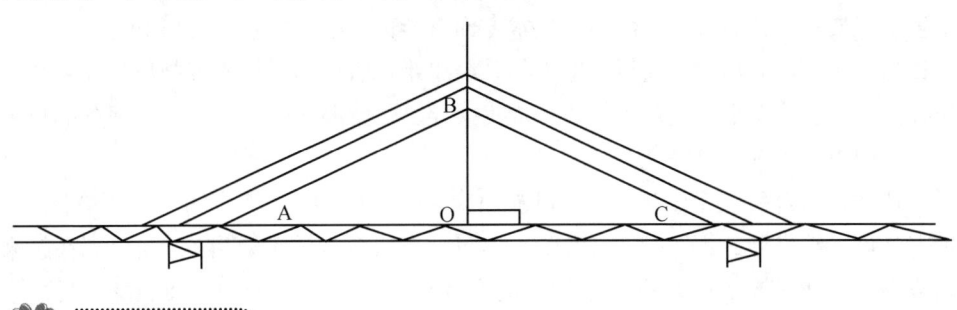

课后反思

项目式学习让学生在一个真实的问题情境中去探索。在学习过程中，学生的问题意识和合作能力得到了培养，他们在问题中去发现、去探索。在整个交流过程中，学生发挥自身优势，取长补短。在"发现问题—解决问题—发现新问题—解决新问题"的过程中，学生理解了三角形三边关系的核心，为之后的学习奠定了良好的基础。在学习过程中,学生体验到了数学知识在生活中的应用,增强了自主学习的积极性。

学生对于项目式学习是较为陌生的,但在项目式学习过程中,学生以一种积极的态度去面对、去挑战,这点极为重要。探索、研究的过程不是一帆风顺的,有问题的阻挠,也有组员的质疑。但在组员的通力合作下,在他人的帮助下,学生能积极寻找解决问题的办法,尝试更优方案,将问题逐一解决。将项目式学习方式融入学生的自主学习过程,学生在不断发现问题、解决问题的过程中得到锻炼与提高,终有一天会展现出不一样的精彩。

2.8 把大殿围起来——基于项目式学习的数学学习探索

北京第二实验小学　范薇

课前慎思

2009 年,美国新劳动力技能委员会(New Commission on the Skills of the American Workforce)为美国教育规划出新的蓝图,达成的共识有:在经济全球化的大环境下,教育只有"准备学生"(prepare students)才能成功;围绕4C核心能力(创造创新能力、批判性思维与问题解决能力、沟通教育能力、合作协作能力),学生不仅要在阅读、数学、科学和技术方面有能力,还要具备责任感和适应性、交流技巧、创造和求知欲、批判性思维与系统思维、信息和媒体素养技能、人际和协作技能、问题的识别、规划和解决、自我指导、社会责任感等。在这一理念的指导下,美国提出了项目式学习。

让教育适合每一个学生,更多可能地为学生提供多元、综合的教育环境,让学生得到可持续发展,是北京第二实验小学每一个教育者的重要目标。面对现在越来越复杂的学生情况,同时也基于学生的个性化以及全人发展的需要,我们尝试了多维、多角度解决问题,以突出对学生综合性素养的培养;尊重、关注学生的个性差异,以突出对学生选择性素养的培养;勇敢地"退",服务于学生更好地学,以突出对学生自主性素养的培养。而这些都和项目式学习的目标不谋而合。于是,如何在教学中结合学科内容,为学生创造更多项目式学习的机会,也就成为我们研究的问题。

项目式学习的一个很大特点是不以教师讲授为主,而是强调学生的主动学习;

强调把学习置于更复杂的、有意义的真实问题情境中,因此要设计更具真实性的任务,让学生通过自主探究和同伴合作解决问题,从而深刻理解隐含在问题背后的科学知识,形成解决问题的技能和自主学习的能力。基于此,我们结合小学二年级"测量"的学习内容和校园中的实际问题,对项目式学习的设计与实施进行了探索与实践。

实践与思考

一、以学定教,制定目标规划课程

在开始授课之前,教师先要制定明确的项目目标,并了解学生现有的知识水平,确定好评价标准,制定清晰、明确的推进步骤,以及小组合作过程中要完成的任务清单、分工情况等。北师大版小学数学教材二年级的"测量"单元是学生第一次接触长度单位,对米、厘米、毫米等长度单位的认识和使用是本单元的重点内容。针对本单元的教学目标,教师设计了"把大殿围起来"一课,并把驱动问题设定为"把大殿围起来,一共需要多少根围栏?"希望可以用项目式学习方式解决这个复杂而具体的问题,让学生实际应用本单元所学知识,得到更多方面的发展。

教师对课时安排如下。

第一课时:明确要解决的问题,根据问题初步制定解决问题的方案,并按照方案进行分组。同时,教师和每一个小组的学生约定好交流的时间,确保在下一节课上课前,每个小组都与教师就方案的细节问题进行过深入、有效的沟通,并得到教师的一些具体建议,教师则根据学生的要求提供大盘尺、粉笔、米尺、绳子等工具。

第二课时:按照每个小组事先决定好的分工进行实际操作测量,教师深入观察学生的合作情况,但并不帮助学生改进或调整方案。每个组将最终的平面图上交,并提供具体数据。教师收集各组的数据和平面图,明确下节课以组为单位汇报各组的方案及反思。

第三课时:分组进行汇报、交流。要求学生汇报时要呈现出解决方案、每个人的分工以及最终结论。每个组汇报后都有互动交流环节,大家来评价汇报组的方案实施情况如何、最终数据是否合理及其原因。

二、问题驱动,促进小组深度合作学习

(一)明晰任务,激发学生的研究兴趣

一个好的驱动问题可以让学生充分地投入到任务研究中,并能有效激发学生主动研究、学习的兴趣,同时还要留给学生足够的思考空间、丰富的解决方案的可

能。因此，在项目式学习的过程中，教师首先要做到使学生明确要完成的任务。于是，教师设计了基于校园建设相关的实际问题——围大殿。学校要利用假期，对王府校区中后院的大殿全部进行修缮。为了大家的安全，也为了保护大殿，需要用围栏把大殿围起来（出示以下围栏图片）。服务中心的教师们发愁了，要把整个大殿围一圈，需要用多少根护栏呢？这个具有实际意义和挑战性的问题引起了学生的研究兴趣，激发了学生去思考。

钛金

（二）实地观察，进行问题初步解决

在明确驱动问题的基础上，为了促进学生的可持续学习，教师让学生经历从参与提问到问题解决的全过程。为了让学生更好地理解这个问题，教师带着学生来到大殿前，请学生围着大殿慢慢走一走，细细观察，同时思考如何解决这个问题。在此过程中，学生的生成成为学习的重要部分，教师随时收集学生的生成问题，并给予他们及时、有效的指导。实地观察后，教师又为学生创造了在全班交流初步解决方案的机会。

学生想到的解决方案可谓百花齐放，在此列举一些较有代表性的解决方案。

方案一：先用尺子量出整个大殿的周长，再减 5 米，看看能减几个 5 米，就是需要几根护栏。

方案二：找 4 个人手拉手，第一个人是起点，在第四个人的位置放第二根护栏，再手拉手，将刚才的终点当作下一轮的起点。以此类推，手拉手围着大殿走一圈，就知道需要多少根护栏了。

方案三：围着大殿数一数砖块，量一量几块砖的长度大约 5 米，再数一数有几个 5 米。

方案四：把大殿看成一个长方形，分别量出它的长和宽，再算算长需要围几根，宽需要围几根。

方案五：只需要两个人，用劈叉的方式测量，劈叉三次就放一根护栏。

正因为留给了学生们独立思考的时间，学生们才能利用已有的知识经验或思维材料高度概括，进行新颖的组合分析，找出新异的层次和交结点，从而有了各自不同的初步解决方案。

（三）重新分组，促进学生深度合作

教师充分尊重和利用学生的各种解决方案，将每种方案简单记录在黑板上。并为学生创造自由组合选择方法的学习机会："你最喜欢哪种方式？请志同道合的孩子们站到一起！"教师在学生选择的基础上，分别确定组号，重新安排座位，并对学生进行指导，不仅指出合理分工、团结协作对于顺利解决问题的重要性，还具体到实施方案和操作方式指导，引导小组明确每个人的分工，鼓励学生借助在平面图上作标记相互配合解决问题，进而逐渐清晰问题解决的思路和方法。同时，教师利用任务单和对每组的深入跟进，及时了解学生的团队合作分工，关注每一个学生在合作中生成的人际交往资源，从而结合具体情况提高学生的合作学习能力。团队合作学习是项目式学习的重要特点之一，教师应抓住机会，帮助学生在基于现实问题的研究中获得更加真实的团队合作体验。

（四）多元评价，促进学生在学习中全面发展

项目式学习的成果是以公开作品的形式呈现的，因此，作品及其生成过程中学生的表现是评价学生的重要参考。这其中包含学生完成各级任务或解决问题时展现的不同方法、思维水平，也包含学生在过程中体现出的学习特点与态度。因此，在项目式学习过程中，教师要为学生创造展现其思维过程的机会与表现形式，包括指导学生建立、整理自己的资料夹。同时，师生在项目进程中随时进行评估，这些贯穿项目式学习过程的及时评估最后将形成体现学习过程的表现性评价。

随着小组交流汇报的进行，最终的作品被呈现出来，这也是学生自评、互评的最后时机。自评与互评可以让学生更加关注自身与同伴的学习情况、学习状态，了解学生在团队中听取、接受其他成员意见及相互协助完成任务的情况。教师在平时要营造正向的交流氛围，让学生愿意就自己的困惑、问题和大家交流，并能得到中肯的、积极的建议和帮助，这样才能使之成为推动项目式学习的资源，成为学生建构知识、培养能力、发展思想的平台，让学生在更深层次上感受自评与互评的价值。

（五）及时反思，获得更多完善空间

教师要及时鼓励学生反思，这既是对项目式学习本身进行整体梳理，也是让学生回顾自己及团队在项目活动中的收获与不足，积累和发展经验，并争取在以后的活动中加以改进。教师引导学生对测量方法进行反思，可以使学生发现：虽然具体的操作方法不同，有的借助尺子量，有的借助手臂长度或步长进行估算，但都是由

局部推算出整体。学生们还发现：在总距离一定的时候，所用的围杆数越多，它们的间隔越小；反之，所用的围杆数越少，它们的间隔就越大。学生们还在反思中总结了一些极端数据及其处理方式。而教师也适时提出一些问题，引发学生的更多思考，例如：数据是否合理，为什么？围栏数小于多少就一定不行，这背后有什么秘密吗？如果现在有机会改进方案，打算怎么做呢？等等。

课后反思

教师要为学生创设亲历问题解决过程的机会，只有学生经历了从头到尾思考的过程，他们的经验才能得到充分的发展。同时，教师也要注重在这一过程中对学生学习技能的培训与指导，例如使用尺子的方法，如何在平面图上找到需要标注的位置，米、厘米之间的单位换算等，这样更有助于学生体验、利用已有的知识解决问题。另外，课堂上的学习时间有限，因此课上课下任务的统筹安排非常重要。例如，教师可以利用课下时间对每组围大殿的具体分工及方案逐一深入了解；教师要对户外授课遇突发天气情况的应对与处理做预案等。对学生进行系统的、有针对性的评价也是教师需要思考的。教师在做教学设计时要通过多维度评价设计，如分工、合作、效率、使用工具、准确性等，让学生知晓评价维度，帮助学生明晰努力的方向，这有利于学生的4C核心能力的发展。

总之，关于项目式学习还有很多需要我们研究和探索的内容，例如，能否在一定程度上替代原有的教学方式，评价方式如何再细化，如何更好地利用信息化手段，等等。开展项目式学习，我们依然在路上。

2.9 利用PBL理论设计课堂活动，激发学生的主动探究意识

北京第二实验小学　宫莉

课前慎思

基于问题的学习也被称项目式学习，是一种将学生置于学习的主体地位，将学习置于有意义的问题情境中，通过学生课前自主学习、课上合作探究、主动解决"问题"，进而获得知识和技能，发展问题解决、自主学习和合作学习能力，提升探究意识和探究能力的教学活动形式。学习者、问题、活动是PBL的三大关键要素。

在小学数学课堂中,学生受年龄和思维发展的限制,对于抽象的数学概念及原理理解有困难,致使很多学生学起数学来有畏难情绪。因此,课堂学习活动的设计就显得尤为重要。

在 PBL 模式中,学习活动都是围绕"问题"的解决而展开的。教师要精心设计所要解决的问题,问题应该以学生经验为依据,以课程内容为依托,既涵盖教材内容,又要适当拓展学生的视野;问题要有真实性,问题只有与学生的学习和生活实际相关、与时代气息和社会需求相连,才能使学生产生共鸣,使其体验到探究的价值和意义,从而激发学生的学习兴趣与学习动机。

问题的质量对 PBL 教学法的实施效果有非常直接的影响,问题应具备三个特征:①问题是某个情况下的未知实体;②所寻找或解决的这些未知实体具有一定的社会文化或技术价值;③问题是结构不良的、开放的、没有现成的解决方案。针对这三个特征,我以北师大版小学数学四年级教材为例,结合课堂实践,总结了以下三种数学学习活动方式。

实践与思考

一、问题对话式学习活动

在学习"小数意义"一课时,教学目标是让学生借助各种直观模型理解小数作为十进分数的另一种表现形式的意义,以及作为"位置计数法"反向延伸的数学本质。这一目标对于只有不到 10 岁的四年级学生而言非常抽象,教师很难通过单一的讲解使学生理解。因此,结合教材设置,利用学生已有的认知基础,我在课堂中设计了下列问题。

你们认识小数吗?说出几个小数。

生活中处处都有小数,在哪里见过小数?

1.11 这个小数表示什么意思?请你用你喜欢的方式把它的含义表示出来,让大家都清楚这个小数的具体大小。

问题串的活动设计利用看似平常聊天的话语,把学生的生活经验引入课堂。这种问题对话方式让学生体会到,当用语言表达不够清晰时,需要动手实践;无论是用语言描述,还是用图形表示,把自己的思考内容大胆地表达出来是多么重要,多么有价值!在接下来的活动中,学生的思维被调动起来,并展现出多种表示方法。

1)实物对照方式:1.11 表示 1 元 1 角 1 分。

2)画图的方式:在 1.11 中,1 表示一个正方形,0.1 表示把这个正方形平均分成 10 份中的一份,0.01 表示把这个正方形平均分成 100 份中的 1 份。

3）用一条线段表示。画出 1 段线段作为 1 米，然后平均分成 10 份，把其中 1 份再分成 10 份，合起来代表 1.11 米，也就是 1 米 1 分米 1 厘米。

4）用情景+图像描述。我吃了一个蛋糕可以用 1 表示，我妈妈吃了同样大小的蛋糕的 1/10，用 0.1 表示，我的小妹妹只吃了我妈妈蛋糕大小的 1/10，我们一共吃了这个蛋糕的 1.11 倍。

5）把 1000 克看成 1，100 克就是 0.1，10 克就是 0.01，依次除以 10 的关系。

6）用计数器表示出 1.11 的大小，尤其是对数位的描述，每相邻的数位之间是 10 倍关系。

以上 6 种表示方法是教师在课前没有想到的，课本中提到的 3 种方法也是学生自发创设出来的。这样的反馈说明，在清晰的问题的导引下，在开放的表现空间里，学生的思维是可以被调动起来的。接下来，教师引导学生研究在上述 6 种表示方法背后，他们对于小数的认识是怎样的。教师的进一步提问起到了促进学生深入理解知识的作用。

师：你们想到了这么多的方法来表示 1.11 这个小数，真了不起！大家再仔细看看这 6 种看似不同的表达方式所表示的 1.11 大小相等吗？这 6 种表达方法有没有相通之处？

从学生的反馈情况我看出，这样看似简单的对话，却推进了学生对一个简单问题不简单的思考，最终学生发现，有 5 种表示方法表明 1.11 这个小数每相邻的数位之间都是 10 倍的关系。虽然表示方法不同，但都说明了一点：整数 1 表示全部、1 个整体，在整体 1 的基础上依次平均分成 10 份、100 份，就产生了 0.1 和 0.01；而"每一个数字所在的数位都是连续的，即使是小数也一样，越往下一位就相当于不断的除以 10"（学生的课堂描述）。通过这样的活动和师生之间的对话，学生完成了对于小数意义的深刻理解和充分感知。

二、研究递进式学习活动

在学习"密铺"一课时，学生对密铺这一生活中普遍存在的现象有一定的认知基础，但对概念和概念背后涉及的数学知识是陌生的。因此，我在课堂中根据学生的知识理解层次设计了两次动手活动。

第一次：每个学生从学具筐中找到一个喜欢的图形，尝试动手拼一拼，验证这个图形是否可以密铺；

第二次：小组合作，拿出已经被验证为可以密铺的图形，再一次观察、拼摆，借助量一量、画一画的方法，研究构成密铺的条件是什么。提示：可以结合图形特点进行研究。

两次探究活动之间是递进式关系。在第一次尝试中，学生的兴趣点在于拼成或拼不成密铺图形上，着眼点在于对密铺概念的深入理解，与动手操作之前所做的猜想进行对照；第二次的学习活动是在学生的经验基础上，把动手活动升华到对研究意义的感知与理解上，学生不是简单地拼摆，而是带着问题去研究，结合图形特点，把问题解决的关注点聚焦到图形内角度数的特点上，从而完成对于密铺现象背后的数学本质的理解，即拼接处内角和为 360 度。

从课堂上学生的活动热情和效果看，这种具有递进式关系的活动有利于学生去探究。每次活动的目标都很清晰，既能在有效的课堂实践中突破知识难点，也能激发学生对于知识背后规律的探究。

三、实践经验式学习活动

在学习"数据的表示与分析"单元时，教师结合教材设计"种蒜苗"活动。教师带领学生从单元整体预习入手，提前 2 周指导学生种蒜苗。

具体要求如下：①学习种蒜苗的方法，选一头大蒜作为种子，给每一颗大蒜标号，观察大蒜的生长速度，记录生长数据。这一阶段共 14 天，可集中观察 3~5 颗；②将数据清晰地记录在观察日记中，以备在课堂中集中进行整理和分析；③通过整理数据，学习如何清晰地表示收集到的数据，并且学会用不同的方式表示不同时期蒜苗的生长情况；④通过对个人数据和组内、班级整体收集的数据进行科学分析，发现问题，进一步了解蒜苗生长的各种相关条件和知识。

在这样的实践活动设计中，连续性和操作性十分凸显，学生不仅热情高，主动探究意识更为强烈。在实验过程中，所有学生都非常认真地完成每日观察蒜苗生长、记录数据的任务。有的学生发现新蒜和旧蒜经过泡发后蒜苗的生长速度不同；有的学生发现置于不同光照位置的蒜苗，其生长速度和颜色有明显分别；还有的学生的蒜头开始几天没有发芽，他们在焦虑中研究得出，作为种子的蒜头不能选择冷库储存再售的大蒜。

教师通过指导学生将这样的活动在生活中付诸实践，验证了这个实验活动能够在众多版本教材中被反复使用，帮助学生积累了数据分析的经验。

课后反思

利用 PBL 理论设计学习活动，可以抓住问题关键点，以目标驱动的方式探讨知识本源，有利于调动学生的积极性、主动性和创造性。在活动中，教师引导学生变单向思维方式为多向思维方式，逐步转向深度学习（deep learning），即让学生获得成为一个有创造力的、与人关联的、参与合作的终生问题解决者的能力和倾向，而且能够成为一个健康、全面的人，创造和贡献于这个知识型的、创新且互相依存的世界。

参考文献

Barrows H S，Kelson A C. 1995. Problem-based Learning in Secondary Education and the Problem-Based Learning Institute（Monograph 1）. Springfield IL：Problem-Based Learning Institute，5.

迈克尔·富兰，玛丽亚·兰沃希. 2016. 极富空间：新教育学如何实现深度学习. 于佳琪，黄雪锋译. 重庆：西南师范大学出版社，14.

王济华. 2010. "基于问题的学习"（PBL）模式研究. 当代教育理论与实践，（3）：96-98.

张奠宙. 小数的本质. https：//wenku.baidu.com/view/943723f6964bcf84b8d57b6c.html.

2.10 依托项目式学习培养学生的学习能力
——以"6的口诀"一课为例

北京第二实验小学　贡文生

课前慎思

项目式学习是一种以学生为中心设计执行项目的教学和学习方式，可以提高学生的学习效果。在一定时间内，学生根据学习目标选择、计划、提出一个项目构思，通过展示等多种形式解决实际问题。

《义务教育数学课程标准（2011年版）》指出：有效的数学学习活动不能单纯地依赖模仿与记忆，动手实践、自主探索与合作交流是学生学习数学的重要方式。北师大版小学数学教材从二年级开始教授乘法。而乘法口诀的学习和背诵这些看似简单的内容，对于学生们来说，无论是从算理上理解，还是在生活中应用，都是比较困难的。

借助项目式学习，我们设计了很多活动环节，让学生真正走进数学活动，走进生活。下面以"6的口诀"一课为例介绍我们的实践过程。

实践与思考

一、培养学生的学习兴趣

小学低年级学生具有活泼好动、稳定性差的特点，因此，在数学教学中提高学生学习数学的兴趣是非常重要的。"兴趣是最好的老师"，只有在兴趣的驱使下，小学生才能积极主动地学习数学课程，才能发展创造性思维，因此，我们首先在课堂上设置了下面这样的环节。

翻牌游戏，引入新课

师：接下来老师也想带大家玩一个游戏，名字叫翻牌游戏。这有不同颜色的纸牌，后面藏着点子图，翻开后你能快速说出口诀吗？想翻动哪个颜色？

(教师找同学试一试)

师：如果全打开会是哪句口诀？

生：五六三十。

师：既是5的口诀，也是6的口诀。5的口诀我们全学过了，6的口诀我们学过吗？在2、3、4、5中都有一句6的口诀。课前大家利用点子图对这几句口诀做了前参，接下来我们玩一个"你的心思我来猜"的游戏，看看谁能够通过点子图迅速说出口诀。

教学以游戏开场，既符合学生的天性，又能唤醒学生的旧知，学生的学习兴趣一下子被调动起来。

二、培养学生的合作能力

项目式学习更注重让学生在独立、自主学习的基础上，通过合作、共同探究，感受合作学习的乐趣。合作学习旨在让学生通过互相帮助、互相监督来提高自主学习能力，培养团队意识和合作能力，学生之间互相补充、完善，从而提高学习效率。只有充分地鼓励学生之间、师生之间的合作与交流，学生解决问题的积极性和创造性才能得到充分发挥，"合作与交流学习"才能体现出实效性。好的合作学习一定要使学生全身心地参与，这就需要让学生产生合作的需求、体验合作的必要性。

在新授"6的口诀"时，我们设计了一项活动，即利用学生手中的点子图去找好朋友，要求把他们的点子图凑在一起能够得出一句新的"6的口诀"，并把结果写在朋友卡上。看谁在一分钟内凑出的口诀多、找到的朋友多。

在这个学习要求下，学生们走下座位去找自己的好朋友，共同探讨"6的口诀"，体验合作学习的快乐，并进行全班汇报，同时在汇报中相互补充，以找到更好的记忆方法。

（1）展示朋友卡

教师提醒学生要用汉字写口诀，个别有错的答案可以作为教学资源。

（2）探究"六六三十六"

师：你们是怎样得出这句口诀的？

（请学生展示他们拼凑的点子图）

教师根据汇报写出板书：$a \times 6 + b \times 6$。

师：汇报时先说我有几个6，是多少，好朋友有几个6，是多少，我们凑在一起是6个6，也就是36。

最终按顺序梳理：

$6 \times 6 = 1 \times 6 + 5 \times 6$

$\quad\quad\; = 2 \times 6 + 4 \times 6$

$\quad\quad\; = 3 \times 6 + 3 \times 6$

（3）探究剩下的几句口诀

师：请你下去继续找你的好朋友，说说你们是怎样凑出的其中一句（手势指剩下的三句），结果是怎样得出来的。开始！

（教师根据学生的汇报完善口诀并板书）

师：口诀都出来后，针对错误资源"六九五十三"说明你是怎么看出来是错的？观察口诀，看看还有哪些规律？

三、培养学生搜集、整理信息的能力

学习的最终目的是让学生学会学习，学会向书本学习、向他人学习、向生活学习，学会观察、调查、积累，具有今后生活、工作的能力。

项目式学习可以将一个项目划分成多个相对独立而又密切联系的子项目，为了确保"6的口诀"的学习，我们还设计了下面的开放题目："到生活中寻找与6有关的事物，选择其中一样提个数学问题。"学生通过查找资料得到了以下相关知识：在大自然中，一片雪花有6瓣；蜂巢是由无数个正六边形组成的；一只蚂蚁有6条腿；8班学生姓名中6笔画的汉字有刘、冰、关、仲、孙、朱、许、宇，7班学生姓名中6笔画的汉字有权、任、许、孙、成、齐、宇、阳、好；长方体有6个

面；2张桌子拼起来能围坐6人，船能坐6人，一个面包6元钱……

在学习中，同桌两个人互相解答，再次复习了"6的口诀"。

四、提高学生思考和问题解决能力

在小学数学教学活动中，培养问题解决能力是一项重要任务。它不仅是实际教学的需要，也是新课改的需要，更是学生今后生活的需要。小学低年级是培养问题解决能力的关键期，教师要从低年级抓起，为学生以后学好问题解决打下良好的基础。

新课学习之后，我又设计了以下练习。

（1）看算式说口诀

$6×4$　　$6×7$　　$3×6$　　$6×9$　　$5×6+6$　　$6×9-6$

以$6×4$为例：

师：$6×4$表示什么意思？

生：表示6个4连加或者4个6连加。

师：你用的哪句口诀？

生：四六二十四。

（2）数格子

在此练习中，教师通过引导学生巧妙地移动格子并应用口诀，把复杂的问题变简单。

师：你是怎么计算的？

生：把最上面两个正方形放在两边，变成两个6，二六十二。

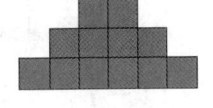

师：那要是再加2个6呢？

生：四六二十四。

师：再加4个6呢？接着再加4个6呢？口诀里没有12个6，还能用我们今天学的口诀来解决吗？

师（总结）：你们能灵活地应用口诀解决这么难的问题。如果有更多6呢？一样能用我们今天学的口诀来解决，感兴趣的同学课下可以继续研究。

（3）接龙游戏

师：咱们玩个游戏吧——接龙。今天咱们研究的是6的乘法口诀，和你小组的同学一起玩吧！全班一起交流展示。

我发现，只有将数学与学生的现实生活密切结合，数学学习才是活的。

课后反思

教师不仅是教学的组织者、引导者，更是教学过程中的合作者。教师应该首先成为合作学习的示范者，在合作中合理展现自己的才能，做到"勇敢地退、适时地进"。

2.11 未来学习方式在小学数学教学中的探索与应用
——对项目式学习的思考与实践

北京第二实验小学　黄利华　王红

课前慎思

一、问题的提出

项目式学习是在完成一个项目的大背景下，学生经历围绕主题展开对资料的收集、整理、分析及研究，在形成学习成果的同时，获得新的知识与技能、发展能力与素养的学习方式。让学生进行项目式学习对于教师而言是有挑战性的，从项目内容的开发，到项目方案的设计，再到课堂教学的实施，都与教师以往的教学有所变化。因此，就如何结合学情、课程内容和培养目标，设计及实施有效的项目式学习，我们进行了初步的思考与实践。

二、项目式学习教学策略

（一）多维思考，开发项目，凸显项目式学习特征

1. 与课程学习目标的一致性

项目与课程标准制定的数学知识相契合时，可使所要学习的知识成为学生自己的问题，大大提高学生对所要学习知识的自我需求程度，同时也可解决教师的课时压力等，进而提高项目式学习的可行性。

2. 与现实生活的紧密联系性

真实的问题可促进学生的生活经验、学习经验与项目的连接，使之具有可实践的特点，进而激发学生的探索兴趣，促进学生基于学习而建立数学与生活的联系，从而凸显开展项目式学习的必要性。

3. 问题研究的开放性与自主性

项目的条件及问题具有一定的开放性，可以促进所有学生参与其中，学生在解决问题的过程中更多运用个性化的方法，更多展示出不同的思维水平，发挥他们的创造力，进而提高进行项目式学习的自主性。

4. 对不同学科内容的融合

在实际生活中，单纯依靠数学或某一门学科知识往往是不能解决问题的，人们需要综合运用多种学科知识来解决问题。因此，在设置项目内容时教师要尽量为学生创造跨学科解决问题的机会，在灵活运用多学科知识解决问题的过程中，凸显项目式学习的综合性。

（二）精心设计教学方案，提高项目的可操作性

1. 设计更具探究性的驱动问题

驱动问题的质量会影响项目式学习的进程与方向，它不仅起激发学生研究/探索兴趣的作用，也引领学生，使其保持正确的研究方向。同时，设计的问题也要有足够的思考空间。学生经历项目阅读与理解、信息收集与整理、问题提出与分析等完整过程，有利于其思维深刻性、灵活性、批判性和创新性等品质的发展，并将卷入深度参与和探究。因此，在项目式学习中，教师提出的问题不要过多、过细，而是要更多鼓励学生在教师的驱动问题下生成他们自己的研究问题，凸显项目式学习的探究性。

2. 促进生成，增加学习的持续性

杜威提出，实践学习有利于塑造学生的学习习惯和学习体系。高质量的经验和经验的连续性在学习过程中至关重要。这种持续性一方面源于教师对项目式学习方案的设计，让学生经历从参与提问到问题解决的全过程；另一方面也可源于学生在学习过程中的生成。因此，教师要关注对学生信息收集与整理的指导，同时在完成项目式学习的各个阶段，教师可给学生提供反思的机会，并进行指导，同时鼓励学生自主反思。在对信息的收集、整理与反思中，学生可能对知识有更深入的认识，可能会建立更广泛的联系，还可能提出新的问题，这些都将增强学生学习的持续性。

3. 多维度培养学生的合作性

团队合作学习是项目式学习的特点之一，学生在研究基于现实背景的问题的过程中所获得的团队合作体验是很真实的。因此，教师不仅要在教学方案中设计一些体现团队合作学习必要性的内容，也要使用任务单、评价表等工具对学生的合作学习进行引导，并有意识地考虑团队的构成，及时了解团队合作分工，关注学生在合作中生成的人际交往资源，并结合具体实例培养学生的合作学习能力。

（三）结合项目式学习特点实施评估，促进学生发展

1. 重视过程性评价

项目式学习的成果是以公开作品形式呈现的，因此，作品及学生在作品生成过程中的表现是对学生进行评价的重要参考，其中包含学生完成各级任务或解决问题时展现的不同方法、思维水平，也包含学生在作品生成过程中体现出的学习特点与学习态度。因此，在项目式学习过程中，教师要为学生创造展现其思维过程的机会与表现形式，包括指导学生建立、整理资料夹。同时，师生在项目进程中随时进行评估，这些贯穿项目式学习的及时评估最后将形成过程性评价。

2. 重视学生自评与互评

自评与互评可让学生更加关注自身及同伴的学习情况，以及相互协助完成任务的情况，并能在团队中听取和接受其他成员的意见。为了消除学生的顾虑、使其更为客观地评价自我与同伴，教师一方面要帮助学生理解自评的意图，另一方面也要对学生的自评与互评进行反馈与指导，使之成为推动项目式学习的资源，成为学生知识建构、能力培养、思想发展的平台，让学生在更深层次上感受自评与互评的价值。

实践与思考

项目名称：DIY 竹蜻蜓项目。

项目概要：以小组为单位，利用现有资源 DIY 竹蜻蜓，竹蜻蜓在空中停留至少 5 秒钟。设计、制作过程中需要学生运用图形的变化、测量等数学知识，以培养其批判性思维、创造性思维。

年级：二年级。

项目历时：2 周。

驱动问题：如何利用身边现有的资源自制一个可以在空中至少停留 5 秒钟的竹蜻蜓？

学习目标：①数学知识：初步了解图形的变化；初步学会测量的方法。②经历猜想、验证的过程，积累活动经验、思考问题的方式、与他人合作交流的体验。③在团队协作中培养批判性思维及创造性思维。

项目作品：①DIY 的竹蜻蜓作品；②竹蜻蜓研制过程报告（含研制过程中竹蜻蜓的相关基本数据）。

1. 进入事件

安吉上空放飞的竹蜻蜓规模创造吉尼斯世界纪录

在"中航工业杯"第三届国际无人飞行器创新大奖赛开幕式上，由安吉当地青少年参与的"三千人竹蜻蜓放飞"活动，创造了同一时间最多人数放飞竹蜻蜓的世界吉尼斯纪录。青少年通过亲手放飞中国民间传统的"中国螺旋"竹蜻蜓,深刻体会我国古人航空发明的奇妙智慧,同时也培养了筑梦蓝天的航空情结。

2. 项目进程

项目进程如下表所示。

	周一	周二	周三	周四	周五
第一周	1. 启动:介绍驱动问题。 2. 完成补充知识课程"玩一玩,做一做",初步感知平移、旋转。 3. 明确解决问题的关键步骤(了解结构;选择材料;设计组装;实验调整;反思总结)	1. 了解竹蜻蜓的组成结构。 2. 让学生猜想影响竹蜻蜓空中停留时间的因素,引发学生的图形学习和测量学习需要。 3. 补充知识课程(测量1:体会测量的含义)	1. 补充知识课程(测量2:认识厘米,掌握用直尺测量的方法) 2. 根据现有材料初步设计长柄与翅膀的规格	1. 补充知识课程("折一折,做一做"),初步感知轴对称现象。 2. 根据前期猜想完成翅膀的设计和制作。 3. 组合竹蜻蜓	1. 组内对比实验。 2. 进行反思与调整。 3. 梳理研制过程及感悟,讨论口头陈述提纲
第二周	1. 各小组向全班汇报研制过程。 2. 小组再次反思,对制作方案做适当调整	1. 补充知识课程(测量3:认识米) 2. 合理划分比赛场地。 3. 进行产品测试			

在完成项目任务的过程中,学生经历了发现和提出问题、分析和提出解决问题方案、亲身实践尝试解决问题,以及呈现结果、进行反思等阶段。学生结合竹蜻蜓的结构,选取了身边的一些废旧资源,如圆珠笔芯、吸管、筷子、纸板、塑料片、牛奶盒等物品,并进一步对影响竹蜻蜓空中停留时间的因素进行了猜想,如翅膀的形状与对称性、翅膀与长柄的长度等,又通过多次实验、调整、记录与分析数据,验证自己的猜想;同时结合项目完成需要,学生学习了测量、图形变化等相关知识。

课后反思

一、选择合适的策略

小学低年级教学一般以教师引导、启发为主,教师帮助学生搭好活动支架,让学生根据教师的启发式问题去自主解决问题。教师要紧跟随学生活动,发现问题要及时进入,给学生提供帮助,帮扶要及时。在评价方面,主要以是否能合作、是否积极参与、是否主动展示等方面进行评价。高年级会从学生的疑问中选取研究内容，主动与所学的知识挂钩，灵活运用所学知识解决问题。需要教师帮助的时候教师再进入，完全放手以学生为主。在评价方面，以方法是否多样，能否多方面、多角度去思考问题进行评价。应达到人人有任务，人人有目标，人人有思考，人人有成果，体现个性发展。不论选择什么研究策略都应以学生为中心。

二、让课程有吸引力

有意义的课程内容会激发学生的好奇心，促使他们主动提出各种问题，并能想办法多途径地解决问题，学生更开放、更自主，学习更有兴趣，学习的主动性更高，并能够产生新的学习经验和态度。

2.12 跨越学科边界，多维思考问题，提升思维品质
——对PBL学习方式的探索与实践

北京第二实验小学　刘铮

课前慎思

《义务教育数学课程标准（2011年版）》指出：义务教育阶段的数学课程要面向全体学生，适应学生个性发展的需要，要做到人人都能获得良好的数学教育，不同的人在数学上得到不同的发展。在课程标准的引领下，数学课程内容既要反映社会需要、数学学科的特征，也要符合学生的认知规律，还要贴近学生生活，有利于学生体验、思考与探索。

小学时期是一个人思维能力发展的关键阶段，主要特征是从具体形象思维过渡到抽象逻辑思维。小学生思维形式的这种过渡，也是思维发展过程的质变，是通过新质要素的逐渐积累和旧质要素的相对退化、改造而实现的。

项目式学习是以问题为导向的教学方法，是基于现实世界的、以学生为中心的教育方式，它把学习设置到复杂的、有意义的问题情境中，通过让学习者合作解决真实性问题来学习隐含于问题背后的科学知识，形成自主学习的能力。如何将PBL与学生的学习内容相对接，以实现思维品质的有效提升？我们结合"密铺"一课进行了课例研究。

在"密铺"的课堂教学中，学生感受到了数学与艺术紧密而自然的有机结合，成功操作实践，并展示了用几何图形进行美术创作的想象力。课堂上，学生不仅学到了知识，还体验到了自己创作出来的数学美。课下，学生们提出"真"问题："我

们可以在生活中创造密铺吗?""什么图形可以实现生活中的密铺呢?""哪样的密铺效果最好呢?"这些"真"问题引发了学生的思考与创作欲望。

《义务教育数学课程标准(2011年版)》中提到,要培养学生运用数学的思维方式进行思考,增强发现和提出问题的能力、分析和解决问题的能力。因此,教师要引导学生对"真问题"进行"真探究",不仅找到事件的数学内涵,还要体会数学知识之间、数学与生活之间、数学与其他学科之间的紧密联系,以培养学生的应用意识、创新意识,提升他们的思维品质。

实践与思考

一、确定 PBL 研究主题

"奇妙的图形密铺"是在学生学习了常见的平面图形之后所进行的一节关于图形间关系的综合活动课。任何一种图形,如果能既无空隙又不重叠地铺在平面上,这种铺法就叫作"密铺"。对于小学生来说,他们不需要对这部分内容进行纯数学角度的研究,更多的是开展动手操作和数学思考,实现对平面图形特征认知的综合提升,产生对生活中的数学现象的研究兴趣。

课程结束时的"创造最美密铺图案"活动设计更是赋予了"铺一铺"一份游戏精神,从而激发了学生的好奇心,使得他们自主自发地参与到数学活动中来。富有挑战性的问题情境也让学生在自主探索、动手操作、合作交流中感到趣味盎然,使得课堂氛围轻松、愉悦。在课堂上,教师仅扮演引导者、点评员的角色,由原来教学舞台上的"主演"转变成了教学探索活动的"导演",教师教得得心应手,学生学得轻松愉快。在教学活动中,教师遵循由特殊到一般、从现象到本质的认知规律,引导学生以运动变化的观点揭示密铺的内在联系、以联系的观点揭示密铺的本质规律。

结合学生课下提出的密铺问题,我带领学生"为瓶子做包装",利用密铺元素为我们生活中的水杯、水瓶做包装,把数学知识与生活实践联系起来,学以致用。

二、学生自主探究、制作

学生通过自主探究得到了"包装"作品。在回顾制作过程时,学生这样写道:

先在绿色彩纸上画了一个五角星,再把星星的五个角用尺子比着连在一起,再用橡皮把中间的星星涂掉,就形成了一个五边形。最后将五边形粘在纸上,用蓝色彩铅画出三角形,就是一朵芙蓉花。

先用铅笔打个草稿，画出基本图案。再用直尺把每个等边三角形的边进行修改（保证每个小等边三角形基本一样），之后用勾线笔精准地在铅笔的痕迹上画。用不同的彩铅涂色，完成这个密铺需要18个等边三角形。

通过回顾过程，学生清晰地将自己的制作过程呈现出来。

三、探究后及时反思、完善

学生在反思中这样写道：

"我发现不同的图形也可以密铺，密铺可以将一些图形变成漂亮的小植物。"

"自制图形，图形很广泛，有多种摆的方法，摆的过程中足以体会密铺图形的乐趣。"

"密铺在生活中很实用，不仅能装饰杯子，而且铺地砖、砌砖头都会用到它。"

"如果发现密铺有困难的图形，可以用铅笔简单勾画外形，不能死板制作。"

"密铺设计不仅可以让我多动脑筋，还可以让我平心静气。"

课后反思

一、真问题培养一颗主动探究的心

课堂中进行完"密铺"学习后，学生提出："密铺在生活中有什么用吗？"针对这个问题，我请学生结合课堂所学来设计饮料瓶的包装。学生们饶有兴致，因为这是他们自己提出来的问题，他们迫切想去动手实践。有了这样一份"冲动"，学生们发自内心地想去探究。有的学生甚至对着天花板发呆："我在想什么图形密铺最好看。"还有的学生在纸上边画边自言自语："我得设计个大家都不知道的图案。"看到学生们的种种做法，我忍俊不禁，兴趣才是最好的老师，激发孩子主动探究的意愿是多么的重要！

二、真思考促进思维品质的有效提升

众所周知，思维能力是在知识学习和活动中形成与发展起来的。思维方法是思维能力的主要成分，让学生掌握思维方法是培养学生思维能力的前提条件。而思维品质是衡量一个人思维能力高低的重要标志。

在介绍"密铺"概念时，我采用观察与比较的方式，渗透基本的思维方法，这是培养学生思维深刻性的基本方法。在判断正五边形是否可以进行密铺时，学生抓住图形特征，反复变换图形方向进行拼接，思维灵活性得以提高。通过验证，学生发现正五边形不能实现密铺。此时学生疑惑了：三角形可以密铺，四边形可以密

铺，一个三角形和一个四边形可以组成一个五边形，为什么就不能密铺呢？此时，我鼓励学生提出质疑，发表不同的见解，反复检验其初步拟定的假设和问题解决方案，客观地分析正反两方面的论据，养成不盲目服从的习惯，这正是形成批判性思维的重要经验。这些经验和问题解决过程使得学生的思维敏捷性得到提升，同时也发展了思维的独创性。

2.13 构建生活中的情景，开展PBL"体验式"教学
——一切判断源于"可能性"

北京第二实验小学　周腾

课前慎思

统计学家 C. R. 劳在《统计与真理——如何运用偶然性》中提出：在理性的基础上，一切的判断都是统计学。在小学阶段，我们可以让学生初步感悟对"可能性"的分析，这可以帮助学生更理性、更正确地判断。北京第二实验小学在新一轮的课程改革中提出"关注什么才是学生一生中最需要的"这一问题，引发了广大教师的思考。基于此，在四年级"可能性"教学中，我想引导学生得出这样的感悟：首先，在抽象的意义下，一切科学都是数学，生活中的许多情景都可以抽象为数学模型；其次，通过学习数学，感受到生活中的一些重要问题实质上与可能性大小有关，进而学会根据可能性的大小去选择和判断，学会更有序地思考，用变化的眼光来看这个世界；最后，借助数学知识理性地理解学校的规则，增强自我管理意识。

学生通过怎样的方式进行"可能性"学习是我所关注的。PBL 是以问题为导向的教学方法，是基于现实世界的、以学生为中心的教育方式。PBL 以问题为学习的起点，学生的一切学习内容以问题为主轴所架构；以学生为中心，学生必须担负起学习的责任；在每个问题完成和每个课程单元结束时，学生要进行自我评价和小组评价。我想 PBL 这种体验式的学习方式非常适合本节课内容的学习，于是，学生通过什么情景能更好地体验"可能性"就成为我的研究问题。

教材中是通过"摸球""转盘"等游戏让学生体验可能性，但生活中有许许多多的事物和情境都存在可能性，教师可以通过创设适合的情境来让学生体验可能性。于是，我尝试在 PBL 中设计两个生活中的真实情境，使学生在真实情境中自发地探索和学习可能性。

我希望学生通过本次学习可以达成以下目标：①基于 PBL，通过生活实例，

知道有些事件的发生是不确定的，感受简单的随机现象，并能列出简单的随机现象中所有可能发生的结果；②结合具体情境，经历分析、判断等思考过程，感受随机现象结果发生的可能性是有大小的，能对一些简单的随机现象发生的可能性大小做出描述，并进行交流；③建立"生活情境"与"数学模型"的联系，通过分析随机现象，能够正确地做出判断，辩证地理解事件发生的随机性；④在体验中提升反思与应用能力。

实践与思考

我通过 PBL 这种"体验式学习"引导学生掌握学习目标，以任务单上的任务为主线，由教师引导，学生通过体验进行学习，通过反思与实践进行学习。

一、分析校园楼道内意外伤害事件，体会可能性

（一）体验

1. 课前参与

活动说明：以组为单位来到楼道，学生实地考察楼道内有哪些安全隐患，并在任务单上逐一记录。教师结合图片给学生展示三种校园楼道内高频出现的意外伤害事件案例。

2. 全班交流

[预设]

生1：地面湿滑没有警示牌。

生2：设备损坏露出尖锐部分。

生3：没有值周生。

……

[设计意图]

使学生初步感受楼道内存在安全隐患，楼道内有可能发生意外伤害事故。

（二）反思

1. 以组为单位思考

活动说明：让学生以组为单位，思考哪些举措可以减小意外伤害事故发生的可能性，并在任务单上逐一记录。

2. 全班交流

[预设]

生1：设立警示牌。

生2：修复损坏的设施。

……

[设计意图]

使学生感受楼道内可能发生意外伤害事故；使学生通过体验提高安全意识，减少意外伤害事故发生的可能性。

（三）分析

师：意外伤害事故能否杜绝，为什么？

[设计意图]

使学生理解意外伤害事故发生的可能性可以由大变小，但无法做到不可能发生；不发生事故的可能性可以由小变大，但无法做到一定不发生。

（四）反思

[预设]

师：若不能杜绝，我们这样做还有什么意义？

生：意外伤害事故不可能杜绝，只能降低发生的可能性。因为即便任何安全隐患都没有，也可能由于自己不小心发生意外。

[设计意图]

再次强化可能性小与不可能、可能性大与一定的区别。

（五）理解

[预设]

师：从数学的角度来看待这个事情，这一切与数学中的可能性有什么关系？

生1：随机事件的结果有"可能""不可能""一定"三种情况。

生2：可能性有大有小。

生3：可以通过可控的调整来改变可能性的结果。

[设计意图]

使学生建立具象的"生活情境"与抽象的"数学模型"之间的联系，进一步理解可能性。

二、为城宫计划选课提出建议，应用可能性

（一）体验

向学生提供情境：笑笑在进行城宫计划选课时遇到了这样的情况。笑笑心仪的课程依次为射击、篮球、书法、武术，现网站上报名情况如下：射击（未开设课程），篮球（报名231人/计划招收60人），书法（报名61人/计划招收60人），武术（报名6人/计划招收60人）。

[预设]

师：关于本次选课，你会给笑笑怎样的建议？

生1：射击一定选不上。/射击不可能选上，因为根本没有开设这门课程。

生2：篮球选不上的可能性很大，但也可以试一试，因为虽然选不上的可能性很大，但也是有可能的，不是一定选不上。/篮球选上的可能性很小，但也可以试一试，因为虽然选上的可能性很小，但也是有可能的，不是不可能选上。

（二）应用

师：刚刚的讨论与数学中的可能性有怎样的联系？

[设计意图]

再次建立"生活情境"与"数学模型"的联系，让学生进一步理解可能性，辩证地理解事件的随机性。

（三）体验

师：在课前咱们班进行了这样的统计，咱们班城宫计划实际报名情况如下：报名篮球课5人/实际录取2人，报名书法课5人/实际录取4人，报名武术课0人/实际录取4人。

（四）应用

活动说明：教师请学生完成任务单，要求学生分析五年级篮球、书法、武术课程的报名情况。

[预设]

生1：通过分析数据，报名篮球课程的人数最多，书法其次，武术最少，但可能性最大。

生2：这样报名的可能性最大，真实的报名结果并不一定是这样的，因为可能性大并不代表一定发生。

[设计意图]

帮助学生再次建立"生活情境"与"数学模型"的联系，通过分析随机现象，能够理性、正确地做出判断，辩证地理解事件的随机性。

（五）应用

教师请学生完成两份任务单：

任务单1：本次城宫计划选课的规则是否公平，为什么？请你提出更好的建议。

任务单2：a. 生活中还有哪些事件与可能性有关？

b. 分析事件的可能性是否能帮助你更好地进行判断？请举例说说。

[附录]

可能性研究任务单

1）目标

（1）了解有些事件的发生是不确定的，感受简单的随机现象；

（2）能列出简单的随机现象中所有可能发生的结果；

（3）感受随机现象结果发生的可能性是有大小的，能对一些简单的随机现象发生的可能性大小做出定性描述；

（4）通过分析随机现象，能够理性做出判断。

2）活动

<体验>

寻找学校楼道内有哪些安全隐患，并逐一记录。

_____

<反思>

（1）思考哪些举措可以减小意外伤害事故发生的可能性，并逐一记录。

_____

（2）安全隐患越多，发生意外伤害事故的可能性越大/小。

安全隐患越少，发生意外伤害事故的可能性越大/小。

<理解>

意外伤害事件能否杜绝，为什么？

_____

<反思>

若不能杜绝，我们这样做还有什么意义？

_____

<理解>

从数学的角度来看待这个事情，这一切与数学中的可能性有什么关系？

_____

<体验>

笑笑在进行城官计划选课时遇到了下面这样的情况。笑笑心仪的课程依次为射击、篮球、书法、武术。现网站上现实报名情况如下：射击（未开设课程），魔术（报名 231 人/计划招收 60 人），书法（报名 61 人/计划招收 60 人），武术（报

名 6 人/计划招收 60 人）。

关于本次选课，你会给笑笑怎样的建议？

<应用>
刚刚的讨论与数学中的可能性有怎样的联系？

<体验>
在课前咱们班进行了统计，咱们班城宫计划实际报名情况如下：①报名魔术课5人/实际录取2人。②报名摄影课5人/实际录取4人。③报名武术课0人/实际录取4人。

<应用>
请通过数学中的可能性，根据咱们班的报名情况，分析四年级魔术、摄影、武术课程的报名情况。

本次城宫计划的选课规则是否公平，为什么？你还有哪些更好的建议？

生活中还有哪些事件与可能性有关？请举例说说。

三、全课反思小结，总结活动经验

[预设]

师：通过本节课的学习，你有哪些收获？

生1：根据降水概率，判断是否下雨，决定出行方式与是否带雨具。

生2：根据几条行驶路线堵车可能性的大小，选择出行的路线。

生3：在篮球比赛中，根据不同运动员投篮命中可能性的大小，决定由谁投出关键球。

……

课后反思

下面是我基于 PBL 要素对本课的再思考。

1）以问题为学习起点，学生的一切学习内容以问题为主轴架构；问题必须是学生在未来的专业领域内可能遭遇的"真实世界"中的非结构化的问题，没有固定的解决方法和解决过程。本节课以任务单上的问题为主线，引导学生逐步深入思考，由具象的情境到抽象的数学问题。

2）偏重小组合作和自主学习的方式，学习者能通过社会交往来发展能力和提高协作技巧。以学生为中心，学生必须担负起学习的责任。

3）今天的教育强调学科间的融合。本次教学研究使学生在数学课上体验可能性的同时，从全新的角度理解规则，更理性地看待意外伤害事故。我认为这样的课程设计更为"立体"，更符合"全人"教育理念。

参考文献

陈琦，刘儒德. 2017. 当代教育心理学. 北京：北京师范大学出版社.

宁红. 2016. 教育研究导论. 北京：北京师范大学出版社.

中华人民共和国教育部. 2011.《义务教育数学课程标准（2011年版）》. 北京：北京师范大学出版社.

第 3 章
游戏化学习

3.1 游戏化学习概要

游戏化学习是将教育游戏融入课程教学和自主学习活动，让学生在愉悦的学习体验中获得知识、技能，并培养正确态度的过程。柏拉图眼中的游戏是一切幼子（动物的和人的）生活和能力跳跃需要而产生的有意识的模拟活动。法国著名思想家卢梭认为游戏是学生的工作。美国教育家、思想家杜威认为游戏即生活，生活即游戏。18世纪德国诗人席勒在《美育书简》中认为，只有当人充分是人的时候，他才游戏；只有当人游戏的时候，他才是完整的人。这也许是对游戏化学习的最高评价了。

一、游戏方案的开发

（一）游戏方案开发的路径

游戏方案的开发不能脱离学生的学习、教育和发展实际。大多数游戏方案都是教师结合学生所学内容，努力挖掘有助于学生理解、能提高学生能力、帮助学生巩固应用或拓展的游戏形式。大多数游戏方案的开发是借助一两个知识点展开，有课前参与激发兴趣的游戏，有课中研讨推进理解、形成学生某一方面能力的游戏，还有课后加强巩固、应用的游戏，也有的是在整个单元学完后，作为学生综合应用的游戏。在游戏项目组中，先要由教师设计初步的游戏方案，这一方案是不能直接应用到班级中的，须先在教师群体中讨论，经过大家相互补充、调整，在游戏规则、评价等已经相对完善后，先行在一两个班级中初步尝试，然后在部分班级或者全年级推广。在尝试和推广中，教师遇到问题要随时调整、完善，力求使每一个游戏方案都能够发挥出最大的学习与教育功能。另外，游戏方案除了来自教师，还有很多是学生和家长提供的。学生和家长根据各自不同的兴趣设计游戏，特别是有些家长在自己的成长过程中制作和总结了一些特色鲜明、对学习有帮助的游戏，形成方案后提供给校方或教师，尔后经过教师讨论、实施后形成最终的游戏方案。因此，游戏开发的过程是教师、学生和家长全员参与的过程，是大家相互学习、借鉴、完善的过程。

（二）游戏开发的范围

游戏开发的目的是改变学生的学习方式，所以范围涉及较广。有结合一个知识点引入的游戏、中间环节探究的游戏、提高学生某一方面技能的游戏、巩固某一知识点的游戏，还有一些是应用拓展游戏。也有结合两三个知识点进行学习和开发的游戏。如果需要学生整体把握几个小结的内容，教师会根据其中的内容设计相应的游戏。还有的是根据一个单元的内容开发的游戏，这样的游戏内容通常是为了提高学生对这一单元的整体把握。也有部分游戏内容是结合几个单元的内容进行设计的。还有个别游戏是结合某一个分散在不同年级的知识点进行开发的，教师应当针对不同情况，引导学生根据其掌握的知识分层次进行游戏。

二、游戏方案的设计

（一）确定教学目标

游戏化教学的目标除了包括与学科相关的知识目标，还要从三大核心素养中的自主性、社会性和文化性三个方面进行考虑。另外，还要考虑从人的思维发展这一角度出发，围绕思维的深刻性、灵活性、批判性、独创性和敏捷性五个角度，以促进学生思维的多方面发展。在游戏开发的过程中，教师要结合观察力、记忆力、逻辑思维能力等多种能力进行综合思考，主要的目标是提高人的综合素质。

（二）设计游戏过程

在游戏方案的设计过程中，教师要梳理教材中的知识点，同时根据以往教学经验，汇总出部分教师曾经尝试过的游戏方案。另外，还要进行总体规划列表，内容包括年级、对应知识点、游戏名称、开发意图等。同时，在开发过程中，为了有效推进，教师通常会在学期初布置任务，学期中各个年级要进行阶段性汇报、交流，每学期不少于4次。要全员参与交流过程，大家互相启发、借鉴，完成本年级的开发任务，最终保证一学期推出不少于8个游戏项目。

三、课堂教学的实施

（一）游戏导入

根据教学内容，教师可以布置课前参与性游戏，让学生先在课前体验，然后在课堂上交流、汇报。教师也可以在课堂上通过游戏进行引入，使学生在玩的过程中带着感受和经验进行深入探讨。通常导入部分的游戏要有趣、简短、有新意，能够激发学生兴趣，唤起学生的求知欲望，同时又能为学生进一步在课堂上深入探究埋下伏笔。

（二）游戏探究

通过游戏进行深入探究的过程也是师生共同解决问题的过程。学生玩游戏的过程就是不断尝试解决问题的过程。学生要明确游戏规则、步骤和方法，在不断尝试的过程中，探究游戏与所学知识的联系。完成这样的过程需要教师给予足够的空间和时间，让学生在多次尝试和切磋中不断总结经验、找到知识的关键点，然后带着自己的理解进行尝试、实验，最终明确自己的认知，同时也提高了玩该游戏的经验和能力。

在游戏探究过程中，教师要进行监控和把握，如果学生对规则理解有误，教师要及时引导，保证游戏的顺利完成，更要保证每个学生都能够充分体验。有些游戏需要分解成几个步骤去完成，这就需要教师提前设计好展开方案，考虑好每一步骤的游戏目标与过程。另外，游戏的参与形式是多种多样的，有的需要独立探究，有的需要双人对弈，还有的需要小组合作，也有需要全班一同参与的，这就需要教师在活动方式上做好相应的设计和准备。特别是对于小组合作式游戏，教师需要提前进行分工与布置。有些游戏需要丰富的教具，这就需要教师考虑细节，从教具的使用时机、使用要求到收集整理都要提前设计好。

每一个游戏活动结束后学生都要及时地进行反思和调整，从知识点的收获上看看自己有哪些提高，从操作方面看看收获哪些经验，从能力提高上看看获得哪些帮助，还有从小组合作、交流、汇报等方面收获哪些启发。游戏的功能非常强大，教师的引导也非常重要。教师要在游戏过程中有意识地让学生进行总结和梳理，这对学生综合素质的提高有很大帮助。

（三）公开作品

游戏化教学的成果分为学生作品和教师作品两部分。从参与游戏活动的学生角度来说，他们会创作出很多游戏成果。有的是参与游戏经验的总结，如玩某一游戏的必胜策略或破解秘籍，学生会把这些经验形成文字与大家分享；有的是参与过程中成果的展示与汇报，例如对莫比乌斯带进行探究时，学生在动手操作过程中会有很多作品呈现，教师可以让学生进行展示；还有的学生在参与过程中对于游戏有自己的改编或创新玩法，教师可以让其形成一套新的游戏方案，总结成文字与教师和同学分享。从教师角度来说，游戏成果可以分成文字类、视频类和电子互动类教师开发出来的游戏方案可以形成文字，汇集到书目中加以发表；有的可以录制成视频，以便于学生家长在家里和学生一同参与，或者向校外推广；另外，还有一些游戏可以开发成线上游戏，借助多媒体手段，让学生在家里利用电脑或者手机实施操作。

四、游戏化学习需要注意的问题

（一）目标比形式重要

游戏化学习不能停留于形式。虽然学生喜欢游戏，但教师不能只注重学生参与游戏时的兴奋状态，还要考虑学生参与游戏后的收获。游戏活动是否能够达到某一教学内容的学习效果是游戏化教学设计的关键所在。

游戏化教学不能脱离学科知识学习，游戏过程只是改变了学生的学习方式。因此，游戏教学过程还应遵从课前参与或引入、课中研讨探究和课后巩固与延伸三大环节。在三大环节中，教师要充分发挥游戏的育人功能，不能为了游戏而游戏，每一个环节都要达到教学环节中的阶段目标。另外，对于课后延伸的游戏，有的可以让学生和家长共同配合完成，有的可以让学生自己设计与改编，这样有助于游戏教学的课后巩固和游戏内容的创新。

（二）持续比一时重要

在游戏化教学过程中，教师需要关注学生的状态，特别是分化在两极的学生，不能光看学生表面的热闹。学生在玩同一个游戏的时候，有的理解、掌握得快，很快就能找到必胜策略，玩过几轮后会觉得游戏没意思；有的掌握得比较慢，不能很快适应游戏的节奏或者找到获胜的方法，从而灰心丧气、半途而废。因此，教师在设计游戏方案时要努力创编可持续探究的游戏，同时满足不同能力水平学生的需求，使他们在游戏过程中都有所收获。

（三）反思比结果重要

在游戏化教学过程中，教师要注意及时带领学生反馈、反思，不能玩完游戏就结束了，游戏后的思考与调整更重要。学生在游戏过程中容易出现各种问题，如同伴矛盾、篡改规则等情况，教师在组织过程中要善于观察，及时捕捉问题，进行评价、反馈和引导，这样才能把游戏的学习功能和育人功能发挥出来。同时，教师要带领学生及时地进行反思和调整，在操作经验上反思、合作探究中反思、习惯和能力培养上反思，这样才能使学生在游戏实践中有更大的收获。

3.2 操作游戏培养空间观念，体验感悟提升思维品质

北京第二实验小学　任阁

课前慎思

空间观念是《义务教育数学课程标准（2011 年版）》提出的 10 个核心概念之一。概括地说，空间观念主要是在实际物体、几何图形与特征描述之间建立起可逆的联系。对于小学低年级学生来说，抽象的数学知识非常难于理解，因此，在教学时，教师必须根据学生的心理发展规律，设计适合学生的教学活动，真正让每一位学生建立起空间观念，学有所获。

游戏是学生最感兴趣的活动，也符合低年级学生好动、爱玩的天性。将游戏引入图形与几何的课堂教学是教师们一直探究的主题。心理学家皮亚杰说过，儿童的思维是从动作开始的，切断动作与思维的联系，思维就得不到发展。几何知识来源于社会实践，学生的空间想象能力必须依赖于从生活中获取大量感性材料才能得以形成，是一项高级的思维活动。小学生的思维正处在由具体形象思维向抽象逻辑思维发展的过渡阶段，他们对几何形体的认识主要依赖于直觉观察和反复实践，并通过心理活动的内化，逐渐形成空间观念。因此，在教学中设计大量的操作游戏显得尤为重要，只有这样才能使学生积累丰富的空间感知，为空间观念的形成和发展打好基础。教师通过设计适宜的操作游戏，力求让学生在轻松、愉快的氛围下，玩中思，思中悟，最终帮助其建立良好的空间观念，提升思维品质。基于此，我们以"平面图形的简单拼组"一课为例，研究如何在课堂上开展丰富多彩的操作游戏，帮助学生在游戏中培养空间观念，在体验感悟中提升思维品质。

"平面图形的简单拼组"是在学生认识立体图形和平面图形的基础上开展教学的。通过前面的学习，学生已经能够初步辨认和区分所学图形。本节课主要通过用学过的平面图形拼成学过或没学过的其他图形，从而让学生进一步感知所学平面图形的特征，初步体会平面图形之间的关系，为以后的学习积累感性经验。

实践与思考

一、"看谁拼得多"小游戏——思维灵活性训练

（一）用2个相同图形拼摆游戏

首先给学生一个学具袋，学具袋包括下列图形各两个。

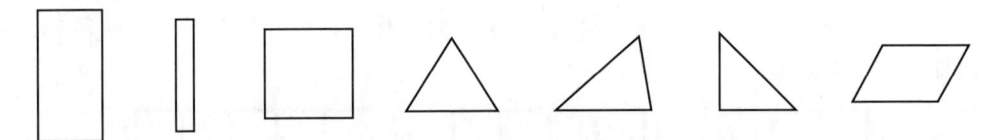

大家发现，虽然只是简单的两个相同图形的拼摆，学具袋里却放着丰富的图形，教师给学生提供了充分的空间去操作，并不断地鼓励学生："还有其他方法吗？再试一试！"

下面是学生的拼摆作品。

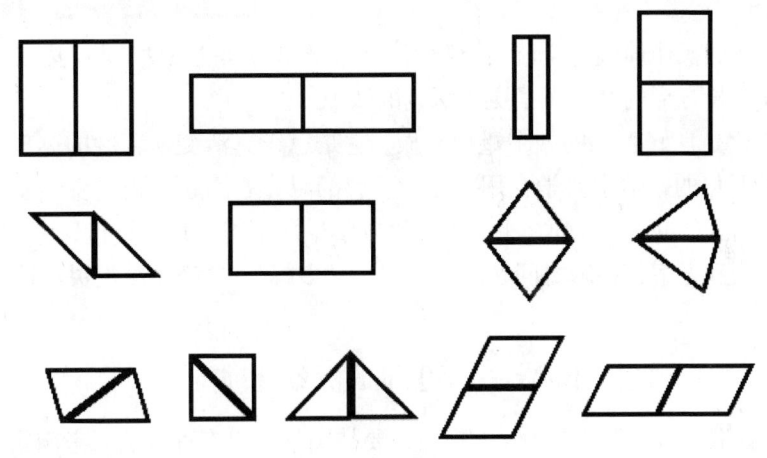

在不断的鼓励与尝试中，学生发挥想象，从不同角度入手，拼出了10多种图案。在拼摆过程中，学生不断体验着图形之间的联系、边的特点，感受着图形的魅力。

（二）用多个相同正方形拼摆游戏

这次还是用相同图形来拼摆，但是数量不限，这样的活动要求更为开放。教师鼓励学生从不同角度进行思考，采用不同的方法进行拼摆。小学生往往具有思维惰性，而为了促进学生空间观念的形成，教师必须努力促使他们在观察的基础上开动脑筋、展开想象，边观察边思考、想象。

教师：你可以选择任意数量的正方形，能拼出什么图形呢？先想象一下！

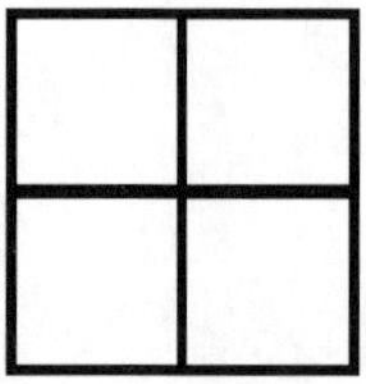

生1：接着往后拼，都是长方形，越来越长的长方形。

生2：还有可能是正方形！比如右图。

师追问："什么情况下会拼出正方形呢？想象一下，试一试。"

（学生一定会发现，并逐渐总结出方法）

生1：横着摆几个正方形，竖着也得摆几个。

生2：正方形所有的边一样长，所以都得放同样数量的正方形。

师（结合下图进行总结）：确实和大家说的一样，横行和数列的数量相同时，就可以拼出正方形。

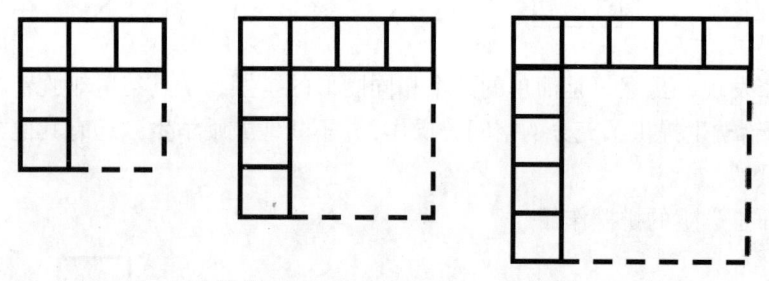

在不断的操作体验与交流中，学生逐渐总结出拼摆的方法与技巧，对正方形的特点和其与长方形的联系有了更为深刻的认识。

灵活性是良好思维的一个重要品质，它是思维灵活变通程度的体现。客观世界是千变万化的，学生要学会用变化、发展的眼光看问题，否则将不能科学、正确地解决遇到的问题。教师在平时要多鼓励学生从不同的角度进行思考，提出不同的解决方法和方案，在解答问题时做到"一题多解"，这样思维的灵活性水平会越来越高。

二、"比一比"小游戏——思维的深刻性训练

在"看谁拼得多"游戏中，教师不仅要鼓励学生用多种方法思考问题，还要适时引导学生在体验后进行思考、交流。在依次交流两个相同的长方形、正方形、三角形、平行四边形的拼摆时，教师可以组织学生开展比一比的游戏。

比一比游戏一：两个相同的长方形可以拼出什么？比较一下，为什么有的是正方形，有的是长方形？

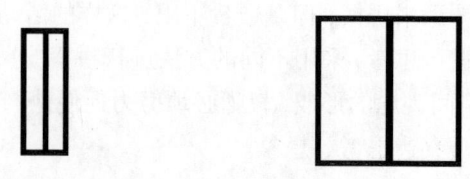

比一比游戏二：两个相同的三角形可以拼出什么？比较一下，为什么相同两个三角形既能拼出三角形，还能拼出正方形？

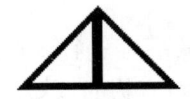

动手操作后进行对比交流是提升学生数学思维水平的重要途径。学生在同中求异，在异中求同，在对比中主动观察、分析、讨论，感知由内到外，理解从表面到深刻，不仅巩固了对图形的认识，也更深刻地体会了边与边的关系和拼摆技巧。在小学数学学习中，对比处处可用，对比清楚了，学生才能对概念和方法理解得深刻，才能发展思维的深刻性。

在整个操作游戏过程中，学生的思维始终处于活跃状态，教师充分尊重学生的主体地位，学生思维的深刻性获得了发展。同时，学生在对比分析中主动建构知识，在总结概念中增强学习数学的信心，对于数学的情感体验也得到了升华。这样的游戏活动可以引发学生思考，从而提高学习的有效性和思维的深刻性。

三、"记录单"小游戏——思维的系统性训练

在拼摆三角形的过程中，学生采取小组合作的形式，借助任务单进行整理与记录（任务单如下表）。在小组中大家分工协作，谁来摆、谁来动、谁来组织、谁来记录、谁来发表意见、谁来总结……都需要小组成员有商有量、和谐统一。慢慢地，这种动手操作活动让学生学会了谦让和担当，学会了团结，进而培养了合作意识。在合作游戏的过程中，任务单是学生的"好伙伴"。按照任务单，学生将小组的操作结果有序地记录下来，既方便汇报总结，更是一种探究方法与技巧。

任务单

几个相同的三角形能拼出什么新的图形？（写一写、画一画）

	选取图形	数量	拼成图形
1	△	3	
2			
3			

在学生合作完成任务单的过程中，教师不再有过多的指导与总结，重在让学生体验，并在合作交流、动手操作、汇报展示中不断增加认识与理解，提高学习的有效性。

思维的系统性是指将对事物零散的认知联系为一个整体进行认知，使人们的认识更为完整、更具穿透力，极大地简化人们对事物的认知过程，使人们的思维更具全局意识和整体性。对于小学低年级的学生而言，教师可以在课堂上引入一些表格，把学生的探究与认识联系起来。在复习课上，思维系统性训练的重要则体现得更为明显，尤其是对于小学高年级，然而在小学低年级也要一点一点地渗透，让学生把好习惯累加起来。

四、"创意DIY"小游戏——思维的创造性训练

主观大脑里的"记忆分子"或形象、过程、语词等往往并不具有它们所对应的外界事物的属性，即不具有固有的性质，因而能够任意组合，这是创造性思维产生的基础。而创造性思维需要人们经过长期的知识积累，通过不断地推理、想象、联想、直觉等思维活动练习才能获得良好发展。

我们的学生大多欠缺创造性能力，有的学生只会按部就班做好该做的事情，循规蹈矩，墨守成规。只有培养学生思维的创造性，才能让学生更好地发挥出个人价值。教师要抓住每个机会，不限制学生，让他们自由地思考！

在本节课的最后，教师可以继续放宽限制，让学生把不同的图形拼在一起。那样会有什么神奇魔力呢？发挥你的想象力与创造力，试着拼一拼吧。

课后反思

《义务教育数学课程标准（2011年版）》指出：课堂教学的有效性首先取决于学生对知识生成过程的体验。现代教育理论主张让学生动手去"做科学"，而不是用耳朵"听科学"。课堂上教师要留给学生足够的时间和空间，让每个学生都有操作体验的机会，使学生在体验中发现、在发现中思考、在思考中发展思维品质。

一位教育评论家说过：劣等的教师向人奉送真理，优等的教师教人发现真理；发现真理比奉送真理的人更聪明，更受人崇敬。我们都要做一个教会学生发现真理的好教师。要想发现真理，就要具有正确而科学的思维方法。因此，在教学中，教师要教给学生正确的思维方法，培养他们的思维品质。

数学是锻炼思维的体操。数学教学要努力培养学生的思维品质，即提高思维的

灵活性、深刻性、独创性、敏捷性、批判性等。教师要在课堂上设置相应的环节，发展学生的思维能力。教师要充分利用课堂教学这一主渠道，多给学生创设有利于思维能力培养的学习环境，采取灵活多样的课堂教学模式，让学生自主学习，引导学生主动探究解决问题的方法。

本节课设置了 4 个操作游戏。"看谁拼得多"游戏鼓励学生从不同的角度思考，采用不同方法进行拼摆，培养学生思维的灵活性；"比一比"游戏启发学生在感性操作的基础上，通过比较与分析，抓住事物的本质与内在联系，以培养思维的深刻性；"记录单"游戏引导学生有序思考，记录任务单，培养思维的系统性；"创意 DIY"游戏发散学生思维，让学生创意拼摆，培养学生思维的创造性。

操作游戏的表面是轻松、欢快的课堂氛围，而背后是丰富多彩的理论知识，更是体验、感悟后的思维提升。教师要让学生在操作游戏中尽情玩耍，在欢快的氛围下形成空间观念，在体验感悟中尽情思考，提升思维品质！

3.3　把数学课打造成游戏的课堂

北京第二实验小学　　孟利荣

课前慎思

古往今来，有关数学的教育理论和实践可以证明游戏对于小学数学课堂教学具有极大的价值。对此，马丁·加德纳曾经评价到：唤醒学生的最好的办法是向他们提供有吸引力的数学游戏、智力题、魔术、笑话、悖论、打油诗或那些呆板的教师认为无意义而避开的其他东西。具体来说，游戏在数学教育中的有效性主要表现在以下三个方面。

一、游戏是获得数学内容的有效方法

游戏为不同年龄层次的人提供机会，使其通过具体的经验为今后所必须学习的内容作准备。例如，在折纸游戏中，将一张正方形的纸进行折叠，留在正方形的纸张上的折痕能够揭示出大量几何性质——相似、轴对称、心对称、全等、相似形、比例等；又例如，用一个正方形（二维物体）的纸张来折一个立体图形（三维物体），折纸的人可以通过把这个立体摊开并研究留在正方形纸上的折痕，了解到维数的变动以及投影几何的知识。当然，在小学阶段，学生尚理解不到这一层，但这已经为其以后更深入的数学学习打下了基础。

二、游戏能为学生创设和谐的气氛

小学低年级学生的心理特点是好奇、好动、好胜、好强。他们渴望学到新的知识,但感知觉的无意性和情绪性很明显,极易被感兴趣的、新颖的内容所吸引。由于他们年纪比较小,发育尚未成熟,注意力不稳定,单凭兴趣去认识事物,感兴趣的就愿意去做,不感兴趣的就心不在焉,无意注意多于有意注意。而游戏正可以顺应儿童的这一特点,让他们在欢乐的游戏中变无意注意为有意注意,在轻松愉快的氛围中学到新的知识。例如一年级的"分类"这一课知识,对于刚入学的儿童来说,"分类"这一概念比较抽象,理解起来比较困难,教师可以充分利用书上的插图,设置"给小动物找家""文具回家""汽车开进停车场""水果放进果盘中"等游戏,启发、引导学生把同一类物品归在一起,给学生创设一个良好的氛围,让学生始终被愉悦的气氛所陶冶、感染,使学生在游戏活动中初步理解分类的含义,学会分类的方法。

三、游戏能激发学生的学习热情

儿童注意的特点是无意注意占优势,容易被一些新奇的刺激所吸引,而新颖、活动、直观、形象的刺激物最容易引起儿童大脑皮层有关部位的兴奋。在一般情况下,小学低年级学生只能连续集中注意15分钟左右。在这样的情况下,我们在教学中应该组织学生通过灵活多变的游戏来学习数学知识,这样他们就会对学习产生浓厚的兴趣,把注意力长时间地稳定在学习对象上来,收到良好的学习效果。

实践与思考

一、游戏化学习促进学生发展的策略

(一)以游戏化学习促进形象思维向抽象思维过渡

小学低年级学生的思维特点是以形象思维为主,他们善于形象记忆,逻辑推理能力较弱。他们需要有可感知的具体事物来支持思维才能进行下去。因此,在学生学习新知识时,教师要充分运用直观的手段来丰富学生的感性认识,让他们的眼、耳、口、手、脑等多种感官都参与到学习活动中来。例如,在"空间与图形"这一课的教学中,教师可开展"图形捉迷藏"的游戏,让学生动手摸图形、动脑想图形特征、动口说图形名称,借此来巩固对图形的认识,并较深刻地掌握图形的特征。在游戏过程中,学生通过动手激发了求知欲望,变被动学习为主动学习;通过动手调动了多种感官,既轻松、愉快地学会了新知识,又能促进思维发展,推动思维由具体形象向逻辑抽象过渡。

（二）以游戏化学习促进活动经验的积累与发展

游戏可以为学生寻找问题解决的办法开拓路径，创造问题解决的不同思路与方法，从而使其形成良好的学习习惯。许多研究为游戏和问题解决思路多样化之间的相关性提供了证据。例如，一个小女孩在玩积木游戏时可能会尝试用不同的组合方法来观察，并尝试把一块积木放在另一块的上面，看摆多少块可以不倒下来。她边玩边对自己的设想进行判断，充分发挥了她的主动性和创造性。并且，她还可以用从游戏中所获得的思路和方法去解决其他问题，即使不是特意为之，也会在不经意间运用到这些思路和方法。在游戏时所用的不同思路往往就是在为某种任务或问题寻找解决的方案。因此可以说，游戏也是研究的最高形式。爱因斯坦在1954年说过的一句话就指出了这一点：要获得最终的或逻辑的概念的愿望，也就是玩一场结果不明的游戏的感情基础。看来这种组合型的游戏就是创造性思维的重要表现形式。

（三）以游戏化学习促进将数学与生活联系的体验

小学数学课堂教学活动应该建立在学生的认知发展水平和已有的知识经验基础之上，要贴近学生的生活世界，关注学生的生活经验，让学生把在课堂上学习到的知识与社会生活结合在一起，从而在生活中感知数学、在生活情境中学到数学知识。例如，我们可以利用学生所熟悉的"打电话"这一生活经验，在课堂上开展"打电话"游戏，让学生在打电话的对话之中交流学习感受，并在打电话的情境中掌握和巩固知识与技能。

在教学"11~20各数的认识"时，教师做着打电话的姿势，对学生说："我这个电话打给××，请问19里面有几个十、几个一？"××也做着打电话的姿势回答说："19里面有1个十、9个一。"然后让学生小组之间交替做这个游戏。这样让学生在已有的生活经验中游戏，不仅使学生掌握了11~20中的每一个数里面有几个十、几个一，掌握了数的组成规律，还可以比一比谁打电话打得好，增强了学生的竞争意识。这样的游戏使学生从所熟悉的生活经验出发去学习数学知识，学得轻松又愉快。

二、数学教学中的游戏设计原则

在教学中运用游戏的目的是引导学生在"玩"中学习、"趣"中练习、"乐"中长才干、"赛"中增勇气，因此，在设计游戏、安排课堂教学时应遵循以下原则。

（一）思想性、激励性

游戏必须寓教于游戏之中，以正确的思想激发学生的竞争精神。如游戏"攀登世界屋脊珠穆朗玛峰",教师在"高耸入云"的山峰两侧贴上题卡,选两组学生当"登山队员",分别从两侧向顶峰挺进。其他学生当裁判员,哪组答对一题就插上一面红旗,表示前进了若干米,先到达顶峰的一组可以夺得山顶的优胜旗。在游戏中,参赛队员勇往直前,而裁判员们默默地抢先算出答案以便正确评判。全体学生在游戏中愉快地完成了学习任务,还借此了解了一项我国的世界之最。

(二)多样性、情趣性

游戏新颖、形式多样、富有情趣才能有效地激发学生的兴趣,使他们主动地学、愉快地学。例如,形式活泼又有竞争性的"数学扑克""争上游""拍大数"等游戏,富有启发性的"猜谜""问号之旅"等游戏,富有情趣的"小猫钓鱼""摘苹果"等游戏。当这些游戏一一展现在学生们面前时,学生们都喜形于色、跃跃欲试,并能自觉遵守游戏规则,努力争取正确而又迅速地完成游戏中的学习任务,既提高了学习效率,又培养了良好的学习习惯和组织纪律性。

(三)直观性、形象性

直观形象的数学游戏可以在学生的具体形象思维与抽象数学知识之间架起一座桥梁,帮助学生理解和掌握概念、法则等知识,引导学生由具体形象思维向抽象逻辑思维过渡。例如,"数的组成""数的分解""数字歌""找朋友""送信"游戏都是借助学生的表演和生活常识来理解数学知识。

(四)针对性、启发性

数学游戏的形式是为教学内容服务的,教师在运用游戏时应该根据学生的实际因材施教,要有助于突出重点、突破难点,启发学生积极思考,使其学会思维方法,提高学习质量。下面举例说明:①"数学接力赛"游戏可以突出分析问题的层次,培养思维的条理性、逻辑性。②"猜一猜"游戏能激发学生的思考兴趣,培养优良的思维品质。例如,教师手里拿10根小棒,藏在身后,让学生猜猜左手拿几根、右手拿几根,用此游戏来帮助学生巩固10的组成,这显然要比让学生反复背诵好得多。③教师提供"小擂台""点将台"等游戏,可以激励学生互帮互学。

课后反思

一、运用游戏的目的要"明"

教学游戏是寓教育教学内容于游戏之中,提高教学效率的一种方式。它与一般游戏的区别在于,它是应用于教学过程中、结合教学目的而从事的游戏活动。它的根本目的在于达到某些教学目的,而一般游戏的目的只是娱乐。因此,每一个教学游戏的设计都应该服从教学的需要,服从教材的需要,把抽象甚至枯燥无味的数学知识与儿童喜闻乐见的游戏形式有机地结合起来,既要充分体现数学教学的特点,又必须具备游戏的特征。教学游戏的目的是"教学",手段是"游戏",教学为内容,游戏为形式,在使用游戏教学时应注意这一点。

二、设计游戏时构思要"精"

一个好的游戏,无论是内容,还是形式,都应该对学生具有强烈的吸引力。也就是说,游戏设计要有精品意识,满足学生喜欢惊奇、讨厌呆板的心理需求。因此,在设计游戏时,教师首先要注意不断地推陈出新,给学生耳目一新的感觉。构思游戏时新点子越多,游戏过程越有新意,学生参与游戏的积极性也就越高。其次还要善变,千篇一律的东西不但不能引起人的注意,还会使人感到疲劳。最后还要注意求活,在组织开展游戏时,既要强调教师的组织作用,更要重视学生的主体作用,要在游戏中留有让学生创造、活动的天地,让学生用脑想、用眼看、用耳听、用嘴说、动手做,让学生始终做游戏的真正主人。

三、组织游戏时秩序要"严"

游戏的顺利开展需要较为完备、严密的规则。游戏规则是根据游戏任务提出的,每个游戏参加者必须遵守行为规范及行为结果的评判、处理规定。它是游戏中控制学生认识活动和游戏进程的主要武器。教学是教师通过游戏规则来引导游戏朝既定的方向发展,通过游戏规则把教学任务有机地结合起来。此外,游戏过程要完整、善始善终。教师在游戏之前要讲明有关规定,游戏过程中要处理好个体与群体的关系、竞争与合作的关系,游戏结束后要结合游戏开展评讲。

总之,运用教学游戏并不意味着整个课堂充满了游戏,也不意味着每一节课都非要安排游戏不可。在不同的课中,不同游戏所运用的时机不同,教师应该根据不同的教学目的、教学内容、课堂教学的具体情况等巧妙安排,灵活运用。

3.4 浅谈游戏化教学的课堂实践——对"百数表拼图游戏(三)"教学的思考

北京第二实验小学　刘佳

课前慎思

郭沫若曾说,爱学出勤奋,勤奋出天才。低年级学生性格开朗、活泼好动,注意力容易不稳定、不集中。他们对于学习充满好奇,却很难长时间专心听讲,无意性和具体形象性占很重要的地位。由此,兴趣的作用就表现得尤其突出。游戏为学生所喜闻乐见,在课堂教学中融入游戏能够有效地培养学生的学习兴趣。因此,开展游戏化教学对于学生的学习往往能够起到事半功倍的作用。

通过查阅大量文献,我了解到:所谓的游戏化教学指的是在课堂教学活动中,能够引入一些游戏方式,把课堂教育内容融入游戏,通过游戏的方式开展学习活动,激发学生的内在动力,从而提升教学质量,完成教育目标。那么,在我的数学课堂中,应该如何开展游戏化教学呢?基于此,我以"百数表拼图游戏(三)"一课为例进行了研究。

"百数表拼图游戏(三)"是在学生学习了"百数表",探究出百数表里横行、竖列、斜行的规律之后,拓展的一节数学活动课。在本节课之前,学生已经接触了两套比较简单的拼图游戏,在这节课上,学生们将通过动手操作拼图游戏,再一次巩固百数表里的规律。而"百数表拼图游戏(三)"这一套是最有挑战性的,需要同桌两人合作完成。

"百数表拼图游戏(三)"一课的活动目标为:①巩固百数表里数的规律,灵活运用数和位置的关系解决问题;②在活动中发展学生的数学活动经验;③激发学生的数学学习兴趣,培养学生的合作学习能力。

实践与思考

一、在引入新游戏拼图中发现问题

教学片段1

师:之前同学们玩了两套百数表拼图,好玩吗?我这儿还有一套拼图,看看感觉怎么样?(左图)

生1:太难啦!

师:怎么难了?

生2:数太少啦!

师:仔细观察这些数,你能发现什么问题吗?同桌两人拿出你们的拼图,快看看你有没有什么问题。开始!

[预设]

师:这个数是6还是9?

这个数是61还是19?

这个数是16还是91?

这个数怎么看都是 69，那应该怎么摆呢？

这个数怎么看都是 88，那应该怎么摆呢？

这个数怎么看都是 11，那应该怎么摆呢？

师：是这块吗？其他小组快把这块拼图找出来，仔细看看是不是存在这样的问题。看来这块拼图一会儿我们得好好研究研究，快把它放到你同桌的操作台上。（黑板上贴出 6 块拼图，板书问题）

师（小结）：你们真会观察，发现了这么多问题，真厉害！其实这些问题正是你们完成这幅拼图的关键！

任何一个问题的解决都需要问题本身被发现。在新课改中，问题意识的培养尤为重要。因此，在拼图游戏一开始，我就请学生分享、交流自己所发现的问题，这不仅培养了学生敏锐的洞察力，还为后续解决这些问题奠定了基础。

二、在研究游戏拼图中解决问题

教学片段 2

师：现在，我们就重点研究这 6 块拼图。有请我们的小帮手百格图，看看这几块拼图应该摆在什么位置？怎么摆？你能不能确定这些数到底是多少？开始！

（同桌交流）

师：刚才这些问题，你们都解决了吗？

1. 问题一：是 6 还是 9？

生：这块拼图上面的数是 6，不是 9。因为一位数应该在百数表的第 1 行。

2. 问题二：是 61 还是 19？

生：这块拼图上面的数是 19，不是 61。因为个位是 1 的数应该在百数表第 1 列。

3. 问题三：是 16 还是 91？

生：这块拼图上面的数是 91，不是 16。因为刚才已经确定了 6 的位置，6 的下面就是 16，已经有数了，所以它只能是 91。

师：你考虑到了两块拼图之间的关系。

4. 问题四：69 应该怎样摆？

生：69 的后面应该是 70，70 再往后就该下一行了，69 后面只能有一个空格，所以这块拼图这样摆。

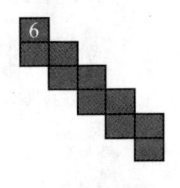

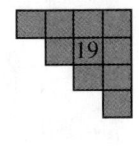

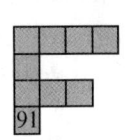

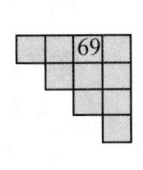

5. 问题五：88 应该怎样摆？

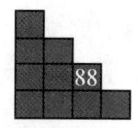

生：假设 88 这块拼图这样摆的话，88 下面是 98，98 应该在百数表的最后一行。而如果反过来的话，98 下面还有一行，就不对了！

师：你能够综合考虑百数表里数的规律和所在的位置，假设之后进行排除。

6. 问题六：11 应该怎样摆？

生：11 在百数表的第二行，所以应该这样摆。

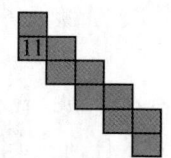

师（小结）：你们不仅能发现问题，而且还能想出各种各样的方法来解决问题。有的同学想到了一位数与两位数位置的区别；有的同学是利用行与列的规律进行推理；有的同学考虑到了两块拼图之间的关系；还有的同学能根据数的位置来确定方向。其实，有问题才会有探究，我们才能获得更多的方法！

这一环节是本课的核心，需要学生不断尝试、推翻、再尝试，在观察、操作、交流、探索中灵活应用百数表中的规律来确定每一块拼图的位置。一开始，很多学生感到无从下手，但通过同伴之间的合作与交流，他们逐渐找到突破口，找准适合自己的方法，最终一步步破解拼图，不仅加深了对百数表中数与位置关系的理解，更在游戏中获得满满的信心与成就感。

三、在检验游戏结果中反思验证

教学片段 3

师：我们一起来看看（展示一个组的作品），对吗？你准备怎么检查？

[预设]

（学生通过数数、利用横行竖列确定唯一的位置）

师：这一列应该是什么样的数？这一行呢？

师（小结）：看来横行、竖列可以确定一个数唯一的位置。

解决问题后，教师要培养学生"回头看"的意识，即检查的好习惯。在本节课的检查过程中，学生方法多样，最终再一次体会到百数表里的横行、竖列可以确定一个数的唯一位置。

四、在归纳游戏方法中总结延伸

教学片段 4

1. 总结收获

师：今天咱们的拼图游戏就玩儿到这，喜欢吗？为什么喜欢呀？

师（小结）：其实，在今天这节课上，我们先是提出问题（板书：提问），然后想办法解决问题（板书：解决），最后还不忘检查验证（板书：检查），这三步正是我们做学问的基本方法，你学会了吗？

2. 课后延伸

师：今天回家你可以用这张格子纸创造一幅属于你的百数表拼图，明天我们比一比看谁设计的拼图挑战最大！

在游戏的最后，教师引导学生回顾整个学习过程，掌握做学问的基本方法。同时，课虽尽，但思未止，教师给学生留下挑战——创造一幅属于自己的百数表拼图，与家人、朋友玩。

课后反思

本节"百数表拼图游戏（三）"的主线是发现问题—解决问题—反思验证—总结延伸。在这四个环节中，学生充分运用百数表里数的规律以及数和位置的关系来解决问题。

整节活动课结束后学生仍兴趣盎然，意犹未尽。一下课就有学生开始研究"属于自己的百数表拼图"应该怎样设计。我想，这正是游戏化教学的魅力所在。其实，游戏化教学不仅包括操作型数学游戏，还包括竞猜型、知识竞赛型数学游戏等。今后，我也会将游戏化教学进行下去，在教育教学工作中创造出更多适合学生的游戏，与学生共同成长！

3.5 分扣子游戏——在体验中激发分类的内驱力

北京第二实验小学　马丽云

课前慎思

新一轮基础教育改革以来，我们广大教师的教育理念、教学行为都发生了显著变化。北京第二实验小学的教育理念是倡导学生在玩中学、在学中玩。因此，在低年级数学教学中，我把游戏融入课堂。游戏教学是专门针对特定教育目的而设计的游戏，是以游戏作为教育的手段。设计游戏时，教师以成熟的教育理论作为理论支撑，取得教育性和游戏性的平衡。在游戏当中学生可以玩，但是最重要的是通过玩来激发兴趣、驱动学习，通过游戏的方式来完成教育的过程。

教学是一门设计科学，教学与有效的教育实践和良好的游戏设计有许多相似之处。学习是学生和教师之间的交流与对话，教师的指导是基于项目还是基于游戏并不重要，重要的是要促成一种不断重复、不断挑战的文化，让学生在试验和纠正错误中学习，这对教师和学生都非常重要。而在教学中，我们采用了学生喜闻乐见的游戏，并以此来驱动学生学习，我们称之为基于任务的学习。在学生的学习过程中，内驱力对学习效果有着不可忽视的影响。教师应尝试激发学生的内驱力。内驱力是在需要的基础上产生的一种内部唤醒状态或紧张状态，表现为推动有机体活动，以达到满足需要的内部动力。于是，在一年级"数学好玩"单元"分扣子"一课中，教师大胆地将扣子改成两个指标三个维度，突破原有研究，尝试让学生在游戏中经历"累加"的过程。

实践与思考

一、游戏引入，引发一次分类需求

师：同学们，马老师给大家带来了一些扣子，你们想跟扣子做游戏吗？

师：那我们就来玩一个小小理货员的游戏吧！你们扮演理货员，我扮演顾客。我要来买扣子，你能用最快的速度准确地拿出扣子吗？

师（出示一个扣子，学生举起自己的扣子）：想不想调整一下你的扣子？

（学生初次尝试整理）

师（第二次出示两个扣子，学生举起自己的扣子）：如果我需要更多的扣子，你要怎么整理你的扣子？请你试一试。

教师采用体验式教学的方法，让学生把数学学习和日常生活联系起来，真正到生活中寻找数学的源头，明确数学学习的意义，并深刻体会数学对于日常生活的作用和价值。教师应该对教学目的了如指掌，应该了解如何在游戏和教学效果之间形成体系化的因果关系。例如，在让学生认识水果的时候就可以让其区别颜色，或者对来自同一个地区的水果进行归类，在这个过程中学生可以了解水果的特性。游戏的创建能够让学生在课堂上有更多的分享式体验，而且教师可以再往前走一步，让学生们自己来设计游戏，把它作为一个项目进行实验。在学习新课时，我设计了扣子商店的情景，用的是生活场景教学法，让学生在真正的生活场景中体验数学探究，明确真正的学习目标是让生活变得更加美好，即通过熟悉的情景教学引起学生的自发需求。

正如叶澜教授所言，课堂应是向未知方向挺进的旅行，随时都有可能发现意外的通道和美丽的图景，而不是一切都必须遵循固定线路而没有激情的行程。对于一年级的学生来说，"体验"是很关键的。"分扣子"一课是让学生在上学期"认识物体"、"整理房间"和"整理书包"等数学活动的基础上，进一步积累分类的活动经验。在本环节教学中，学生进行了三次体验：第一次体验只是无目的地取扣子；第二次体验是学生调整一下扣子，保证取得更快；第三次体验是学生继续调整扣子，思考怎么调整能使取扣子变得再快点。学生经历了一次又一次的体验，他们自发地想调整方案，游戏引发了他们的需求，即认知内驱力。

二、及时追问，引发二次分类需求

师：其实分成三类还不是最快取扣子的办法，怎么调整扣子才能最快呢？

（学生操作）

师：谁调整了自己的方案？把你是怎么调整的在小组里说一说。

美国著名教育心理学家奥苏伯尔提出的内驱力是指学生学习的社会性需要。这种需要是社会和教育对学生学习的客观要求在学生头脑里的反映，它构成三种内驱力。这种需要一旦引起，学生便对学习表现出一定程度的兴趣、主动积极的情感态度、良好的注意和克服困难的意志努力，从而发动并维持学习行为的进行，积极投入到学习活动中去。而内驱力与需要基本上是同义词，经常可以替换使用。但严格地说，需要是主体的感受，而内驱力是作用于行为的一种动力，两者不是同一状态，但两者又密切相连，因为需要是产生内驱力的基础，而内驱力是需要寻求满足的条件。在教学过程中，内驱力一般分为三类：认知内驱力、自我提高内驱力、附属内驱力。

在分扣子的过程中，教师利用学生的好奇心巧妙创设问题情境，将源于学生自身需要的内部动机——"我想更快取得扣子！"，通过学生一次次尝试更快取得扣子的实践表现出来，进而使学生产生相信自己能用更快的速度取得扣子，即通过自身的努力获得提高的自我提高内驱力。同时，教师还可以通过各种及时鼓励和反馈，激发学生的附属内驱力，从而使学生为了保持良好表现而自发地认真学习。

在教学过程中，教师还需要注意学生的个体差异，设计分层问题，依照学生的认知能力、性格特点巧妙启示与激发，让每位学生都有自主表达的机会。所以，我设计让学生交流游戏中的体验。"经历了一次分类的体验过程后，要想取扣子更快，怎么调整方案？"又再一次将学生的这种自发需求推向高端，从而自发二次分类。

三、观察对比，引发分类需求，提高思维品质

（一）第一次观察对比

师：观察这两幅图，你有什么发现？
（小组交流，全班讨论）
[预设]
生1：他们都是分类。
生2：一个是按颜色分，一个是按形状分。
生3：分出的结果不一样。
师：看来分类的标准不同，结果有可能不同。

教师通过设置学生喜欢的游戏引发他们的分类需求。在操作、观察中，学生体会到分类是需要标准的，在不同的分类标准下，结果可能是不同的。学生在游戏体验中不断地调整策略，学生与学具的化错、学生与学生的化错、学生与课本的化错……在游戏体验中学生的思维品质得到了提高。而思维品质的实质是人的思维的个性特征，思维品质反映了每个个体智力或思维水平的差异，主要包括深刻性、灵活性、独创性、批判性、敏捷性和系统性六个方面。

（二）第二次观察对比

师：观察这两幅图（上图），你有什么发现？
（小组交流，全班讨论）
[预设]
生1：我发现都是经过两次分类。
生2：我发现第一幅图先按颜色分，再以形状为标准继续分；第二幅图先按形状分，再以颜色为标准继续分。
师（总结，边指边说）：看来分法不同，结果相同。

思维是一个复杂、高级的认识过程，分析、比较、归类、抽象、概括等一系列思维过程的不同能够导致思维结果存在差异。

（三）第三次观察对比

师：我这也有一个，是分成9类的，它是这样摆的（出示左图）。你觉得这个怎么样？
[预设]
生1：这样特别整齐。
生2：我想要形状就竖着看。

师：你觉得怎么调整能更好？

这个片段体现了思维的批判性，它是指思维活动中善于严格地估计思维材料和精细地检查思维过程的智力品质。"知其然，知其所以然"就是思维批判性强的表现，思维的批判性具有分析性、策略（计划）性、全面性、独立性和正确性五个特点。

课后反思

培养思维品质是发展智力与能力的突破口，发展学生的逻辑思维能力是思维发展与培养的目标。一切学科能力都要以概括能力为基础，学科能力的结构应有思维品质参与。

本节课重在游戏中体验与反思。基于游戏的学习是一面镜子，或者是一种思维方式，让我们理解世界是如何与复杂系统相互连接的。在我的课堂上，学生玩了几个月的游戏之后，开始用游戏机制来展现内容。通过实践来认识周围事物，或者说，通过游戏式教学能使学生完完全全地参与学习过程，使学生真正成为课堂的主角。教师的作用不再是一味地单方面传授知识，而是让学生产生一种渴望学习的愿望，自愿地全身心投入学习过程中，并积极接触数学、运用数学，在亲身体验中掌握数学。

一次次改进创新，我都重在让学生自发调整策略，以追求方法多样甚至最优，追求思维的升华、延伸、拓展。

学生的学习内驱力需要我们在平时的教育教学中用心利用各种细节去培养，只要我们坚持去不断地发现、思考、实践和总结，就能让学生在潜移默化中把外在的力量内化为自己的学习动力！

3.6　游戏中提高学生的思维品质——"'算式乐高'拼搭小达人"教学案例分析

北京第二实验小学　孙靖

课前慎思

"混合式题"是小学数学三年级上册第一单元的内容，这部分集中学习没有括号和含有小括号的两步混合运算，主要涉及乘加、乘减、除加、除减、连乘和带有小括号的算式。在学习本单元之前，学生已经理解了加、减、乘、除运算的实际含义，掌握了四则运算的算法。在学习两步混合运算时，有的学生受原有知识（连加、连减、加减混合）的干扰，仍然按照从左向右的顺序计算；有的学生在理解"把两个有联系的一步算式改写成综合算式"上有困难，不知道如何列成综合算式；有的学生虽然会列综合算式，却忘记加小括号。究其原因，其一是没有抓住两个算式之间的联系；其二是对运算顺序掌握得不够熟练；其三是学生的思维力还不够强。

针对以上问题，有什么办法能够提高他们列综合算式的能力，提高思维力，同时激发学习兴趣呢？我想到了"数学游戏"。具有趣味性和挑战性的游戏不仅可以带给学生愉悦的感觉，还可以让他们乐此不疲。一个好的数学游戏能让学生的注意力持久地保持，有利于让学生挖掘出游戏背后的数学逻辑关系或者数学思维方法。好的游戏还会让学生在观察时更细心，激发他们去总结经验、获得方法，提高观察力，学生的思维品质随之得到提高，特别是思维的灵活性和创新性。

因此，我确定的本节课目标是：①通过操作活动，帮助学生找到根据两个有联系的一步算式列两步综合算式的规律；②提高学生列综合算式的能力，巩固混合运算顺序，激发学生的学习兴趣；③培养学生的观察力，提高其思维品质。

实践与思考

一、活动引入

1. 活动一：抢答

谁先说对谁获胜。两人一组，互相说出口算卡上的得数，谁先说对得数口算卡就归谁，最终谁的卡片多谁获胜。

(1) 9×7	(4) 63-18	(7) 25-10	(10) 5×5
(2) 33-30	(5) 42÷7	(8) 15÷3	(11) 42+32
(3) 16-9	(6) 3+6	(9) 4+15	(12) 45÷9

一步计算是混合计算题的基础，学生只有熟练、正确地计算出一步计算式题，才能更好地完成两步式题的计算。这个游戏活动是一个热身，让学生练习一步计算的口算准确度和速度，提高学生的口算能力，培养学生的思维敏捷性。同时，这些口算题是经过精心设计的，彼此之间相互联系，为学生后面学习列综合算式做准备。

2. 活动二：比眼力

找联系，拼搭算式。观察算式，从中寻找可以合并成两步综合算式的两个式子。你能找到吗？说说理由。

(1) 9×7　　(4) 63-18
(1) 9×7　　-18

生：1号和4号能够合并成综合算式，因为 9×7=63，4号正好是 63-18，就可以把 63 换成 9×7。（演示拼的过程，贴在黑板上）

师：大家检查一下，看看拼成的综合算式与原来的一步算式的顺序、得数一样吗？

生：先算 9×7=63，再算 63-18=45，与两个一步算式一致，所以是对的。

游戏中，先由教师和学生共同完成一组进行示范，让学生了解"观察找到一组有联系的算式→进行组合→检查是否和原来两个一步算式的顺序、得数一样"的活动步骤，为后续学习做铺垫。学生先找到有联系的一组一步算式，再感受由两个一步算式改写成两步综合算式的过程，学生不但提高了列综合算式的能力，而且可以培养多角度观察的能力。

二、小组合作拼搭

师：除了这一组算式可以拼成综合算式，还有吗？请你找一找，如果找到了，请你想一想怎样才能拼成两步综合算式呢？可以剪一剪，拼一拼，贴在任务单上。看谁是"算式乐高"拼搭小达人。

（整个过程先独立完成，再小组内交流完善，最后以组为单位评选出"拼搭小达人"）

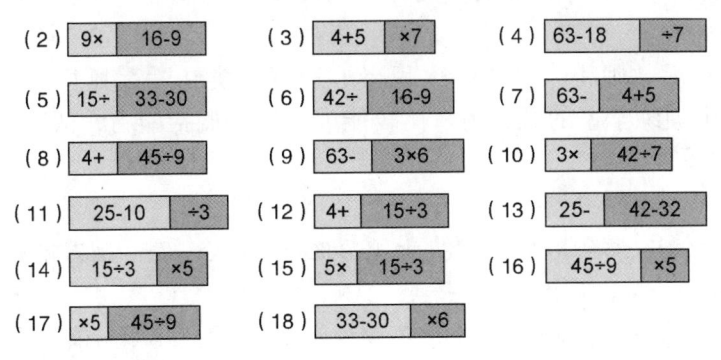

(2) 9×　16-9　　(3) 4+5　×7　　(4) 63-18　÷7
(5) 15÷　33-30　(6) 42÷　16-9　　(7) 63-　4+5
(8) 4+　45÷9　　(9) 63-　3×6　　(10) 3×　42÷7
(11) 25-10　÷3　(12) 4+　15÷3　　(13) 25-　42-32
(14) 15÷3　×5　 (15) 5×　15÷3　　(16) 45÷9　×5
(17) ×5　45÷9　 (18) 33-30　×6

生：我拼搭的算式是 9×16-9。

生：不对，不对，我觉得这个综合算式不对，因为按照这样拼搭之后，先算乘法 9×16，再算减法。应该先算 16-9，要用小括号把 16-9 括起来，这样就能先算减法，再算乘法了。

师：你不仅找到了两个有联系的算式，而且在拼搭时还运用小括号来帮忙，保证运算顺序与原来一致，考虑问题真全面。你们发现还有哪些拼搭的综合算式需要用到小括号呢？（随着学生说，教师描出小括号）。

（学生边说，其他同学边判断是否正确）

生：15÷（33-30）。

生：42-（16-9）。

生：（4+5）×7。

生：（63-18）÷9。

生：3×（42÷7）。

生：5×（15÷3）。

……

师：拼出这么多综合算式，你们真棒。为什么要加小括号？

生：我拼搭的算式是16-（4+5）。谁有问题？

生（或师）：为什么用小括号？

生：我把16-9的9换成4+5，先算4+5，所以用小括号括起来，再算16-9。如果没有小括号就先算16-4了，就和原来的意思不一样了。

师：（14） | 15÷3 | ×5 |　　（15） | ×5 | 15÷3 |

这两个都是用同样的算式拼搭的，怎么一道用小括号，一道不用呢？

生：因为有乘有除，要从左向右计算，14号先算除法再算乘法，所以不用小括号，而15号除法在后面，要想先算除法，就得用括号括起来。

师：你能将咱们拼出来的综合算式分分类吗？

（小组讨论）

游戏过后教师引发学生深入思考，通过分类让学生抓住数学知识的本质，在玩中训练学生的观察力、比较能力、抽象概括能力，从而提升思维的深刻性。

反馈

生1：把加减混合算式分一类；把乘除混合算式分一类；把既有加减又有乘除的混合式题分一类；带括号的分一类。

生2：我觉得应分成带括号的和不带括号的两大类，不带括号的再分为只有加减、只有乘除和加减乘除混合三类。

师：为什么可以这样分呢？

生1：因为带括号的混合算式的运算顺序是先算括号里的，再算括号外的。而不带括号的，如果只有加减或者只有乘除，就要从左向右运算；如果又有加减、又有乘除，就得先算乘除，再算加减了。

生2：我知道加减是一级运算、乘除是二级运算。如果是同一级的，从左向右计算；如果有加减还有乘除，就得先做二级运算，再做一级运算。如果有括号，就先算括号里的，再算括号外的。

师：同学们总结得真好，由于运算顺序不同，分成了这几种类型。

（教师出示下表）

不带括号		带小括号
同级	不同级	
从左向右	先乘除后加减	先内后外

教师在这个环节给学生创设了活动空间，需要两个学生认真观察，找到有联系的两道算式，积累经验，以找到改写成综合算式的方法。学生找到一组并确认无误时感到非常兴奋，有的学生兴奋地告诉我："我又拼出了一组！"教师随着学生的汇报，逐步梳理学生拼搭的混合式题。答案并不唯一，在拼搭时，只要有联系都可以组合成综合算式，这培养了学生思维的灵活性。同样的两个算式，由于摆放的位置不同，需要加小括号以保障和原来两个一步算式表达的顺序一致，在对比中，这引发了学生的思考，加深了他们对小括号的作用的理解。

三、回顾总结

师：通过刚才同学们的拼搭、同学之间的交流，你们有什么拼搭算式的小窍门、好办法呢？

生1：我发现一个算式的得数正好是另一个算式的第一个数或者第二个数，我就把这个算式替代那个数就可以。

生2：哦，原来如此！

师：太棒了！不仅会拼搭算式，还找到了其中的规律，说明你是善于观察、善于思考的同学。

生3：我发现不能简单拼搭就完了，还要看看什么时候加小括号、什么时候不用加小括号。如果不同级，要是先算加减法就得加小括号；如果同级，想先算后面的再算前面的也要加小括号。

师：你们总结得真棒！看来"算式乐高"里面也有大智慧，需要用眼观察，运用所学解决问题。

师：你们想不想试着用上面的算式拼搭成三步综合算式？可以试一试。

在经历拼搭算式—分类抽象概括的活动过程之后，学生对拼搭算式的好办法进行了思考，也是对改写混合式题技能的思考，这既帮助学生积累了数学活动经验，又培养了学生的总结概括能力。

课后反思

这节课上完后学生的情绪很高涨，就如同玩乐高一样，学生们找寻着两个有联系的算式，一起经历了观察算式—拼搭算式—完善算式—算式分类—总结概括的过程，在玩中对话，在玩中思考，在思考中总结经验。

在玩中对话。学生以小组为单位进行拼搭算式，小组成员各有分工，有找算式的，有组合的，有检查的，有记录的。在这个过程中，生生对话得到了充分体现："这两个算式有联系""这两个算式可以组合在一起，但是得加上小括号""这个算式还可以和哪个算式组合呢，咱们已经拼搭了 10 个算式，看看还能不能拼搭出更多的算式？"学生在小组及全班范围内的生生对话中互相补充，互相提示，互相启发，互相鼓励，学生的人际交往能力、观察力、思维品质（深刻性、批判性、灵活性）和表达能力都得到了锻炼。

在玩中思考。面对这么多的算式，要想找到有联系的两个算式，需要学生运用口算能力、眼力与思考力。找到两个式子后要观察这两个算式，再思考如何合并成综合算式，直到发现并总结规律——只要其中一个算式的得数是第二个算式中的数，这两个算式就能二合一，就用这个算式代替那个数就可以了。应用这个规律后，在后续活动中学生越找越快，准确性也越来越高。

在思考中总结经验。我想，就是在这一拼一搭的发现过程中，学生积累了活动经验，这不仅解决了学生列综合算式的难点问题，还提高了学生的思维力。

参考文献

李玉新.2017.数之乐：玩着游戏学数学.北京：科学出版社.

3.7 游戏化教学中学生探索精神的培养

北京第二实验小学白云路分校　安冉

课前慎思

席勒说，只有当人充分是人的时候，他才游戏；只有当人游戏的时候，他才完全是人。有意义的教学活动，其动力来自学生的活动与游戏。游戏化教学可以充分挖掘学生的才能，激发学生的学习兴趣，在让学习变得更科学、更快乐、更有效的同时，有效提升学生的探索精神和求真意识。

《义务教育数学课程标准（2011 年版）》中把推理能力作为 10 个核心概念之一，确立了推理能力的重要地位。推理能力的发展应贯穿在整个数学学习过程中。推理是数学的基本思维方式，也是人们在学习和生活中经常使用的思维方式，培养推理能力是数学教育的主要任务之一。同时，《义务教育数学课程标准（2011 年版）》中还明确提出：要让学生在参与特定的教学活动，在具体情境中初步认识对象的特征，获得一些体验。逻辑推理过程具有相当水平的抽象思维，这样的抽象思维任务对于二年级的学生来说是一个挑战。把学习的过程转化为数学游戏活动，不仅可以激发学生参与活动、参与思考的兴趣，还可以帮助学生对学习内容形成更深刻的理解，培养学生的发现与探索精神，使其逻辑思维能力能够得到较大程度的提高。

"推理"是义务教育课程标准实验教科书人教版小学数学教材二年级下册《数学广角》第 109 页上的内容。教材通过援引学生日常活动中最简单的事例，培养学生的逻辑推理能力，将数学思想方法渗透到实际问题解决中。"如何使用游戏化教学，让学生在经历简单的推理过程的同时，体会推理的方法，并在游戏中有效培养学生的探索精神"这一问题引发了我的思考。基于此，我进行了以下的教学设计与实践。

实践与思考

一、游戏"猜一猜"导入，以游戏激发探索精神

在日常生活中，学生已经积累了一些简单推理的生活经验，只不过没有意识到这是推理的内容。"猜一猜"游戏活动能唤起学生已有的生活经验，激发学生浓厚的学习兴趣。推理的重要方法之一是排除法，是间接证明的一种，而本节课一开始呈现的推理活动，就是在两个条件中通过否定其中一个从而确定另一个，利用了"两个条件的推理"。"猜一猜"游戏共分两个层次：首先让学生在我的提示下"犹豫"地猜，结果有两种答案，但仍不能确定，从而让学生明白，猜不是乱猜，要有依据地猜；然后，在我的再次提示下，学生"准确"地猜，使学生从中领悟到"猜想"是要根据前提条件去推理的。我用简单的游戏引发学生的思考，激发了他们的探索精神。

师：一上课，老师邀请大家一起玩"猜一猜"的游戏。看看谁和老师最有默契，

知道老师心里想的是什么。这有两张卡片,大家知道我心里想的是哪一张吗?(两张卡片各写着数字25和37)

生1:我猜是25。

生2:也有可能是37。

师:能确定吗?

生:不能。

师:那我给大家一个小提示,我心里想的不是25,现在你知道是谁了吗?

生:37。

师:大家是怎么知道的?

生3:因为只有25和37,老师说了不是25,那就一定是37。

师(小结):只有两个选择,不是25,就一定是37。

师:再玩一轮,我想的不是方形卡片上的数字。

……

师:最后一轮,我想的不是黄色卡片上的数字。

……

师:刚才的游戏给你什么启发?

生4:虽说是猜,但不能随便猜,因为根据提示,答案已经确定。

生5:游戏是有诀窍的,听明白要求才能猜得准。

师(小结):从刚才猜一猜的游戏我们不难看出,猜是有学问的,像这样根据已知条件逐步推出结论的过程,在数学中称为推理,今天我们就来一起学习它。

二、游戏中体会推理方法,体验探索魅力

在学生体会了简单的推理后,我继续通过游戏的形式帮助学生进一步体会推理的具体方法。在游戏中,学生遇到的条件虽然变多了,可是想完成推理并不困难。但是如何更快速、更科学、更有效地推理出正确结论,是需要师生进一步追求与探索的。游戏是方式,更是途径,它既可以让每一名学生自愿地参与到学习活动之中,更让学生经历不同的推理过程。在一轮轮的游戏中,教师帮助学生体验推理逻辑的过程,在探索中,学生不但寻求正确的答案,更进一步寻求解决问题的方法,培养了探索精神。同时,游戏的规则是人为制定的,而玩游戏的人是灵活自由的,所以在游戏中,教师适当地调整、改变游戏的规则,不但能激发学生的热情与兴趣,更能让学生的思维灵活贯通,让学生经历从探索答案到探索解决方法,最终探索逻辑本质的全过程。

师:老师准备了一个小袋子和3个写有号码1、2、3的乒乓球。现在我把3个

乒乓球放进袋子。游戏一——猜袋子里剩的是几?

游戏一规则:两名同学,每人抽出一个乒乓球,自己看看是几。例如,第一个同学说:我拿的是×号球;第二个同学说:我拿的不是×号球。其他同学通过他们的描述猜一猜,袋子里剩的分别是几号球。

(1)第一轮游戏

生1:我拿的是2号球。

生2:我拿的不是1号球。

生3:袋子里剩的是1号球。

师:怎么猜的,说一说?

生4:2号被拿走了,只剩1号和3号,第二个同学拿的不是1号,那他拿的一定是3号,所以2、3号都没有了,袋子里是1号球。

生5:我觉得你想麻烦了,一开始跟你说的一样,2号被拿走了,就不管了,剩的是1号和3号,1号要么被第二个同学拿走了,要么在袋子里,所以如果没有被拿走,它一定在袋子里。

师:两个人都使用了排除的方法,但排除的方法却不完全相同,却又可以解决相同的问题,真神奇,再玩一轮。

(2)第二轮游戏

生6:我拿的是3号球。

生7:我拿的不是3号球。

生(齐声):不知道。

师:怎么给了条件还不知道,不知道什么?

生8:我们已经知道第一个同学是3号球了,第二个同学不说我们也知道他不是3号,这个提示相当于没有用处,所以我们确定不了。

师:看来提示信息给什么对于之后的推理相当重要,那第二位同学能不能给出准确信息,让我们其他同学能锁定正确答案呢?

生7:我拿的不是2号球。

生(齐声):袋子里是2号球。

师:玩了两轮,你有什么发现吗?

生9:方法是一样的,但推理的条件很重要。在合理的条件下,只要听清楚条件,再仔细判断,排除掉错误的答案就行。

师:看来游戏难度不大。如果游戏规则变了还能玩吗?两名同学,每人抽出一个乒乓球,自己看看是几。第一个同学说:我拿的是_____,第二个同学说:我拿的不是_____。你能把规则补充完整吗?同桌之间说一说。

151

（学生之间交流、讨论）

生10：我们把规则想好了，能让我们跟大家猜一轮吗？

（3）第三轮游戏

生10：我拿的是最大的。

生11：我拿的不是最小的。

生12：袋子里是最小的。

师：最小的是谁？

生（齐声）：1号球。

师：大家觉得他们的规则改得好不好？

生13：我觉得改得好，3个数的大小是确定的，所以说大小跟直接说出号码一样的。

师：看来不论是猜数字，还是猜大小，方法是关键。还有其他组改了规则吗？

生14：我们想试试。

（4）第四轮游戏

生14：我拿的是最小的。

生15（质疑）：这不是一样吗？

师：先耐心听完，才知道是否相同。

生15：我拿的不是双数。

师：一样吗？

生15：不一样，规则变了。

师：猜到袋子里是几号球了吗？

生16：最小的1号球被拿走了，第二个同学又不是双数，2是双数，所以2号球在袋子里。

师：看来规则不是不能调整，但调整时，你有什么发现吗？

生17：说法变了，但还是确定了一个，排除了另一个，最终找到答案。

师：刚才是简单地调整规则，现在如果完全改变规则，还敢接受挑战吗？游戏二——猜猜拿的是几？

游戏二规则：3名同学，每人抽出一个乒乓球，自己看看是几。下面的同学进行提问，每次只能问一个问题，上面的同学进行回答，只能回答"是"或"不是"。全班最多有3次提问机会。

（全班游戏，A抽出1号球，B抽出3号球，C抽出2号球）

生1：A你拿的是1号球吗？

A：是。

生2：B你拿的是2号球吗？

B：不是。

生3：我已经知道了，A是1号球，B是3号球，C是2号球。

师：让问3个问题，怎么问两个就知道了？

生4：因为一上来就猜中了。

师：那为什么第一个人直接就猜中了，后面就会很简单呢？

生5：确定一个人后，剩下两个人能通过一个问题确定或排除，所以一共只需要两个问题。

师：已经有了解决问题的突破口，剩下的两个人非此即彼，一个问题就能确定。游戏规则理解了吗？那现在4人为一小组，试着玩一轮，可以把猜测的过程记录在纸上。

（学生分组活动尝试）

师：哪些组猜中了？为什么简单的游戏有的组却没成功呢？哪个组愿意说说？

生6：第一次没猜中，第二次没猜中，第三次也没猜中，确定不了。

师：还有哪个组遇到了这种情况？

师：可你们组刚才说成功了，怎么3次问都没猜中，你们还要举手？

生6：都猜不中也可以成功。

师：真的是这样吗？我们一起来看看他们组怎么猜的。

（某一组游戏——A抽出3号球，B抽出2号球，C抽出1号球）

生7：我们第一个问题是，A是1号球吗？第二个问题是，A是2号球吗？第三个问题是，B是1号球吗？然后就猜出来了。

师：这么问就可以了吗？这又是为什么呢？小组之间互相说说。

（学生交流、讨论方法与原因）

师：谁愿意说说你们的发现？

生8：第一个问题没猜中，那下一个问题可以还问这个同学，就能锁定正确答案。

生9：只要前两个问题能确定一个人，就没问题了。

师：真的是这样吗？我们带着这样的经验与发现回归到游戏中，再多玩几轮试一试。

（学生分组活动尝试）

师：又玩了这么多轮，你有什么发现吗？

生10：运气好的话，一上来就猜中，剩下的两个人再有一个问题就能确定。

生11：运气不好也没事，前两个问题都锁定一个人，最后一个问题也能确定。

师：看来运气不能决定游戏的成败，关键是在玩的过程中能否以好奇心不断地探索与发现，找到解决问题的方法才最重要。

三、游戏中积累经验，以游戏感受探索乐趣

学生在游戏中经历了推理的过程，逐步掌握了推理的方法。此时，我再一次用游戏的方式为学生设置最后一个挑战，让学生通过游戏进行思考，这不但有助于学生数学思维的发展，更是对学生探索精神的再一次启发。通过游戏推理宝箱密码，进而成功打开宝箱的过程，是积累推理经验的过程，更是对学生积极探索的肯定与鼓励，如此一来，学生更愿意主动探索，也能从中得到无穷的乐趣。

师：通过今天的学习，大家已经发现推理不但可以帮我们解决问题，还可以帮助我们玩游戏。有的时候，推理甚至还能救人一命，你们相信吗？老师带来了一个宝箱，里面就藏了一个故事。但想打开宝箱，需要破译出宝箱上的密码，你们敢接受我的挑战吗？一起来看看破解密码的游戏要求。

	猜对个数	判断位置
34	0个	×
23		

1）宝箱的密码是个位数字与十位数字不相同的两位数。

2）同学们每次可以选一个两位数向我询问对不对，我会判断出你猜对数字的个数以及数字的位置是否正确。

3）全班最多只有5次提问的机会。

（学生猜，教师在黑板上判断、记录）

师：你们说，猜对的个数可能是几个？

生1：可能猜对1个，或者都没有猜对，反正不可能猜对两个。

师：为什么不可能是两个？

生2：因为之前34里就有3，那时候已经判断过了3不对，所以不可能猜对两个数。

生3：我同意你的说法，所以咱们猜的时候要注意别再猜那些判断过是错误的数。

师：咱们班同学现在不但会玩，更在玩的过程中总结出了经验，老师给你们重新猜的机会，第二轮谁愿意提问？

（学生继续猜，教师在黑板上判断、记录）

师：前面几次都没有猜中，现在可只有最后一次机会了，你们还能锁定宝箱的密码吗？

	猜对个数	判断位置
34	0个	×
19	0个	×
65	0个	×
28	0个	×

生4：能，密码一定是70。

生5：其他的数字都被排除了，只剩下7和0，之前规则里面说密码是个两位数，所以只能是70。

师：前几次是不是就白猜了，浪费了宝贵的机会？

生6：没白猜，要是没有前几次，就不能排除掉哪些是错误的数字了。

生7：确实没有白猜，排除错误的还给了我们重要的提示，帮助我们完成推理。

课后反思

培养学生的探索精神能够让学生在学习中更加主动，让学生在探索中学习，在探索中成长。教师借助游戏化教学的手段，以游戏的形式开展教学活动，可以让学生在有趣又富有挑战的游戏中学习数学知识，主动思考数学问题，学会用数学的方法解决实际生活中的问题，使学生真正做到在学中玩、在玩中学。

3.8 在游戏中体会思考的乐趣——以"有趣的推理"一课为例

北京第二实验小学　张子成

课前慎思

"有趣的推理"是北师大版小学数学教材三年级下册"数学好玩"中的专题活动。学生在一年级时已经经历了"填数游戏"，积累了简单推理的经验，初步提高了分析推理能力。三年级"有趣的推理"则继续通过让学生对某些现象进行推理、判断，学会运用列表、尝试、操作等解决问题的策略，表达自己的推理过程，进一步发展推理能力。在此课中，教材不仅渗透了推理的数学思想，而且提供了具体的方法——列表。目的是当学生在推理过程中运用抽象思维遇到困难与挑战时，体会借助表格整理信息、进行推理的简便性。有条理的思考可以将推理过程化繁为简，让学生体会有序思考的价值。

对于三年级学生来说，逻辑推理过程是具有相当高水平的思维过程，学生在运用抽象思维进行学习时会遇到困难。而数学游戏不仅可以激发学生参与活动、思考的兴趣，还可以将其抽象的思维过程可视化，在分析、概括、判断和推理的过程中，帮助学生更深刻地理解学习内容，观察力和逻辑思维能力得到较大程度的提高。游戏还可以启发学生改变思维的方向，多角度思考问题。所以，本节课将游戏贯穿始终，让学生在玩中学、学中思，在思中收获成长！

实践与思考

一、在猜帽子游戏中体验推理的含义

（一）猜帽子体会排除的含义

游戏规则：3人面向对方站成三角形后闭眼，将红、黄、蓝三个颜色的帽子分别戴在3人头上。听口令睁眼，只能看别人的帽子，谁第一个报出自己帽子的颜色谁获胜。

游戏后教师通过采访3名学生，发现了游戏的窍门。

生1：因为一共有红、黄、蓝3种颜色的帽子，我看到另外两名同学头上戴的是红色和黄色，那我头上肯定是蓝色的帽子。

生2：我也是这么想的。

课堂一开始，教师利用简单的推理游戏营造轻松、有趣的课堂氛围，激发学生的学习兴趣，揭示课题。学生通过自己的实际体验和推理——"排除掉另外两个帽子的颜色，就能推理出自己帽子的颜色"，从而感受排除法与推理结果的联系。

（二）猜帽子渗透联想策略

游戏规则：3名同学同向站成一排，每人头上戴着一顶帽子，只能向前看，判断自己帽子的颜色。

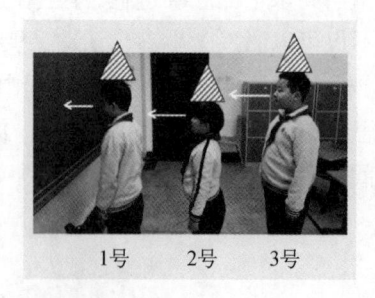

1号　　2号　　3号 　　　　3号同学视角 　　2号同学视角 　　1号同学视角

揭示规则后，教师提问："如果你来玩，你想当几号同学？"这一问题立即提升了全班学生的代入感，他们开始主动思考，并发表自己的看法。

生1：选择3号同学的位置。3号可以看到前两位同学帽子的颜色，3个颜色就能排除两个，一定能推理出最后一个。

生2：2号同学只能看见一号同学帽子的颜色，三个颜色只排除一个，不能确定自己帽子的颜色。1号同学什么都看不到。

生3：2号同学在听到3号同学说完自己帽子的颜色之后，就可以确定自己帽子的颜色了。

对于学生的发言，教师追问："为什么听3号同学说完就可以呢？""1号同学也想知道自己帽子的颜色，可以怎么办呢？"。教师利用课件出示实际情况图，进行直观验证，向学生讲清道理。

生1：3号同学说自己是蓝色，那么2号同学就能排除蓝色；2号同学还能看到1号同学戴着红色，那么3个信息排除两个就能确定唯一的一个。

生2：1号同学可以听3号、2号同学说完，也能排除两种颜色，最后确定自己的颜色。

随着学生的发言，教师在黑板上用"√"或"×"符号记录信息，在渗透推理联想具体策略的同时（例如，由两个否定判断可以推出1个肯定判断，由1个否定判断只能推出两个选言判断等），也逐渐形成了一个表格，学生恍然发现，原来表格就这样"诞生"了！

经历了表格的形成过程，学生对于一行、一列所表示的含义及用法也就有了初步认识。下一个环节教师则再次借助"淘气、笑笑和奇思的帽子各是什么颜色"这个问题，让学生选择自己喜欢的方式记录思考过程。经过独立思考、小组交流、全班汇报的过程，学生发现：借助文字、连线、列表等不同可视化的形式，都可以表达思考推理的过程；无论哪种形式，都是优先考虑一个确定信息作为推理的突破口，从而逐步形成有序思考的意识。

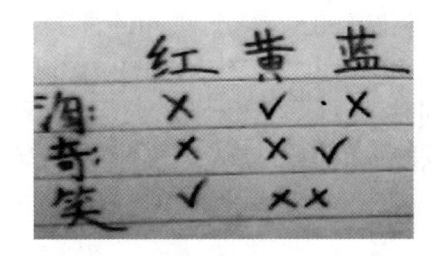

学生的作品

二、在对对碰游戏中丰富推理角度

课上到这里，教师似乎已经把推理的知识、列表的技能教给了学生，但是这些真的走进学生的心里、留下痕迹了吗？只有让学生参与知识的获得过程、思维的形成过程、问题的解决过程，在体验中思考，在思考中创造，在创造中发展，才能促使他们的情感、态度和价值观得到充分的发展。于是，我又设计了第三个游戏——颜色对对碰。

游戏规则：将一张纸分成 3 个区域，有红、黄、蓝 3 种颜色的圆片。两人一组，一人摆，一人问。摆的人先将 3 种颜色的圆片分别放入不同区域内。问的人不许看，只能向摆的人提问，摆的人只能回答"是"或"不是"。提问不超过 3 次就猜出所有区域的颜色即获胜。

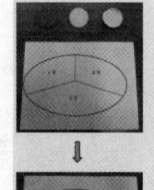

理解规则后，学生首先开始进行第一次体验试玩，并交流成功经验或遇到的问题。教师勇敢地退下来，给学生提供畅所欲言的机会，学生也勇敢地抛出了自己遇到的问题或思考，大家集思广益。

生1：我发现问着问着，之前问过的内容就忘记了。

生2：可以把每次的问题记录下来。

生3：全写成文字太麻烦了，可以用刚刚学过的列表的方法。

生4：我不知道该问什么样的问题。

生5：我们组第一次就全猜对了，但是靠运气蒙出来的，有没有取胜的技巧？

……

可以看出，在轻松、自由的课堂氛围下，学生自发地想到利用表格记录、分析，并开始研究必胜策略。教师再适时地进，和学生共同梳理出：①表格记录在便捷的同时，还可更清晰地比较同行或同列的信息；②提问有技巧，必须找到突破口；③要想必胜，首先要考虑最不利的情况等，再组织第二次游戏。

学生带着思考再玩,借助表格,学生逐渐发现:只要前两次提问能确定一个区域,剩下的两个区域就是一种非此即彼的关系,只需要再提一个问题就一定能推理出三个区域的颜色。因此,前两个问题可以用一个颜色提问不同区域,也可以用一个区域提问不同颜色进行排除。由此,学生找到了推理的新突破口:可以从一个肯定信息展开联想,进行推理,也可以综合两个相关联的(同列或同行的)否定信息展开推理,得出一个肯定信息。

根据条件推结果,依据结果提问题,颜色对对碰游戏就在这样一正、一反的思考过程中发展了学生的推理能力,使学生体会到从两个已知的否定判断出发也能进行推理,丰富了有序思考的角度。

在最后的交流中,大家齐心合力分享,学生感受到游戏的形式固然很好,但是提问的技巧、必胜的策略、深刻的思考会使数学学习更有趣。最后教师用爱迪生的名言——"不下决心培养思考习惯的人,便失去了生活中最大的乐趣"结束本节课的学习。

课后反思

有趣的一节课结束了,为了让学生真正有获得感、有成长,对于"有趣"一词,教师就需要有更丰富的思考。

一是游戏外在形式有趣。玩是孩子的天性,为了让学生学得有趣、学得开心,我们设计了一系列推理游戏,寓推理于游戏之中,让学生动手操作,合作学习,力求体现"在玩中学,在做中学,在合作交流中学"的思想。在生与生的互动交流中,借助表格、运用排除法进行判断推理的方法得以深化。在游戏活动中,学生的眼、耳、嘴、手、脑都参与到学习活动中来,通过动手操作、动脑思考,多种感官参与,实现了思维上的新跨越。

二是游戏内在内容有趣。形式的有趣固然重要,但是我们更需要挖掘学生思考中的乐趣。当学生在一个个推理游戏中经历困惑、失败的过程,品味成功的喜悦,对所学知识进行"再创造"时,他们也就能对学习的内容真正理解、灵活运用。

在整个学习过程中,学生在游戏中体验、在体验中反思、在反思中创造,经历了主动参与学习的全过程。正如叶澜教授所说的:我们不只是教和学,我们还在感受课堂中生命的涌动和成长。

第 4 章 平行选修学习方式

4.1 平行选修学习方式概要

一、数学平行选修学习方式概况

"过程模式"的小学数学平行选修课是一种新型的课程设计与实施模式，它强调学习的过程，即学生积极建构知识与体验的过程，主要以学生自主选修、自定课表、走班上课、过程监控与评价等方式实施课程。这种学习方式要求课程内容设计要能反映数学学科领域内在价值的概念、原则和方法；课程实施时教师要对学生自主选修过程给予充分指导；课程评价要体现学生自主管理学习过程的能力提升等。

二、数学平行选修学习方式价值

数学平行选修学习方式可以促进学生客观、高效地完成课业，同时提升学习力。学生学习的内容没有减少，但学习的模式变了，学习力的测评方式变了，学习过程的管理方式变了，这些变化也带来了学生学习态度的改变。

三、数学平行选修学习的基本模式

普适性的平行选修课都需要有一组或一系列可供学生选择的多个课题内容，学生自主选择走班上课的机会，以及可供学生自评或授课教师评价的详细评价指标体系等。其基本模式如下：设计课程与授课班级→设计、解读选课指导语→指导学生自制个性化课程表→学生学习平行选修课程→教师评估与学生反思。

四、"过程模式"的选修课评价指标体系

学习评价既应建立在学生的自我评价上，也应建立在教师的诊断与评析基础之上。针对上述评价原则，我们初步构建了小学数学平行选修课的三级指标评价体系（下表）。它既是教师执行"过程模式"课程设计的总体评价依据，同时又是学

生进行自我评价的依据，重在考查学生的数学思维水平、研究意识、知识应用与实践能力，以及自我学习与管理能力等。

"过程模式"的数学平行选修课评价指标体系表

一级指标	二级指标	三级指标
自主过程 （4分）	自主选课	1. 能根据自己的学情和兴趣有目的地自主选择课程； 2. 会合理统筹规划自己的选课时间
	自主参与	1. 能积极参与研究或活动的每个过程； 2. 能积极贡献自己的才智，对他人有所帮助； 3. 能较快领悟他人对话，并积极做出合理、正确的判断； 4. 能约束自己不合理、不舒适的观念，做到守纪、和睦、有规则
	自主修正	1. 能主观判断自己的不合理意识、选择、策略等； 2. 能积极调控自己的行为，使其合理化
	自主评价	1. 多数情况下能选择积极性评价，体现良好自我修养，以及自信、大气、阳光的心态； 2. 能客观评价事件的得失，不用二元法看世界； 3. 不良事件后能积极归因，即内部归因和对事件感到可控
选择过程 （3分）	选择研究组	1. 研究组选择合理、明确； 2. 研究小组能理性选择异质性搭配
	选择内容	1. 自我感觉研究内容有意义、喜欢，并能坚持积极投入研究； 2. 小组研究过程中能选择自我优势方向支持研究
	选择得失	1. 在有众多选择的情况下，能首选重要、有意义的事件，放弃自己一时的喜好； 2. 在研究过程中，能放弃自己的偏见，推进事件向好的方向发展
实践过程 （6分）	组内合作	1. 小组合作愉快、和谐、高效； 2. 小组分工明确、有责任感； 3. 小组开展研究有特色、有意义
	异质商讨	1. 注意收集与自己性格、志趣不同者的意见和建议； 2. 会倾听其他人（导师、被访者、家长、同学）的指点； 3. 能领会研究的主旨，并能阐述自己的观点
	研究氛围	1. 追求严谨、科学的研究流程； 2. 用凹凸原理调整自己的研究心态； 3. 追求有价值、有意义的研究成果
体验过程 （4分）	经历经验	1. 描述自己研究中感悟较深的经历或故事； 2. 描述自己行为习惯上的良性改变； 3. 描述自己的心路历程
	心智启迪	1. 有自我心智模式得到改善的体验； 2. 有启智、顿悟的愉悦体验
	优化经验	1. 有自我改善不良习惯的冲动； 2. 有自我经验累加的内心感受
	愉悦体验	1. 有成功与成就感的良好体验； 2. 有自我胜任力、自信心提升的良好体验

续表

一级指标	二级指标	三级指标
评价过程 （3分）	绩效分析	1. 欣赏自己的研究成果； 2. 客观比较与评价他人的研究成果； 3. 能学习和借鉴他人的优点，分析不足
	反思领悟	1. 快乐接受教师的评价、分析、与建议； 2. 快乐接受同伴合理化、建设性的批评与指责； 3. 能有效分析自己的优势与不足
	前瞻规划	1. 会规划自己的研究步骤和流程； 2. 能阐述自己继续研究的方向； 3. 有人格自我完善的初步意识

五、数学平行选修课课程开发维度建议

（一）以个性化学习为导向的平行选修

对同一教学内容不同学习方式的平行选修，重在保证在实现基本知识目标的基础上，让不同特点的学生经历不同的学习路径，在能力、思想、方法上获得适宜的发展，进而更好地激发兴趣、培养学习态度、树立价值观，此即同课异构型平行选修。

（二）以查漏补缺为导向的平行选修

同一领域下不同内容的平行选修重在让学生根据自己的兴趣或弱项选择学习内容，通过更有针对性的学习，弥补自身不足，特别适合学期阶段性的查漏补缺，这属于修整木桶型平行选修。

（三）以激发学生兴趣为导向的平行选修

针对同一领域或跨领域的某一主题学习的平行选修，按照其不同的维度可以分成若干小的学习项目，学生自选其中一个进行项目式学习，进一步发展长项、开阔数学眼界，这属于发掘潜能型平行选修。

4.2 培养学生应用意识，发展学生思维品质
——"有多重"课例研究

北京第二实验小学　黄利华

课前慎思

一、对应用意识与思维品质的思考

在新课程背景下，应用意识包含两个方面的含义：一方面是学生有意识地利用

数学的概念、原理和方法解释现实世界中的现象,解决现实世界中的问题;另一方面,学生认识到现实生活中蕴含着大量与数量和图形有关的问题,这些问题可以抽象成数学问题,用数学的方法予以解决。前者侧重学生在实际情境中发现问题和提出问题的意识,以及主动应用数学知识解决问题的意识;后者侧重学生对生活中数学现象的敏感性,帮助学生认识到生活中处处有数学,数学就在我们身边,以及在学习过程中认识到数学是有用的。

思维品质是思维的个性特征。思维品质反映了每个个体智力或思维水平的差异,思维品质的特征主要包括深刻性、灵活性、独创性、批判性、敏捷性和系统性。深刻性是指思维活动的抽象程度和逻辑水平;灵活性是指思维活动的灵活程度;独创性即思维活动的创造性;批判性是思维活动中独立发现和批判的程度;系统性指思维活动的有序程度。

应用意识的培养与学生思维品质的发展之间存在着紧密的联系。发现、提出与解决问题的过程,为学生提供了从不同角度与方面思考问题、全面分析与解决问题的机会;促进了学生适应变化、积极思维、周密考虑,进而创造性地解决问题的能力;拓展了学生的思维活动的广度、深度和难度,这些都对学生思维品质的发展起到了促进作用。基于此,如何在培养学生的应用意识中更好地发展学生的思维品质,就成为我们思考的问题。我以北师大版小学数学教材第六册"有多重"一课为例进行了研究。

二、对教材与学生的分析与思考

本课是学生初次学习质量单位的知识,本次课的教学目标是帮助学生了解质量单位千克和克的实际质量,建立千克和克的质量观念,让学生能根据实际情况选择合适的质量单位。教材设置了学生熟悉的称体重情境,引出质量单位千克和克,再通过四个问题帮助学生逐层认识这两个单位。第一个问题是通过称或掂的实际操作感受1千克实际有多重;第二个问题是感受1克有多重;第三个问题是认识1千克与1克之间的关系;第四个问题是应用初步建立的千克与克的质量概念,掂量、估计一些物品的质量。教材的内容编排紧密联系学生的生活,让学生在实际操作中体验和感知,并感受这些质量单位在实际生活中的应用,这突出了对学生应用意识的培养。在教材现有的设计思路下,我对于在培养学生的应用意识中发展思维品质有了进一步思考。

(一)对学生已有学习经验的思考

千克和克在学生的日常生活中是广泛存在的,从购买东西时对物品质量的称量,到物品包装上的质量标识,学生可以经常听到或见到它们。但同时,这两个质量单位的实际质量对于学生来说又是模糊的，包括学生在学习了该部分知识、经历了一些称量活动后，在根据生活实际选择合适的质量单位时，依然会出现类似于"一袋洗衣粉重 400 千克"的错误。这说明学生虽然通过学习认识了这两个质量单位，也明晰它们之间的关系，但对于这两个单位的质量观念还没有很好地建立。而质量观念的建立不仅关系到学生对知识理解的深刻程度，也影响到学生应用数学知识解决问题的质量。因此，如何进一步发展学生的已有经验，进而使他们形成质量观念，是需要我们进一步思考的。

（二）对如何建立质量观念的思考

教材中设计了一些帮助学生建立质量观念的活动，在其启发下，我做了一些改进，以丰富学生的体验。首先是称量工具的改进。教材上的工具为台秤和天平，而电子秤作为快捷、准确的称量工具已经普遍进入家庭。鼓励学生使用电子秤可以提高称量的效率，进而学生通过体验更为丰富的身边物品的质量来建立质量观念。其次是称量时间的改进。由于电子秤的引入，学生可以将称量由课上扩展到课前、课下，于是学生可以有更为充分的活动时间和空间，体验千克和克在现实生活中广泛应用。最后是学习方式的改进。因为学生在课前已经获得了丰富的经验，学习方式的改进将更有利于学生建立质量观念。

（三）对千克和克的关系认识的思考

千克与克的关系一般体现在它们的进率关系上，应用则体现在单位换算上。对于通过千克与克的关系解决实际的称重问题，学生则涉猎不多。因此，在一般性称重活动的基础上，教师需要设计体现问题性、探索性、联系性和综合性的称重活动，如具有挑战性的估一估等活动形式，激活学生更多的学习经验，让学生在应用千克与克的关系过程中感受它们的实际含义，灵活合作解决问题，思维品质得到发展。

实践与思考

基于对在培养学生的应用意识中发展学生思维品质的思考，结合学校的教学三段式（课前参与—课中研讨—课后延伸），我尝试鼓励学生将用秤进行称量、体验克与千克的实际含义的活动，作为课前参与内容；将更有挑战性的估计称量活动，以及结合活动过程的方法与策略交流作为课中研讨；将与质量相关的、体现综合问题解决的数学内容及活动作为课堂学习的拓展及课后延伸。通过这样的过程，学生能更为主动地应用数学知识解决问题，并在问题解决中培养了应用意识、发展了思维品质。

一、前参交流，明晰概念，以发展思维深刻性

学生学习活动的成效不仅取决于学生自身的兴趣，还与知识的实际应用有关，这就需要教师引导学生把数学学习从书本知识拓展到生活实践中。教师鼓励学生在课前通过各种途径收集克与千克的信息，既是在促进学生结合生活，从更多视角观察、思考与克和千克相关的事物与现象，也是为培养学生的综合实践能力做好蕴伏。同时，这不仅有利于教师在教学过程夯实学生的数学基础知识，更侧重培养学生的数学应用意识与思维能力，让学生的数学活动体验更加深刻。

师：同学们课前对千克和克进行了前参。关于千克和克，你知道它们什么吗？（板书：千克和克）

生1：重量单位。

生2：质量单位。

师：你是从哪知道是质量单位的？

生2：我从一本书上看到的。

师：人们在生活和贸易中，习惯称质量为重量。在地球引力下，重量和质量是等值的。但它们其实是两个不同的概念，物体放在月球上，它的质量不变，重量会发生变化。

生3：我知道它们的字母表示，千克是kg，克是g，1千克=1000克。我还知道1千克就是1斤。

生4：不对，1千克是2斤，1千克是1公斤。

师：大家观察到生活中常用的质量单位还有斤和公斤，正像这位同学所说的，1千克与1公斤相等，它们都是2斤。在这些单位中，克和千克是国际上统一使用的质量单位。

生5：我带的一瓶水是500克，上面还写着500毫升，所以我还发现1克等于1毫升。

生6：不一定所有的液体都这样吧。

师：你们真是厉害！通过观察，还开始思考克与毫升的关系。两位同学的想法都有合理之处——1毫升水的质量就是1克。但是其他液体就不一定了，这跟它们的密度有关，比如1毫升牛奶的质量就要比1克多一点点，大约是1.03克。

师（小结）：看来同学们对克、千克及它们的关系已经有了比较充分的了解，那克和千克又有多重呢？我们下面就来体验一下。

鼓励学生自己发现和提出问题对于应用意识和思维品质的培养都是非常重要的。虽然教师只是让学生在课前参与中自己尝试了解克与千克，但从学生的汇报我

看到，他们不仅通过查阅相关资料找到了自己感兴趣的问题，还在了解克与千克的过程中捕捉了数学信息，重新组织了已经掌握的各方面知识，并有了新的发现。这一过程不仅增强了学生应用数学解决问题的意识和信心，也促进了学生自主拓展思维活动的广度、深度和难度，进而发展了思维的深刻性。

二、体验千克，发展经验，以发展思维批判性

学习是一件灵活的事情，教师需要引导学生在知识概念与生活经验之间建立联系。在这个过程中，学生基于已有经验观察生活时会产生一些困扰，这些困扰尤为可贵，因为这些都是学生的真问题。给学生创造更大的交流数学理解、生活现象解读的空间，提供更多呈现困扰的机会，促进学生对这些问题的探索与解决，既利于学生对数学知识本质的理解，也利于学生思维品质的培养。以下是一些教学前参问题的交流记录。

师：前参中大家都准备了总质量是1千克的物品，谁先给大家介绍一下你的1千克是什么的质量？

生1：我的1千克是这两瓶水的质量。

师：表达非常清晰，不仅有物品，还说清了物品的数量，像这样谁再介绍？

生2：我的1千克是五本科学书的质量，所以这样一本科学书的质量是200克。

师：你是怎么知道的呢？

生2：1千克=1000克，1000÷5=200克。

师：他还利用千克与克的关系进行推算，得到一本书的质量。

生3：我们有个问题，我的1千克是两个铁饼，他的1千克是两瓶水，但我掂了掂，明显感觉他的两瓶水比我的两个铁饼轻。

生2：但我也是课前称过的，就是1千克。

师：视觉和感觉都是这两瓶水比两个铁饼轻，怎么办？

（教师实际称量：两瓶水1003克，两个铁饼轻973克）

师：请你闭上眼睛，咱们重新感受。怎么样？

（教师将两个铁饼和两瓶水分别装入袋子，请学生在闭眼状态下手提袋子感受）

生1：感觉两个袋子差不多，第二个比第一个稍重一点。

师：由这个问题的提出和解决，你们有什么启发？

生3：水让人感觉是轻的，但这两者的质量实际上是一样的。

生4：我们不仅要大胆提问，还要小心求证，进行科学解决。

师：掂一掂自己的1千克，记住这个感觉，再交换掂一掂别人的1千克。

问题是学生思考和实践的出发点，在问题的驱动下，学生会自主地进行思考与探索。面对课堂上生成的问题，教师不是简单地给出答案，而是鼓励学生实际称量验证、动手掂量感知，在此过程中，学生不仅对质量单位的实际含义有了更为深刻的体验与认识，破解了一些基于生活经验产生的关于质量的谜思，更重要的是，他们还在质疑中发展了批判性思维，在解决问题的过程中拓展了思维的深度，养成了认真求实、勇于质疑的习惯，这些对于学生来说都是终身受益的。

三、挑战重组，问题解决，以发展思维灵活性

知识的呈现方式会影响学生的内心需求，进而会影响学生的认知能力与思维品质。因此，教师不仅提出重组1千克的挑战性问题，还将问题与学生丰富的前参材料建立了紧密的联系，极大地激发了学生自主探索的欲望，也激发了学生运用发散思维多维解决问题。以下是教师通过1千克重组挑战活动发展学生思维灵活性的例子。

师：查干湖破冰捕上鱼后，渔夫做了"我的鱼你来拿"的活动，现场估单条鱼的质量，如估的质量与实际质量相差不到200g，即可赢取此鱼，最终拿走鱼的还真不多。咱们也做个"重组1千克"的估质量挑战赛。

（一）挑战规则

1. 公布规则内容

规则内容如下：

1）小组充分利用本组资源，重新组合出1份质量为1千克的物品；

2）组合物品为2种的，称重后质量误差在100g以内的小组获胜；

3）组合物品为3种的，称重后质量误差在150g以内的小组获胜；

4）组合物品多于3种的，称重后质量误差在200g以内的小组获胜。

2. 理解规则内容

师：以"组合物品为2种的，称重后质量误差在100g以内的小组获胜"为例，称出的质量不能低于多少克？不能高于多少克？

生（齐答）：900g至1100g。

（二）小组合作学习

1. 讨论策略

师：怎样能使组合物品的质量更接近1千克？小组先不着急组合，先商量一下你们有什么好办法？

2. 小组合作组合1千克

3. 全班交流

(1)组1汇报

组1：我们几个人带的东西上面都有质量的标注，我们就把几样加在一起，大约是1千克，考虑到包装的质量，我又喝掉了一口水。

师：他们充分利用了包装上的信息，还考虑根据情况通过喝掉一口水进行必要的调节。咱们实际称一称，1048克。挑战成功！祝贺！

(2)组2汇报

组2：我们组用一个哑铃和一瓶水、一块橡皮组合的1千克。我的两个哑铃各重500克，她的两瓶水大约各重500克，用了我一个哑铃和她的一瓶水，为了保险我们还想获得更大的误差范围，所以我们又放了一块1克的橡皮，既增加物品种类，又不会特别影响总质量。

师：回顾他们的过程，先是两个各重500克的哑铃合在一起是1千克，现在怎样了？

（师做演示，将一个哑铃换成一瓶水）

生1：用一瓶水替换了一个哑铃。

生2：等量代换。

师：他们的策略一下就被你们抓住了。在这个基础上，他们同时还添加了一个非常轻的橡皮来增加保险系数。先称称哑铃和水瓶，983克，已然挑战成功！再放上橡皮，984克！

(3)组3汇报

组3：我们组就3个人，一个人1千克的米不能拆包装，一个人1千克的整瓶果汁不能分，只有我带了两瓶水，每瓶500克，可以用来组合1千克。可以用来组合的物品太少了，所以我们就把身边的其他物品拿来组合。我还有一个水杯，感觉比500克轻，于是又加了一个笔袋。现在这3样组合成1千克。

师：他们想办法拓展了可用于组合的资源，还以500克的水瓶为参照，通过掂量寻找适合的组合物品。咱们再来称一称，1154克，严格来讲超出误差范围4克。谁有好办法帮助他们？比如添个什么物品，既不过多增加质量又能获得更大误差范围？

生3：我从铅笔盒里拿出一支笔就行了，我原来自己称过，一支笔大约是4克，从里面拿出一支笔就不超了。

生4：我可以借他们一支笔，笔很轻，增加几克的质量就能多获得50克的误差范围。

(4)组4汇报

组4：我们组是先用一瓶水和一袋米组合出了800多克，接着我们把组里各种

1克的物品集中在一起,这样组合出大约1千克。

师:给大家介绍一下你们组1克的物品有哪些。

生5:2个曲别针的质量是1克,一个2分硬币是1克,一个大料的质量是1克,几粒豆子的质量是1克……

师:你们找到了这么多1克,1克1克累加更加精准了。

思维灵活性包括思维起点灵活,思维过程灵活,从不同的角度与方面去思考问题,经过多种合理而灵活的思考,全面地分析和思考问题、解决问题。为了更好地在增强学生的应用意识中培养学生的思维灵活性,教师设计了重组1千克的挑战活动。在这个活动中,学生需要充分利用他们前参的资源,并借助千克与克的关系,对自己的前参资源做进一步分析,由几件物品合计为1千克反推出一件物品是多少克,然后小组根据克与千克的关系对物品进行重新组合。在这个过程中,我们还看到学生基于对千克与克的关系的认识,根据本组的实际情况所采取的灵活解决问题的策略,如通过等量代换重组1千克;通过利用几克的物品,得到更大的误差范围;通过利用1克物品的累计,增加重组的精准性。在这个过程中,学生更加深入地认识了身边物品的质量,学生的质量观念得以建立,应用意识得以培养,思维品质得以发展。

四、联系生活,拓展实验,以培养思维敏捷性

数学是因为要解决人类在生活中的实际问题而产生的。因此,数学教师需要发现更多与所学知识相关的生活案例,适时地将其呈现在课堂上,引导学生将其与数学知识结合。这些熟悉的生活场景不仅可以加深学生对数学知识的理解,更可以促进学生对现实生活中的数学应用的敏锐感知。以下是数学知识与生活实际联系的一些练习举例:

1. 填上合适的单位,并在组里分别找到质量相近的物品

260(　　)　　400(　　)　　10(　　)　　2(　　)

2. 承重实验

师:这里有一张质量不到5克的纸,如果把它放在两个平台之间,它能承重多少质量的物品呢?

生:大约50克。

(教师请学生做了尝试,没有成功)

师：现在我们把这张纸改变一下形状，这个形状通常叫风琴褶，然后再放这50克的物品会怎样呢？

（教师请学生做了尝试，成功）

生：还能再放吗？

（教师请学生尝试将250毫升的牛奶放在上面，成功）

师：如果把这张纸变得更大一些，能不能增加承受的质量呢？老师准备一张大纸，你们猜猜它能承受的质量是多少？

生：1千克。

（教师请学生尝试将1千克的物品放在上面，成功）

生：再放1千克。

（教师请学生尝试再添加上1千克的物品放在上面，成功）

生：再加1千克……

3. 承重拓展

师：有一期电视节目曾经做过这样的实验。将A4纸平均剪成6条，再把每条卷成小卷黏合，用它们做支柱，看看它们承重的限度是多少？

生1：我看过类似实验，一个人站在上面就不行了。

生2：站上去受力太集中了，不能均匀受力。

师：一个设计的背后往往要涉及很多角度，所以我们要训练自己多维思考。

4. 总结反思

师：谈谈你的收获、体会及问题。

生1：我知道克和千克是质量单位，1千克等于1000克。

生2：我知道了千克和克的感觉是什么。

生3：我发现解决问题时要多利用各种资源和条件。

生4：我知道质量轻的物品通过变化可以经得起质量很重的物体。

……

师：你们的收获真丰富！俗话说"心里有杆秤"，你们的心里现在有秤吗？这杆秤不仅有大家对千克与克的感受与体验，还有你们的观察、实验、分析与推理。

通过上述拓展活动，学生在知识与生活实际之间建立了广泛的联系。这里的联系不仅有知识间的联系、不同学科间的联系，还包括把数学与周围世界联系起来，这激发了学生运用所学知识探寻、解释生活现象的热情，也增强了学生积极思维、周密考虑、尝试正确判断的意识。而在这个过程中，学生又不断生成新的问题，这些问题将课堂由课内延伸到课外，促进了学生的自主学习、探索与实践。

课后反思

在进行数学教学设计时，教师要注重设置与学生的生活经验密切相关的，具有探索性、挑战性和研究性的问题，以更好地激发学生的好奇心，促进学生产生探索与创造的兴趣，并由此帮助学生更多地在数学和生活之间建立联系，以培养学生的应用意识，进而促进学生在解决现实问题中发展思维品质。

4.3 经历有思维的数学活动，提升思维品质
——以"有多重（千克和克）"一课为例

北京第二实验小学　李岩

课前慎思

在目前的小学数学课堂中，数学活动，尤其是动手操作活动，已经成为新授课必不可少的环节。这些活动在落实教学目标的同时，能够激发学生的兴趣，发展学生的动手操作能力，增加课堂的活力，而学生的深度参与也有助于提高数学学习的实效性。但是，在真实的课堂中，学生对数学活动的参与度并不是整齐划一的，他们原有的思维水平和基本活动经验会多方面地影响活动的效果。《新版课程标准解析与教学指导（小学数学）》一书特别强调，"基本活动经验"的提出被认为是课程标准修订最大的贡献之一。启迪思维的教育，重视创新思维的教育，必须要重视"基本活动经验"。同时，学生的思维品质反映了个体智力或思维水平的差异，每名学生的思维发展水平不尽相同，学生在逻辑思维能力和数学学习经验方面存在着差异，因此，在设计课堂活动时，教师应关注到每名学生的已有经验对活动效果的影响，并在有趣的活动中融入和实现对学生思维品质的培养。基于以上认识，我对"有多重（千克和克）"一课进行了深入的思考。

一、尊重原始认知，在设计活动前把握思维和经验的起点

在北师大版小学数学教材中，"有多重（千克和克）"一课隶属三年级下册第四单元，属于"数与代数"领域"常见的量"中的内容。《义务教育新课程标准（2011年版）》中指出，本学段关于质量单位应达成的目标为：在现实情境中，感受并认识克、千克、吨，能进行简单的单位换算；能结合生活实际，解决与常见的量有关的简单问题。有现实情境，学生身处其中，就要去充分体验，积累经验和感受，从

而在生活中应用并解决实际问题。那么，根据学生已有认知，在课堂中设计什么样的体验活动才能成功实现上述目标呢？

为了使活动更有实效性，我对学生的初始基础进行了前测。学生在实际生活中初步接触过质量单位，例如，学生的体检报告中显示体重是多少千克，食品包装上也都有质量的标识，所以我把前测的题目定为：①你在哪里见过千克和克，有哪些了解？②你有什么问题？通过调查分析，我发现有一部分学生对"千克、克是什么？""它们有什么关系？"这类问题感兴趣，但也有学生说"不了解""不知道有什么问题"。由此可见，学生虽然见过千克和克，但是对于几十、几百克物品的认知基本上是模糊的，对1克、1千克、1吨的实际质量的认识还比较缺乏，虽然能够直观地感受轻重，但不能进行量的比较。从前测的结果来看，这一节课中的活动设计要让学生根据已有经验进行感悟，找到质量标准，充分感受和调整，使认知逐渐清晰、具体、标准化。

二、关注活动过程，在体验中把思维活动变为有效经验

经验来自于亲身的经历，而又不尽然，有时经验是"联结"的产物。教育家杜威说过，教育是对经验的再改造；把经验改造为科学，再把成为科学智慧的经验再次改造为更高一级的科学。那么，在建立新的质量概念的时候，学生的经验起什么作用呢？如果是错误的经验呢？概念的建立要尊重原始认知，如何将学生在数学活动中具备、生成、感悟的经验内化和修正，这正是思维的作用。

活动并不一定能产生经验。有的人会有这样的经历："那天我也去了，怎么一点印象也没有？"这说明要想在经历中获得经验，需要引起思维的关注，经验的获得需要一个积累过程，个体需要在原有认知的基础上，通过体验获得累加，并从中总结规律。数学教育教学过程中的指向是积累经验，要实现这个目标，需要经历基础的、有思维的数学活动。基于以上思考，我设计了本课的数学活动，并进行了教学实践。

实践与思考

一、交流认知，呈现初步经验

师：课前，我们对千克和克进行了前参，它们是国际上统一使用的质量单位，用来计量物体有多重。关于千克和克，你都知道些什么呢？

生1：我知道千克的国际符号是"kg"，克的是"g"。

生2：我还知道我们称体重的时候，一般不叫千克，都叫公斤。

生3：我还知道1千克等于1000克。

师：你了解了它们之间的关系。（板书）

生4：500克等于1斤，1000克等于1公斤。

二、借助体验，认识千克

师：感谢同学们的分享，前参中还有一项，带来总质量是1千克的物品，谁来给大家介绍介绍，你带来的1千克是什么呀？

生1：我带来了1瓶水。

生2：我带来的1千克（物品）是3本《昆虫记》。

生3：我带来的1千克（物品）是1袋米。

生4：我带来的1千克物品是一袋瓜子。

师：好，现在我们把这1千克（物品）放在手里掂一掂，再掂掂别人的，什么感觉？

生1：我觉得这1千克的东西还挺重的。

生2：我觉得这1千克的物品可以说它轻，也可以说它重，因为我拿了作业本，只有几本，但已经达到1千克了。

师：相信大家都有自己的感受了，那么想象一下，2千克呢？3千克呢？5千克呢？（指着小组内带来的物品）想不想体验体验？

生（齐答）：想！

师：那接下来我们小组合作，体验一下从2千克到5千克分别有多重，开始！

（学生以小组活动形式获得体验）

师：有感觉了吗？

生5：有！

师：这是你们组的5千克，拿到台上来！

生6：哇，好多！

师：我这里也有一个物品，你们猜一猜（指手中的一个物品和生8手中的5千克物品）谁的重？

生7：肯定生8的重！

师：为什么呀？

生1：生8拿的物品体型大，您拿的物品特别小，所以我觉得××（生8）的重。

生2：生8拿的是5千克，您拿的看上去像1千克。

生3：我看不一定，有些东西质地不同质量也不同，比如1公斤的铁和2公斤的木头，你们说谁重？

师：你是想说有些物品看上去重，但是由于质地不同，也不能下结论。非常好，你提出了一个不同的看法。那我们来验证验证！（面向台上的同学）带着你的5千克的感受，试试老师这个！

生1：哇！一样重！一拿在手里就压下来了！

师：看来，和你刚才的感觉差不多，对吗？其实，就像××（生3）说的，这个物品也重5千克，它是一个铁饼。看来，物品的质量和大小没有关系。

师：刚才，我们借助1千克的标准，比如5个苹果1千克，去感受更重的物品的质量，去积累对物品质量的感觉，那么带着你的感受和经验，估一估这1个苹果有多重呢？

生2：1千克是5个苹果，我用1000除以5，所以1个苹果200克。

师：你利用它们的关系来推理，是一个好方法！

生3：我觉得你说的不对，苹果应该是很重的，我觉得有300多克。

师：你心中自有一个标准。

生4：苹果不一样大，这个好像大一些，不止200克。

师：那么他估200克的依据是什么？

生5：它们的关系。

师：有的同学也介绍了他的生活经验，能够帮助我们判断和估计。接下来，也从你们带来的前参物品中拿出1个，掂一掂，估一估。大家都掂过一轮后，再用称验证验证，看谁估得最准。一轮过后，再换一个物品。开始！

（小组活动）

师：大家估了几个？有什么好方法吗？

生1：我看瓶子上标注的有几克，我觉得就是那么多，再放到秤上称一下。

师：你看上面标着净含量，真有经验！

生2：我先估了一个，看它是多了还是少了，再估一个，看它比刚才重还是轻。重了就加，轻了就减少一些。

师：他找到一个新的标准作参照，真灵活！

生3：我用的是比较的方法，先找一个确定克数的，比如这个小本，它是50克左右，再掂其他物品的时候就可以把它作为标准了。

生4：我觉得看包装的时候，比如上面写100克，但不能认为是100克，因为净含量不算包装，实际上再加上干燥剂什么的应该是105克左右。

师：你做了一个补充，解释了净含量的意义。

生5：10个橘子是1千克，除一下，1个橘子大约是多少克就出来了。

师：你还是利用了它们之间的关系，1千克就是1000克。同学们，不管用什么方法，我们积累的都是对物品质量的感觉。

我设计了大量体验活动，不仅有"掂一掂感受1千克"，也有"估一估寻找1千克"。我还借助学生所带的1千克物品，一方面通过学生小组合作，以1千克为标准，让学生轮流掂一掂2千克、3千克、4千克、5千克的物品，从1千克到多千克体验质量，使学生积累了对千克的经验；另一方面又鼓励学生从小组带的物品中任选一个，轮流掂一掂、估一估，再称一称，借助1千克的标准，充分利用身边的物品感受多种几十克、几百克物品的质量。这些活动都充分利用了学生前参时积累的量感。

三、思行结合，认识克

师：可是，我在观察你们活动的时候，发现一个现象，你们在估量物品质量的时候，怎么没人选择估这1个瓜子有多重呢？（找到学生带来的瓜子，拿起1个）

生1：1个瓜子太轻了，称不出来。

师：是吗？太轻了反而不好估量。

生2：你看王××的瓜子那么多，也不可能去除一遍。

师：也就是利用关系去推理这1个瓜子的质量也不太好操作。可是，轻的物品大家没体验过吗？我们不带来了1克吗？放在手心里掂一掂，感受它的质量！

生3：太轻了！

师：跟刚才那1千克比呢？没错，因为1000个1克才是1千克。今天，我们通过大量的体验，积累了丰富的经验。在咱们身边，就有很多比较轻的物品。

生4：铅笔、橡皮……

师：下面把它们拿出来，掂一掂，称一称，再积累一下感受！

（学生活动）

师：有什么感觉？有什么想说的？

生1：我觉得我对我的文具还是比较了解的，我估计我的铅笔是3克，一称果然是3克。

生2：我也对文具比较了解，（我估计）2个拼装笔帽是3克，称出来是4克，只少了1克。

生3：我估计我的橡皮重10克，比结果只少了0.8克。

生4：我对我的文具不是很熟悉，我估计我的橡皮是5克，结果是15克。

1克离学生的生活比较远，差几克也不太好体验出来。于是我一方面通过掂一掂、比一比、称一称等活动，帮助学生体会克的单位质量；另一方面，在让学生感受较轻质量物品的时候，不仅增加了体验活动，还从他们最熟悉的物品入手，如铅笔、橡皮，使学生对数量概念的理解在已有经验的基础上不断发展、深化，丰富身边的参照标准，以建立克的量感。

四、游戏活动，综合应用

师：继续积累体验，你会对你的文具越来越了解，感觉会越来越准的！现在，重的咱们体验过了，轻的也体验过了，想不想玩一个游戏？这个游戏的名字叫"我的心中有杆秤"。

（教师介绍游戏规则：每张桌子上都有若干个购物筐，选择一些物品，两人一组比赛，先掂后估再称一称，看谁估得准。谁获胜了，就会获得再次选择物品的资格）

（学生两人一组活动）

师：大家玩得热火朝天，不想停！这些物品就在我们身边，我们随时可以积累经验。那么都有谁的感觉越来越准了？你有哪些成功的经验可以分享？

生1：一开始掂的时候差很多，后来就逐渐知道了克数，总是摸、掂，再称一称，加一加、减一减，我心里就有个数了。

师：他学习的方法就是他心里的那杆秤！

生2：我把每一样东西都放在筐里称一称，再拿出来掂一掂，估的时候有可能那个估多了，这个估少了，就弥补了，最后差距比较小。

师：真是会思考！我还发现你们组有一个现象，你们开始对桌上的话筒也感兴趣了！随手拿起身边的物品，都可以积累对物品质量的经验和感受。

师：同学们，我们的心中都有杆秤，它使我们的感觉越来越准，这源于什么？源于我们大量的体验。你的经验、你的推理都是我们这节课的收获！我们通过掂、估、称，积累量感，这种经验可以帮助我们解决生活中很多实际问题。

（教材练习，解决问题）

生1：我有一个问题，"白菜的质量是2（　　）"，我觉得填"2克"的话不对，因为2分钱硬币是1克。可是我觉得"2千克"又太重了，我也不知道该填哪个单位了。

生2：这道题是填合适的单位，我觉得可以填"斤"，2斤就是1千克。

师：想法真灵活！有的同学填"2千克"也是可以的。

师：生活中还有很多其他的质量单位，带着今天的收获，我们可以继续去体验！

学生在物品自由组合中，结合掂、估、称，不断调整，获得及修正经验，在多元体验和感受中积累了方法。

课后反思

在几个活动的过程中,学生对身边熟悉的实物经历了由感官到量化(质量化)、由模糊到清晰的过程,不仅借助估量体验大质量,也去感受小质量,"由此及彼",思维的广度和深度都得到了拓展。

更值得欣喜的是,学生在通过建立 1 千克和 1 克的关系来估计物品的质量时,并没有停留在用除法去限定大物品的质量范围,而是很灵活地选择不同的物品来体验,有饼干、一袋红枣、矿泉水……这正体现了思维的灵活性。那么如何自然地去展开、引出 1 克呢?我当时积极地寻找契机,发现学生前参的物品中有一大袋瓜子,当问到学生为什么不去估计 1 个小瓜子的质量时,学生回答:因为太轻了,反而不好估计。那么,轻的物品的体验如何呢?由此我很顺利地引出了建立 1 克质量概念的环节。在整个课堂中,学生在高度参与操作活动的同时,逐步感悟和建立了对千克和克的认识,并且能够紧密联系生活实际。在与学具对话、与经验对话、与生成的问题对话的过程中,学生不断地积累经验、归纳策略、修正经验,经历了一次有思维的数学活动。

4.4 你能想象它有多重吗?——对"有多重"一课的思考与实践

北京第二实验小学　索桂超

课前慎思

千克和克是生活中经常遇到的两个质量单位,三年级的学生在正式学习本课之前对这两个质量单位的了解情况如何呢?在课前,教师对学生做了一份小调查,内容如下:①你知道克和千克吗?它们有什么用?②关于克和千克,你知道哪些知识?在参加调查的 39 人中,有 36 人知道这两个单位,有 34 人知道用途。学生见过克和千克的场所一般是超市或者称量工具。39 人中有 8 人明确知道"1kg=1000g",3 人写出"1kg=10g",其余未填写。通过前测发现,大多数学生在学习本课之前对于克和千克这两个单位都不陌生,对于这两个单位的用途也比较清楚。但是对 1 千克和 1 克之间的换算关系不太清楚,访谈后得知,回答错误的 3 人是受到整数十进制的影响。由此结果看出,单位换算并不是学生的学习难点。

学生在学完这节课后，教师又对其他两个班进行了课后调查，其中有两个问题出错相对集中：①一头牛的体重大约是500（　　）；②一个西瓜大约重6（　　）。这次调查一共有62人参加。题1有7人回答错误；题2有2人回答错误，其中有1人填写"百克"；其余回答错误的学生均填写"g"，错题率达14.5%。通过访谈了解到，学生回答错误的原因是：500这个数字太大了，所以学生填写了"g"。这反馈到课堂教学中，教师不仅要帮助学生建立好1千克的概念，同时也要让学生经历较重物体的体验，帮助学生积累必要的经验。在数学活动中，如何增强学生对质量单位实际意义的体验与理解，如何帮助学生建立质量概念，是我们要进一步研究的问题。

根据上述分析和思考，我们提出如下问题：①如何在关注单位质量概念建立的同时，设计出较大量级质量的感知活动，如何让学生在课堂中对较大质量量级物体产生深刻的体会呢？②1克的质量如此之轻，甚至在精准的电子秤上也很难准确地称量出来，如何让学生在课堂中充分地建立1克的质量概念呢？③度量能力离不开度量思想的渗透，在这节课中，学生对质量最直接的感知不再来源于视觉，而是来自肌肉感知。那么，如何将来自肌肉感知的质量转换为大脑的思维活动，把体验拉回到数学思维的学习？

我们打开北师大版小学数学教材会发现，教材中的主题图从学生常见的称体重情景入手，引入常用的质量单位千克和克。而单位质量1千克和1克的概念都是通过测量工具的使用建立的：先通过称一称、掂一掂初步建立1千克和1克的质量概念；再通过称量发现1千克与1克之间的关系；最后通过实践活动，如掂一掂、估一估、称一称一些物品的质量，初步培养学生的量感，让学生初步建立千克和克的质量概念。

一方面，教材中关于"千克"的认识，除了情景引入中提到了小男孩的体重30千克外，学生体会的质量最大量级是10千克。因此，当遇到"奶牛的体重是500（　　）"这样的问题时，学生因没有对较大量级的质量经验，无法填出正确的答案。在一般的学习过程中，我们只遇到过几百克、几千克的物品，因此，在更大数后面填写单位时，学生很容易根据经验填写错误答案"克"。在其他班授课中我发现，在学习了千克和克的认识之后，让学生猜一猜奶牛有多重，学生会争先恐后地回答道："我猜它有1吨重""不，我觉得它有2吨"。没有一个声音说这头牛有几百千克。也就是说学生对于千克的认识是有一定盲区的，他们能通过经验估计出物品大约是几十千克，但是物体如果太大，学生就会直接跳到用自己课外学到的更大单位"吨"来描述物体的质量。因此，在课堂教学中帮助学生建立质量概念时，除了可让学生借助肌肉感觉来感知物体的轻重外，对于上升到100千克或几百千克等无法通过肌肉进行感知的量级，教师还需要让学生进行更具思维含量的数学活动，帮助学生走出这个关于千克认识的"盲区"。

另一方面，关于"克"的认识，教材中首先呈现的是单位质量的建立，比如1克有三个曲别针重，有一个2分硬币重。但是，培养学生的质量概念不仅要使其清晰地建立单位质量的概念，还需要让学生能够估计出其他物品大约有几个单位质量重，再通过称一称的活动进行验证，丰富对质量概念的认识。1克真的太轻了，肌肉的感觉并不能那么敏锐。作为标准，用1克的感觉去估计出其他物体的质量误差很大。在对以克为单位的物品质量进行估量时，学生需要建立更为丰富的参照系，这个过程本身也是他们的质量概念建立的过程。

实践与思考

一、深挖内容本质，培养思维的深刻性

（一）为推理和想象预留空间，为发展思维深度留足空间

质量概念的建立离不开度量物体的质量。在度量物体质量的过程中，学生不仅需要建立好单位质量的标准，还需要体验多种不同标准的建立，完善对千克和克的质量概念的理解，进一步学习度量思想。

100千克量级的建立是学生的学习需求，而以1克为标准去估计较轻物品的质量误差太大，导致估计的意义并不明显。如何兼顾较大的量级和较小的量级，在估的过程中建立质量概念，是这节课面临的最主要的问题。

较大质量的物体掂不动，较小质量的物体又掂不出来，导致学生无法通过肌肉感觉直接判断出来。我们利用的是数学研究的两个方法——"想象"和"推理"，帮助学生去实现"千克"和"克"完整质量概念的建立。

教学片段一

师：你觉得100千克有多重呢？小组内交流一下，说明100千克有多重。

（小组讨论）

生1：我觉得有两个冷老师这么重。

师：冷老师还要再瘦一点才可以。

生2：我觉得有三个半黄××这么重，因为黄××的体重是30千克，所以100千克大概有三个半黄××这么重。

生3：我觉得我们三个人的体重大约是100千克。

师：除了找我们周围的人来说明 100 千克有多重，还有不同的标准来说明 100 千克有多重吗？

生 4：我们大家都知道这桶水是 1 千克，100 桶这样的水就是 100 千克。

师：当我们遇到生活中一些我们抱不动、掂不起来的物体的时候，我们怎么估呢？可以建立好标准来帮助我们推理，估计出我们抱不动、掂不起来物体的质量。比如 100 千克，它可以有 100 桶水这么重，也可以有咱们班这三个同学的体重一样重。

（二）关注学生推理过程，深化度量思想

本节课不仅要在掂一掂、估一估、称一称等多种活动中培养学生的质量概念，还要在估一估环节中追问"你是怎样猜的"，不仅关注估的结果，更关注估的过程。学生在用语言描述以哪个物品的质量为参照时，一定会借助之前的测量经验，形成新的"标准"。学生估计不同物体的质量，实际上是他们深度理解度量思想的过程。

教学片段二

师：刚才大家通过身边的物体已经知道了 1 千克大约有多重。现在请你闭上眼想象一下，如果你的手里有一个大空桶，向里面倒入 2 千克的水，你需要多大的力气才能端起它？

（学生做端起的动作，表情很轻松）

师：如果倒入 5 千克的水呢？

（学生端起来的动作和表情并不轻松，明显用了一些力气）

师：10 千克呢？

（学生弯腰做出提不动的夸张动作，并说"啊，啊""太重啦"等）

师：50 千克呢？

（学生直接瘫软地坐在地上，并说"太重了，根本抱不动"）

师：看大家的表情和动作，50 千克一定是太重了，根本抱不起来，对吗？

生（齐答）：对！

师：50 千克真的有你们想象的那么重吗？接下来我们玩一个小游戏，叫作"抱一抱"。小组内的同学分别抱一抱、猜一猜你身边的同学有多重，然后请被抱的同学在耳边小声告诉你他的体重，直到抱完小组内所有成员为止，看谁越猜越准。

（学生活动）

师：在游戏的过程中，谁猜得越来越准了？你是怎样猜的？

生 1：我猜得很准。我抱了第一个同学一下，猜他的体重是 30 千克，他告诉我是29千克。后来我又抱了一下第二个同学，他的体重和第一个同学的体重差不多，稍微重一点，我就猜他的体重是31千克，实际他的体重是32千克。

生2：我一开始猜得不是很准。第一个同学的体重我猜的是40千克，后来他告诉我他的体重大约是30千克，所以我知道猜重了。然后又抱了一下第二个同学，我觉得他的体重比刚才那个同学的体重轻一些，所以我猜他的体重是29千克，他告诉我他的体重是26千克。我抱第三个同学，我觉得他的体重比第一个重很多，我猜他的体重是40千克，他告诉我他的体重是39千克，我越猜越准啦！

师：我发现他们猜的时候都有一个共同的方法，用以前猜过的体重为标准来推测后面同学的体重，这样就容易越猜越准啦！现在有了你在活动中找到的标准，你觉得50千克有你刚才想象的那么重吗？

（众生摇头）

（三）巧用差错，在方法的对比中培养思维的深刻性

学生在运用想象和推理的过程中，使用多种不同方法来描述1克大约有多重。教师提供的物品应该呈现不同量级的层次，如10克、100克、500克等物品，在称重之后，学生描述将10克的物品平均分成10份，其中1份的质量大约是1克。也有学生设想将100克、500克的物品采用同样的办法平均分，如将100克的物品平均分成100份，这些其中的一份物品就是1克。在呈现的过程中，学生对三种不同的"平均分"方法进行对比，到底哪种"平均分"的方法能更好地帮助学生想象1克有多重呢？学生在比较中指出，相比10克、100克、500克这些数量，10克离1克更近，10克的"平均分"方法更方便去想象。在比较的过程中，学生们体会到了活动的意义，能够直指问题解决的关键，思维的深刻性得到了发展。

教学片段三

师：1克的重量太轻了，放到电子秤上都测不出来，那我们怎么才能知道1克到底有多重呢？

生1：我们组称了称一块橡皮，发现橡皮的重量是10克。

师：那我们怎么才能知道1克到底有多重呢？

生1：我们可以把橡皮的重量平均分成10份，其中的1份的重量就是1克。

师：虽然1克的重量不能够在秤上显示出来，但是我们可以通过累加的方法找到1克到底有多重。

生2：我们可以换一个更加精准的秤来帮助我们测量。

生 3：我们还可以通过一包芽菜的质量猜出来 1 克有多重。一包芽菜重 109 克，把这一包平均分成 109 份，其中的一份就是 1 克。

生 4：109 克比 1 克重多了，所以把 109 克平均分成 109 份太难想象了。

师：数量差得太多了，所以不好去估计。有的同学使用一包芽菜去估计 1 克有多重，有的同学使用 1 块橡皮去估计，1 克到底有多重呢？索老师带来了一个天平，我们来称一称。（教师现场演示）

二、总结方法，提升思维的系统性

千克和克是生活中两个常用的质量单位。如果学生在学习克的时候，将学习千克的过程全部重复一遍，那么克的学习就会完全重复上一个内容的学习，整个课堂上重复操作和教师引导的时间就会过多，没有给学生的思维发展留足空间。如果将千克的学习通过任务单的形式来完成，后续再通过教师的引导，使学生总结出认识千克的方法，在学习克的内容时，学生就可以使用自己总结的方法来研究了。

因此，在学习克之前，教师应该着重培养学生思维的系统性，总结前一个质量单位的研究方法，并结合总结的方法设计研究"克"的活动流程，为学生思维系统性的发展留足空间。

教学片段四

师：华校长有一句名言——"千金难买回头看"。现在我们也"回过头来看看"，刚才我们是怎样研究千克的？

生 1：我们是自己先掂一掂（教师板书：掂一掂），看看哪个物体质量大约是 1 千克，然后确定好 1 千克的标准后（教师板书：称一称），我们再去推理，比较出哪个大约是 5 千克、10 千克、50 千克（教师板书：估一估），想象一下，如果抱着 100 千克的物体（教师板书：想一想），会是什么感觉？

师：那我们研究"克"的时候你想怎么研究呢？

生 2：我们可以从小的物体开始研究，先掂一掂，然后称一称这个物体有多重，然后就能找到 1 克有多重了。

师：为什么要从小的物体入手呢？

生 3：小的物体比较轻。

师：好，我们就从较轻的物体入手开始研究。

三、合理估算，培养思维的灵活性

为了让学生既能在对"千克"的认识中体会较大的量级，又能对 1 克这样轻的单位有更深刻的认识，我们设计了通过不断累积或均分，进而想象、推理出100千克及1克大约有多重的环节。在该环节中，学生可以自主创新，使用不同的较轻物体进行分割，描述1克有多重；又或者对一个标准进行累加，想象和推理出100千克大约有多重。例如，1块橡皮的质量是10克，描述1克有多重时，学生就会表述为将一块橡皮平均分成10份，其中1份的质量就是1克；在描述100千克有多重时，学生会根据自己的体重和同桌的体重进行描述，等等。在使用不同的标准去表达100千克或1克时，学生呈现的思维是多角度的，体现了在解决问题的过程中学生的思维具有灵活性。

四、一定这样吗？培养思维的批判性

通过前面的学习，学生知道了较重的物体可以使用"kg"做质量单位，较轻的物体可以使用"g"做质量单位。尤其在做了很多活动之后，学生对于1千克有了较为清晰的认识，可以明确地判断，一般情况下，比1千克重的物体质量可以用"kg"来做单位，比1千克轻的物体可以使用"g"作单位。但是，这样很容易形成思维定势，而在生活中有很多情况不是这样的，作为成人的我们都知道，有时候人们会使用更小的单位做记录，是因为这样记录得更准确；使用较大的单位做记录，是因为这样和其他的数据单位相同，便于比较。

教学片段五

师：通过刚才的学习，我们知道了物体有轻有重，较重的物体的质量单位可以用"kg"来表示，较轻的物体质量单位可以用"g"来表示。刚出生的婴儿体重明明够了1千克，为什么还要用"g"来做单位呢？

课后反思

本课在前测的基础上，教师找准了学生的学习需求，以终为始，通过设计丰富、有效的活动，帮助学生建立克和千克的质量概念；通过想象和推理，进一步培养学生的量感，提高学生的思维水平。

一、思维品质培养的重要性

我们在学习中无法将事物一一列举出来，也不可能将所有活动都体验一遍，因此，思维的培养就显得非常必要。

本课力图在让学生建立1千克、1克质量概念的同时，通过多种活动丰富学生

的经验，对于不能用肌肉感受的物体，让学生利用推理、类比的方法估计出物体大概的质量，培养学生思维的深刻性。由于1克的质量太轻了，教师合理设计环节，促使学生使用多种方法体会1克大约有多重，通过多种方法培养学生的思维灵活性。研究千克之后，学生能够回顾之前的研究方法，对研究过程进行梳理和总结，使用类似的研究方法进一步研究质量单位克，培养思维的系统性。最后，教师通过提出"刚出生的婴儿体重明明够了1千克，为什么还要用'g'来作单位"这个问题，引发学生思考，进一步培养学生的思维批判性。

整节课的设计力图给学生留出更多空间，以全面地培养学生的思维品质，为学生的思考留出余地。

二、以学生为本，按需而教

教师通过课后测查发现，学生对于较大量级的认识比较模糊，因此，在进行教学设计时，教师不仅设计了掂一掂、称一称等环节，帮助学生明确1千克的质量概念，还创设了"想一想"的环节，让学生利用之前积累的1千克的经验，依次想象2千克、5千克、10千克、50千克有多重，为估计较重物体的质量做好铺垫。

由于1克太轻了，学生在生活中不能通过肌肉感觉感知出1克和几克的差别，因此，教师在教学中引导学生采用逆向感知的方式，由普通称量称不出1克重的物体，来体会1克非常轻。然后再通过让学生对稍大的物体进行称量，并有策略地择优选取较小的物体，帮助学生建立1克的质量概念。

三、丰富活动，建立质量观念

在本节课一开始，教师设计了"掂一掂"和"称一称"环节，让学生在活动中体验1千克大约有多重，并使其能够利用1千克这种感觉，在"想一想"环节中从2千克、5千克、10千克到50千克，分别想象大约有多重。在后面的环节中，通过小组内同学之间互相"抱一抱"，在先抱后猜再揭晓体重的过程中，学生进一步修正"想象"中"50千克都抱不动"的感觉，为后面更大量级的质量体验做好铺垫。在寻找1克有多重的过程中，在"称一称"环节，学生使用"平均分"的方法想象1克有多重，再使用精准度更高的秤去称量1枚硬币、几个曲别针，来确定1克到底有多重。因此，"掂一掂""猜一猜""想一想""称一称"活动可以帮助学生建立千克、克的质量概念。同时，教师还可利用学生熟悉的物体拼组等方式丰富学生对1千克质量的感知。

4.5 低年级数学平行选修课设计与实施探索

北京第二实验小学 贡文生

课前慎思

随着科学技术的飞速发展,数学应用遍及生活的各个方面。具备数学基础知识及运用数学思维解决实际问题的能力,是当今时代的人才须满足的新要求。由多元智能理论可知,学生之间在各个能力维度上是存在差异的。为了更好地满足学生学习的个性化需求,针对学生的情况,我采用平行选修课,对教与学的方式进行大胆尝试,以调动不同学生的学习积极性。

根据培养学生数学思维与能力的目标,平行选修课的内容设定中既有培养学生计算能力的"巧算与速算"内容,也有培养学生逻辑思维的"填数游戏"的内容,还有解决生活中实际问题的"付款中的学问"等内容。同时,为了培养学生自主选择学习内容与学习方式的能力,教师在课前将平行选修课的内容介绍给学生,由学生根据各自的学习状况和兴趣选取授课内容及报名。年级负责人则根据学生的报名情况,将学生重新组合成平行选修班进行授课。

实践与思考

一、改变原有学习方式,激发学生的学习兴趣

苏霍姆林斯基曾指出:如果老师不想办法使学生产生情绪高昂和智力振奋的内心状态,就急于传授知识,不动情感的脑力劳动就会带来疲倦。没有欢欣鼓舞的心情,没有学习兴趣,学习也就成了负担。玩是孩子的天性。平行选修课改变了原有的授课方式,将游戏贯穿于课堂,将枯燥的课堂学习变成有趣的数学游戏。

在小学数学教材中,计算所占的比重很大,尤其对于低年级来说,学生计算能力的高低直接影响学习质量。通过北师大版小学数学教材二年级下册的学习,学生初步认识了乘、除法,并能利用乘法口诀进行计算。乘、除法的计算在生活中应用广泛,它同百以内的加、减法口算一样,是学生今后学习一切计算的基础,是必须练好的基本功。基于这一点,我设置了"24点游戏"一课,从算法多样性入手,将枯燥的计算转化成数学游戏,达到了事半功倍的效果。

（一）选修活动之手势玩法

"24点"是一种数学游戏，它是将 4 个数字（初期是 10 以内）进行加减乘除混合运算（允许使用括号），求得 24，可以让人在轻松愉悦的氛围中锻炼数学心算能力。

活动说明：若两人玩，每人要想出两个 10 以内的数，若 3 人或 3 人以上玩，一共想出 4 个 10 以内的数即可，然后用手势表示出来，再通过学过的加减乘除凑出 24。

举例 1：

两人随便用手指表示数，例如，甲出 6 和 8，乙出 2 和 7。

答案：7−6+2=3，8×3=24。

举例 2：

1、2、3、4 这 4 个数字怎么能算出 24 点呢？

第一种方法：2×3=6，4×6=24，24×1=24。

第二种方法：1×2=2，3×4=12，2×12=24。

（二）选修活动之用扑克牌玩

活动说明：一副扑克牌，把大小王都去掉以后，每次放 4 张扑克牌，谁先算出 24，谁就赢得这些牌。

举例：下面 4 张扑克牌，怎么能算出 24 点呢？

答案：2×7=14，2×5=10，14+10=24。

（三）选修活动之借助车牌玩

活动说明：在堵车的时候，我们不要烦，就拿前后左右的车牌号来算 24 吧，通常如果车牌号里有 0 就把 0 当成 10 用，如果有字母一律当成 10 用就可以了。

举例：如果车牌号是京 NW8627，那就是 8、6、2、7。

答案：7−6=1，1+2=3，8×3=24。

（四）选修活动之"电话或手机号码"

活动说明：家里的电话号码、手机尾号也都是算 24 的好题目，可以用它们的后四位或者前四位数字。

举例：手机号是 13801238546，后 4 位是 8546，怎样凑出"24"？

答案：5+4=9，9-6=3，8×3=24。

二、选取史上经典进行练习，提高学生学习能力

中华文化博大精深，数学中也有很多知识来自于古人的智慧。我们所知道的七巧板、华容道等都是我国古代劳动人民智慧的结晶，其能在学习的过程中激发学生的爱国情怀和民族自豪感，同时还能培养学生的动手操作能力。如在"七巧板"一课上，教师鼓励学生在动手操作中通过活动认识平面图形，进一步理解图形的特点，并创造出美丽的图案，从而提高想象力、创新能力和动手实践能力。

（一）选修活动之"多样拼出规则图形"

活动说明：每两位同学一组，由一位同学指令拼一种图形，另一位同学进行拼摆，看看这个图形可以用哪些形状的图形拼出。准备一套七巧板，由一位同学发出指令，另一位同学按要求拼成所学过的图形。可以拼同学们常见的三角形、长（正）方形、平行四边形等几何图形，还可以拼同学们生活中常见的植物、动物等。

举例 1：固定块数拼图形

生 1：请你拿出两个同样大小的三角形，拼成一个新的图形，并说出它的名字。

（生 2 动手操作，边拼边说出图形的名称，并注意边与边重合拼摆，能拼出多少种就拼出多少种）

举例 2：固定形状随意拼

生 1：请你拼出梯形，说出用了几个什么图形。

（生 2 动手操作）

生 2：我用两个同样的三角形和 1 个正方形拼出了梯形。

举例 3：多样拼出三角形

生 1：请你拼出三角形。

生 2：我用两个三角形拼一个（三角形）。

生 3：我能用 3 个三角形。

同样是三角形，用的块数不同，拼的方法也不同，在这一过程中，学生发展了空间想象力。学生可以两人一组，也可多人一组，由一人发出指令，另外几人利用七巧板动手拼。若哪个同学想不出新的拼法则自动出局。

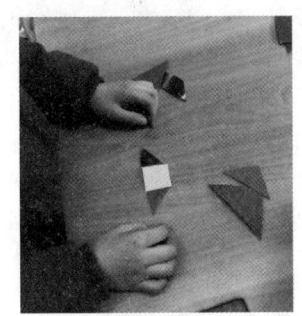

举例4：多样方法拼出长方形

生1：请你们用七巧板拼长方形。
生2：我用一个正方形、两个三角形。
生3：我用一个平行四边形和两个三角形拼一个长方形。
生4：我用一个平行四边形、一个正方形和两个小三角形。
生5：我用两个大三角形、两个小三角形和一个正方形拼一个长方形。

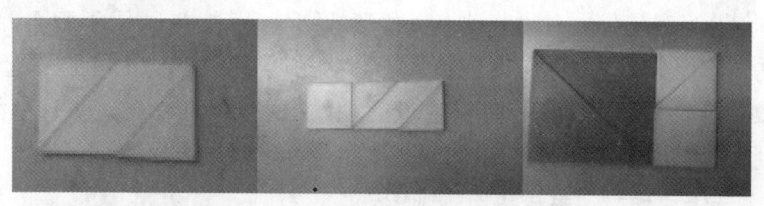

长方形的拼法还有很多，在不同图形的组合中，教师要让学生逐渐找到方法，特别是利用三角形拼成长方形，学生要找到可以匹配的图形才行。

用上述方法还可以拼成平行四边形。此外，学生还可以用两套七巧板进行拼摆，看谁拼出的图形最有创意。

（二）选修活动之"我来做，你来说"

活动说明：学生可以用七巧板任意拼摆喜欢的图形，然后让同学来说分别用了哪些图形、各有几块。

举例1：根据实物说图形

一个学生动手拼摆出右面的图形，用了小三角形2块、中三角形1块、大三角形2块、平行四边形1块、正方形1块。另一个学生回答拼出的是一个奔跑的小人。

这个游戏虽然看起来简单，但需要学生在说之前进行观察，然后对所用的图形进行分类，这样才能清楚地说出每种类型的块数，这是培养学生观察并进行分类的一个非常好的活动。

举例2：根据实物创造拼

生1（提出指令）：请你拼出一棵大树。
生2：我用3个三角形和1个正方形拼出了一棵大树。

（三）选修活动之"你抽题，比拼图"

活动说明：两个学生各准备一套七巧板。教师准备一些图片，由一名学生随机抽出一张图片，让另一名学生看5秒，然后扣起图片，两个学生比赛，看谁拼得快，第一个完成的获胜。

举例：教师出示小狐狸的图形（插入图片），让学生进行观察，然后只留下轮廓，让学生快速拼摆。

这个游戏不仅要求学生注意力集中，而且可以培养学生的想象力，让学生能将一个完整的大图分解成不同形状的小图，尝试进行拼摆，同时可以锻炼学生的记忆力。

（四）选修活动之"我们一起来创造"

活动说明：将两套完全相同的七巧板合在一起，两个学生合作创造拼摆图形。下图是学生作品举例。

三、开放生本对话教学，发展学生的思维能力

《义务教育数学课程标准（2011年版）》指出，学习和教学方法必须是开放而多样的，数学课堂教学是培养学生创新精神的主阵地，教师要培养创新型人才，就必须从课堂教学的开放做起。另外，学习的体验不能只停留于"经历了"，还要让学生在经历的过程中不断总结经验，或者找出其中的规律，这样的情景才有价值，这样的活动才有意义。学生的学习不能脱离对生活经验的积累，只有这样，我们培养学生才能在未来的生活中有用武之地。

例如，在学生认识了人民币之后，教师设计了"付款中的学问"一课，让学生在购物活动中知道如何付钱和找钱，并能解决简单的实际问题。

师：小明拿着1元、2元、5元的纸币若干张，他在书店看上了一本10元的故事书，想一想，他可以怎样付钱？独立思考，尝试将自己的思考过程写出来。

［预设］

生1：我写了3种方法，可以付10个1元的，可以付2个5元的，还可以付5个2元的。

生2：我想付一个5元的和5个1元的。

生3：我付4个2元的和2个1元的。

……

（学生汇报时教师将结果写在黑板上，出现重复的情况也不擦掉，保持学生汇报时的原始状态）

（一）发现问题

师：观察黑板上我们写出的这些方法，你们有什么想法？

[预设]

生1：我发现有重复的，有好几个都可以省略。

生2：我觉得这样写下来有点乱，也不知道有没有写全。

生3：不知这里面有没有规律，能否按照一定的规律去写？

……

师：同学们说了这么多问题，非常好！那么，怎样才能避免这些情况的发生呢？

（二）深入研究

师：遇到杂乱无章的情况你们通常的做法是什么？大家可以各抒己见。

[预设]

生1：可以分类写。

生2：可以从小往大写，先写换1元的，再写2元的。

师：我觉得你们出的主意非常好，我们一起来试试？以小组为单位讨论一下，然后把你们的想法写在纸上。

（小组汇报，教师展示学生作品）

（1）方法一：算式列举

学生展示：

10=1+1+1+1+1+1+1+1+1+1

10=1+1+1+1+1+1+1+1+2

10=1+1+1+1+1+1+2+2

10=1+1+1+1+2+2+2

10=1+1+2+2+2+2

10=2+2+2+2+2

[预设]

生：每次都拿2个1元换1个2元，这样就不会乱了。

师：1元、2元都换完了，下面可以怎样换？

（学生描述，教师在黑板上记录）

10=1+1+1+1+1+5

10=5+5

10=1+1+1+2+5

10=1+2+2+5

师：我们把所有的付钱方法都写出来了，你们觉得这样写好不好？好在哪里？

[预设]

生：从最多的情况开始考虑，一边写一边整理，不容易乱。

（2）方法二：列表法

教师出示下表：

情况 张数（张） 币值	①	②	③	④	⑤	⑥	⑦	⑧	⑨	⑩
5元	2	1	1	1	0	0	0	0	0	0
2元	0	2	1	0	5	4	3	2	1	0
1元	0	1	3	5	0	2	4	6	8	1

（教师可以帮助学生完善表格第一栏）

师：只有做到有序思考，才会不重复、不遗漏。看看这里有什么规律？

[预设]

生1：这个表是从最大的5元开始考虑的，先看最多可以用几张，然后再逐渐减少。

生2：我还发现了⑤至⑩的第一行全是0，第二行5、4、3、2、1、0逐一递减，第三行0、2、4、6、8、10每次多2。

生3：②至④也有这样的规律。

……

师：为什么会有这样的规律呢？请各组讨论讨论。

[预设]

生1：⑤到⑥少了一张2元的，所以1元的就会多2张。

生2：因为一张2元的可以换两张1元的。

……

师：你们说的都很有道理，其实这正是由币值之间的换算导致的。老师为你们的发现感到骄傲！

通过初步尝试解决问题、发现新问题、继续深入探究环节，教师将学生的思维逐步引向了深入。学生经过观察、对比、分析，发现了问题背后隐藏的奥秘，这在激发学生兴趣的同时，也让学生感受到了发现的快乐。

课后反思

《义务教育数学课程标准（2011年版）》指出，对数学学习的评价要关注结果，更要关注学习过程，以及学生所表现出的态度和情感。根据这一原则，课堂教学评价时也应多元评价学习效果，以促进学生的全面发展。

1）注重对学生的学习过程进行评价。通过过程评价引导学生走上进取之路，这也是我们常说的"夸努力不夸聪明"。

2）对学生的学习方法进行评价。学生掌握了科学的学习方法后，不仅学习的积极性会增强，学习能力和学习成绩也会有显著提升。

3）对学生的实践能力作评价。实践能力是全面发展的人才必不可少的素质，通过鼓励学生动手操作，教师可以不断提高学生的实践能力。

总之，学校教育的最终任务是培养、提高学生的各种能力，使之成为对社会有用的人。我们大胆尝试，通过平行选修课程拓展学习空间，为学生提供自我选择适合的学习内容和学习方式的机会，减少学生的数学学习压力，缓解其无助情绪，并改变原有的评价方式，以激发学生的学习兴趣。

4.6 基于学生需要的平行选修课——有趣的推理

北京第二实验小学　吕小盈

课前慎思

目前，教育要解决的最重要问题是如何培养和造就大批具备高创造力水平的人才。而创造力的培养离不开思维能力的培养，例如逻辑思维能力、审辩能力培养等，这些能力在未来是机器人很难取代的。近年来，越来越多的国际大规模学力测评发现，阅读素养与学业水平呈正相关，经常阅读的学生与从不阅读的学生相比，在思维水平、推理能力、解决问题等方面都有着显著的提高，数学阅读与数学学业成就也呈正相关。在实践中我们发现，只有将课内学习与课外数学阅读有效地结合起来，才能更好地培养学生的思维能力。因此，如何在课内结合阅读培养学生的思维能力、提升学生的数学素养成为我们需要研究的问题。

基于以上思考，我们在三年级开学初尝试将数学课内阅读与课外阅读有机结合，把课内外有趣的推理结合起来，开展"每周一题"活动。学生可以在数学茶话会中推荐自己的推理题目，介绍详细的思考过程，同学之间互相学习。经过一段时间我们发现，学生对推理题目的兴趣越来越浓厚。针对部分学生的需求，我们开设了与逻辑推理有关的平行选修课。

为了更好地了解学生的需求，课前我们对选修逻辑推理的学生进行了调查。通过梳理发现，学生的兴趣和问题主要集中在以下几个方面：①什么是推理？②推理有哪些方法？③推理有什么用途？

针对学生的需求，我们调整了教学设计，将教学目标定为以下几方面：①进一步理解什么是推理、什么不是推理？②理解推理的方法是灵活多样的，能够根据需要选择方法进行有效的推理；③进一步理解推理的用途，喜欢推理，能够把推理应用到生活中。

实践与思考

一、游戏引入，理解推理的含义

活动说明：从2、3、5、7四个数字中选出两个数字，组成并写出一个两位数，请其他同学提问猜数；猜的时候要提出尽可能少的问题，写数的同学在回应时只能说"对"或"不对"；在游戏过程中学生要记录下提出的问题和推理的过程，准备汇报。

学生汇报的方法最初多是从某一个数位入手，按序逐一排除，如"这个数比20大吗？""比30大吗？""比51大吗？""比52大吗？"……经历了七八个问题后，学生最终找到正确答案。学生觉得这样问太麻烦了，产生了研究如何提问的需求。于是，他们关注到了数的大小之外的其他信息，如单数还是双数、数的整除特征等，并借助它们对数进行分类排除，提出了更多维度的问题，如"十位上的数是双数吗？""个位上的数是双数吗？"又如"这个数是5的倍数吗？""这个数是3的倍数吗？"……随着猜数方法的丰富，学生对推理含义的理解也越来越深。

对一个概念的理解，除了证实还要证伪。也就是说，除了要知道什么是推理，还要知道什么不是推理。因此，教师在学生体验推理过程的基础上，又举了一个猜中的例子，帮助学生认识巧合与推理的不同，使学生进一步理解推理是由几个已知条件得到结论的过程，即推理是想办法把已知和未知联系起来的思考过程，这些都是在解决学生于前参中提到的"到底什么是推理"的问题。

二、分析故事，感受推理的用途

活动说明：相传古代有个王国，国王非常阴险而多疑，一位正直的大臣得罪了国王，被判死刑。这个国家世代沿袭着一条奇特的法规：凡是死囚，在临刑前都要抽一次"生死签"(写着"生"和"死"的两张纸条),犯人当众抽签,若抽到"死"签,则立即处死,若抽到"生"签,则当场赦免。狠毒的国王在两个签上都写上了"死"。在断头台前,监斩官还没有反应过来,聪明的大臣就迅速抽出一张纸签吞下死里逃生。国王是怎么想的?大臣是怎么想的?

学生在分析、解读时认为,大臣猜到了国王就是想置自己于死地,一定会在两个签上都写"死",不论自己抽的是哪张,打开都必死无疑。而只要迅速吃掉一个,剩下的是"死",那可以说自己吃的是"生",大臣就可以死里逃生了。

还有的学生对故事提出了质疑,如"国王为什么要写两个'死'?""为什么大臣知道国王在两个纸条上写的都是'死'?""如果在两个纸条上都写上'生',大臣会必死无疑吗?"教师也适时地进一步引发学生思考:"确实,大臣很聪明,猜对了国王的心思。那么如果国王在两个签上写的不都是'死',而是一'生'一'死',或者两个'生',大臣选择迅速地吞下一个签,还会死里逃生吗?"

挑战性的问题激发了学生的更多思考。有的认为,如果国王写的是一"生"一"死",那么大臣只能凭运气了,如果剩下的签是"生",大臣无论怎么做都必死无疑;有的认为,如果国王在两个签上写的都是"生",大臣抽到一个签,打开一看,是"生",那么就可以死里逃生;如果大臣抽到签后不看就迅速吞下,群臣看到剩下的签是"生",大臣就必死无疑。两种处理方式的结果截然不同。还有的学生体会到开始只是觉得故事很有意思,后来才发现原来故事还可以引发出这么多思考。

由此我们可以看出,学生的思维是清晰、有序的,由一个假设可以推出相应的结果;学生的思维是发散的,他们不满足于单一的假设和结论,他们会思考"如果不是这样,结论会怎样,还可能有其他情况吗?"学生的思维是富有批判性的,他们敢于质疑和假设,对于问题的结论是开放的,而这些都是创新思维的开始。

三、解决问题,感受推理的方法

(一)帽子的颜色

活动说明:教师拿四顶帽子,两顶蓝色,两顶红色。甲、乙、丙三位同学从前往后依次站好并闭上眼睛。教师给他们各戴上一顶帽子,并把多余的一顶帽子藏好。当他们睁开眼睛后,只准朝前看。这样,丙能看见甲、乙头上的帽子,乙能看到甲头上的帽子,而甲什么也看不到。教师问丙:"你知道自己头上的帽子是什么颜色吗?"丙思考后答道:"不知道。"教师又以同样的问题问乙和甲,乙和甲都正确地说出自己头上戴的是什么颜色的帽子。你知道乙和甲是怎么想的吗?

学生在独立思考的基础上首先提出一个问题:第三个人可以看到前两个人帽子的颜色,可为什么第三个人不知道自己帽子的颜色,另外两人却知道呢?在学生的问题的驱动下,大家对什么情况下第三个人可以猜到自己帽子的颜色、什么情况下猜不到进行了分析。学生发现,如果前两个人戴的是相同颜色的帽子,同为蓝或同为红,那么第三个人就能很快判断出自己戴的是什么颜色的帽子;而当第三个人看到前面两个同学戴的是一红一蓝,则无法直接猜出自己戴的帽子的颜色。学生由此进一步推出,第二个人就是通过这样的推理,知道了自己和第一个人头上的帽子颜色分别是红色和蓝色,再由所看到的第一个人头上的帽子的颜色,判断出自己头上的帽子的颜色。同理,第一个人听到第二个人说出第二个人的帽子的颜色,可以判断出自己头上的帽子的颜色。另外,如果第三个人看到其余帽子的颜色,也可以猜到自己的帽子的颜色。

由对这个问题的分析可以看出,学生不仅能够读懂问题,还抓住了关键信息、提出了关键问题,在进行原因分析时,能对各种可能性进行全面的思考,并借助分类理清思路,进行有效的推理。

(二)怎么移动一颗星星,使它们变成4行,每行有3颗星星?

生1:我想把两颗星重合在一起,这样就可以找到四行,每行有三颗星。

师:很有创意的想法!

生2:可是,老师,他这样重合,有时算两颗星,有时算一颗星。有时一行只取一部分,标准不统一,不对。

生3:我是这样移动的,圈起来的表示去掉。可是不行,请同学帮帮我。

生4:我想出来两种方法。(下图左一、左二)

生5:我也想出一种。(上图左三)

看到生 5 这种方法，学生们都鼓掌庆祝，看来学生们最接受这种方法。

（三）三国人物

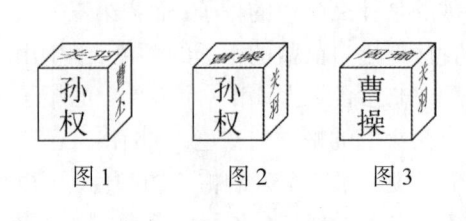

活动说明：一个正方体的六个面上分别画着关羽、张飞、曹操、曹丕、孙权和周瑜六个《三国演义》中的人物。图 1、图 2、图 3 是这个正方体的三种摆放方法。

问："关羽""孙权"的背面是谁？

图 1　　图 2　　图 3

借助立体图形进行推理，对于三年级的学生有难度。那么，他们会怎样解决问题呢？我让 6 个人一个小组交流，之后汇报。在交流的过程中，我发现有些学生不知该从哪里入手想，他们说："如果有一个小正方体就好了。"于是，我把提前准备好的六个面都粘有白纸的厘米立方体给了这些有需要的学生，他们借此创造出有用的工具，帮助自己进行有效的推理。

汇报时，很多学生都是借助立方体进行推理，他们很快就发现"孙权"的对面是"周瑜"，"关羽"的对面是"张飞"。在此基础上，教师鼓励学生抛开这个工具，尝试凭想象进行立体图形的推理。这对三年级的学生来说确实具有挑战性，有的学生借助刚才立方体翻转、标注的经验，试着在脑子里把几幅图转起来；有的学生借助表格，通过"关羽"的对面不可能是"周瑜"、"曹操"、"曹丕"和"孙权"，运用排除法解决问题。由此，空间想象与推理有了一个很好的结合。

类别	"周瑜"	"张飞"	"曹操"	"曹丕"
"孙权"的背面	√	×	×	×
"关羽"的背面	×	√	×	×

课后反思

看来，学生在解决问题的过程中可以创造性地找到自己需要的解决方法，这些方法不是一成不变的，而是灵活多样的，这不正是我们进行推理训练希望学生达到的能力吗？

为了了解学生是否解决了课前调查中提出的三个问题及效果，以及学生对推理有了哪些新的认识和其他问题，我在结课后再次对参加选修课的学生进行了调查。学生的收获主要有以下几个方面。

（1）对推理有了进一步的理解

"推理不仅是画图或把信息联系起来，是用各种各样的方法推出答案。"

"我觉得推理就是开通自己的思路想尽任何可能。"

（2）明白了推理需要很多种方法

"这一段时间的推理学习让我明白了什么是假设。"

"我发现在推理中'假如'不仅仅是一个普通的词，而是和假设法有直接关系，也是一种十分好用的解题方式。"

"我觉得推理有很多方法，如表格法、假设法、倒推法。"

（3）觉得推理很有趣，也很有用

"原来生活的方方面面都有推理啊，以前我竟然小看推理了！"

"大多数推理题越复杂越有趣。"

"我对推理有了兴趣，推理很像游戏！"

"推理很好玩！推理是从一个推出另一个。"

（4）提出进一步想知道的问题

"在生活中有什么推理？"

源于学生需要的平行选修可以充分调动学生的学习积极性，而对教师而言是一个很大的挑战。提前设计好的教学内容，可能因为课前调研发现不是学生需要的而被全盘推翻，教师需要重新备课。在这个过程中，教师在成长，学生很喜欢，教师虽然辛苦，但很幸福！

借助数学平行选修课，教师可以将课内学习与课外数学阅读有机结合，以培养学生的思维能力。实践刚刚开始，我们还有很长的路要走，且行且思……

4.7　小学数学平行选修课中学生思维品质的培养策略研究

北京第二实验小学　龙立梅

课前慎思

随着课程改革的不断深入，人们越来越重视对学生思维品质的培养。所谓思维品质，实质是人的思维的个性特征。而北京第二实验小学多年来一直围绕着"个性、超越、未来"的课程文化开展丰富多彩的特色课程。数学平行选修课就是个性化多学科校本课程之一。

数学平行选修课，简单来说就是教师与学生可以自主选择的课程，教师可以根据学生的兴趣和特长开设自己擅长的特色课程，学生在进入课堂之前，可以根据自己的兴趣选择不同的学习内容进行学习。这样的课程设置不仅能给学生提供更多的选择，提高学生学习的兴趣，而且能够更好地激发学生的主观能动性，着实能为学生提供了更广阔的发展空间。对于教师而言，开设自己的特色课程会有更多展示和思考的空间，同时对教师的工作主动性和创造性提出了更高的要求，也为教师的专业发展提供了更大的平台。

平行选修课的设置对于学生思维品质的培养很有帮助。思维品质反映了小学生思维的个性特征，体现出小学生个体智力和思维水平的差异。针对学生的兴趣设置不同的特色课程，不仅能够提高学生的学习积极性和创造性，同时给教师提供了更多培养学生思维品质的有效途径。学生思维品质的培养过程是开拓思路、活跃思维的过程，更是培养学生有效学习的有效途径，也是教师提高教学水平、自我完善的必经之路。

实践与思考

一、激发兴趣，培养学生思维的深刻性

思维的深刻性集中表现为在智力活动中深入思考问题，善于概括归类，逻辑抽象性强，善于抓住事物的本质和规律，开展系统的理解活动，善于预见事物的发展进程。基于此，我们在数学平行选修课中开设了"时间与数学"一课，以视频动画为学习载体，回顾小学数学教材三年级上册"年月日"整个单元的知识，将所学的关于时间的知识梳理成知识网。视频动画不仅能够激发学生的学习兴趣，还可以培养学生对所看内容及时归纳、概括的能力，而且梳理知识网的形式可以让学生掌握学科的基本思维方法和基本结构。

二、发散思维，培养学生思维的灵活性

思维的灵活性是指善于从不同角度、不同方向进行思考，能根据条件和问题的变化灵活地转换思路和解决问题的方法，能灵活运用知识来处理问题，能够举一反三，触类旁通，迁移能力强。例如，北师大版小学数学教材三年级下册的第三单元是"乘法"，主要内容是"两位数乘两位数"，要求学生理解乘法竖式计算的道理，能用竖式正确计算，进一步发展其运算能力。但由于其中的一些过程被精简合并，给学生的理解制造了一定的困难，所以学生在使用竖式时容易出错。教师设计"计算脑风暴"一课就是基于教材，研究学生，带领学生从算法多样性入手，研究各种计算方法，深入理解算理，进一步理解竖式的简洁性，以此训练学生思维的灵活性。教学过程示例如下。

师：请你快速地估计一下大约有多少点子？（出示点子图）

以下是学生的做法：

1）14×（10+2），14×（9+3）；

2）12×（10+4）；

3）（10+4）×（10+2）；

4）（15−1）×12；

5）14+14+……+14；

6）12+12+12+……+12；

7）14×（2×6）；

8）14×（3×4）；

9）（2×7）×12；

10）表格法。

师：同学们的方法是从多种角度思考，是不同层次的。最朴素的方法是点数、逐一加、累加、拆分。竖式是在众多方法上提炼出来的简洁方法，简洁地记录了计算的过程，它是前人在众多计算方法中总结提炼出来的高级方法。

×	10	4
10	100	40
2	20	8

三、大胆质疑，培养学生思维的批判性

批判性表现出思维活动中独立发现和批判的程度。是循规蹈矩、人云亦云，还是独立思考、善于发问？这是思维的一个很重要的品质。思维的批判性来自于对思维活动各个环节、各个方面进行调整、校正的自我意识。因此，一方面教师要鼓励学生独立思考，引导学生独立提出问题、分析问题和解决问题，教给学生分析问题的方法和思路；另一方面，教师还要鼓励学生敢于提出质疑，发表不同的见解，反复检验解决问题时所拟定的假设和方案，客观地分析正反两方面的论据，养成不人云亦云、盲目服从的习惯。

例如，教师设计了"奇妙的数独"一课，数独不仅有趣好玩，还可以增进学生的逻辑推理能力。课堂上教师可以先出示一个具体实例，同时给学生介绍规则，即数独中每个数字只能出现一次。数独盘面是个九宫，每一宫又分为 9 个小格。

在这 81 格中给出一定的已知数字和解题条件，让学生利用逻辑和推理，在其他空格中填入 1~9 的数字，使 1~9 每个数字在每一行、每一列和每一宫中都只出现一次。每一个粗线宫内的数字均含 1~9，不重复。学生要注

意，每一道合格的数独谜题都有且仅有唯一答案，推理方法也以此为基础，任何无解或多解的题目都是不合格的。教师给每位学生准备一份数独谜题，让学生独立思考，提出问题，想办法以最快的速度完成，并在全班交流想法。学生在这样的选修课中不仅体验了数独的奇妙之处，同时也培养了大胆质疑、敢于提出问题的思维批判性。

四、勇于创新，培养学生思维的独创性

思维的独创性是指学生在数学活动中具有创新思维，对问题有自己新颖、独特的见解和观点。在教学中，教师要对学生"独辟蹊径"的解题方法及时进行鼓励，促使其勇于探究求新、创造性地进行数学学习。在平行选修课"创编小达人"中，教师让学生根据所学知识自编习题，如果学生用自己独特的方式编题，可以体现其思维的独特性；如果学生对新的情境提出新的方案，可以体现其思维的新颖性；如果每位学生编的题都不尽相同，可以体现其思维的发散性。

五、迅速判断，培养学生思维的敏捷性

思维的敏捷性是指一个人思维活动的速度，它反映了智力的敏锐程度。在培养学生思维敏捷性时，需要教师有目的、有针对性地对其进行训练，这样学生思维的敏捷性才会得到提高。教师可以教给学生提高解题速度的方法和技巧，也可以在学生做作业和参加测验时给他们提出速度的要求。例如，在教学"两位数除以一位数的口算除法"时，教师不能仅仅满足于学生能算出正确的得数，还应要求学生懂得算法、说出算理，以促进学生思维敏捷性的发展。在教学"26÷2"的过程中，教师要让学生明白算理，把26按照数位拆分成20和6后，再分别计算"20÷2=10"和"6÷2=3"，最后把10和3相加得到结果13。同样的过程再计算"48÷3"，仍然需要将48拆分，但这次不是按照数位直接将48拆成40和8，因为40不能整除3，我们要将48拆成能整除3的整十数30和18，这样就可以计算"30÷3=10"和"18÷3=6"了，再将10加6得到最终结果16。在教学中，教师要让学生理解并熟练运用数学计算中的算法、算理，熟记小学数学常用的数量关系和基本数据，进行适量的口算、视算、听算、抢答、限时作业、简便运算等训练。只要学生坚持定时定量练习，其思维的敏捷性一定会得到明显提高。

收获与反思

培养学生良好的思维品质既是小学数学教学中值得深思的一个问题，也是新

课程改革中的一个研究课题。作为小学数学教师，我们在教学实践中应关注学生思维品质的培养，积极探索平行选修课中有效的途径和方法，以培养出具有优良思维品质的创新型人才。

参考文献

陈志敏.2012.在小学数学教学中提高学生的思维品质.内蒙古教育，（1）：73-74.

李星云.2006.小学数学教学热点问题探讨之一，数学思维品质的内涵及其培养.广西教育，1（2）：17-18.

潘国庆.2012.浅谈小学数学解决实际问题教学中学生思维品质的提升.数学教育，（18）：45.

4.8 因材施教，在平行选修课中提升学生的运算能力

北京第二实验小学　赵伟

课前慎思

随着课程改革的深入，小学数学教学的内容和方式都在发生变化，各年级段的"数与代数"内容也相应发生了变化，知识的难度和思维的深度都有所调整。对于学生而言，计算仍然是一个重点，也是学习的一个难点。这部分知识比较单一、乏味，部分学生容易产生倦怠情绪，教师在教授的过程中容易忽视学生的感受，对于算理的理解教授不深入，导致学生只会计算却不明算理。但对于一些能力比较强的学生来说，他们已经通过不同方式掌握了课本上的知识，而且还能运用巧算、估算等方式解决问题，课堂上的知识似乎让这部分学生"吃不饱"。面对学生在计算能力方面的差异，结合小学三年级学生的实际情况和北京第二实验小学的"学森课程"设置，我们运用"以学论教"的教学理念，尝试在平行选修课中开设有关数学运算内容的课程，以促进学生对计算的兴趣与理解，进而提升学生的运算能力。由此引发我的进一步思考：根据学生的具体情况，开设什么样的选修课会促进学生发展？如何设计教学环节，发展不同层次的学生的运算能力？

通过分析教材我们发现，北师大版小学数学三年级教材的教学内容大致分为两个方面：数与代数、空间几何。数与代数占了大部分教学内容，分别是：第一单元"混合运算"、第三单元"加与减"、第四单元"乘与除"、第六单元"乘法"、第八单元"认识小数"。由此我们可以充分地感受到三年级是学生发展数感、提升计算能力的关键时期。而三年级学生是在减负的大环境下成长起来的，他们在一二年级时没有考试、没有作业，更喜欢数学游戏，喜欢动手操作的学习，有一种探究精神。对于计算而言，他们没有经过大量的机械练习，对计算的学习会拥有热情和感到好奇。

结合教材分析和对学生的了解，我们本着提高课堂35分钟的效率、因材施教、在计算学习过程中获得更多快乐、提升思维的深刻性等多方面原则，将三年级平行选修课的教学内容分成四个部分：基本计算、巧算、估算、数字谜（填方格）。

1）基本计算。该选修课程主要针对计算能力比较弱的学生，帮助学生梳理计算中的易错点、难点，使其对计算的算理有重新的认识，在查漏补缺中提升计算能力，也让这部分学生在计算中找到自信，提升对数学的兴趣。

2）巧算。该选修课程主要针对计算能力比较扎实的学生。让学生学会灵活运用计算，将复杂的计算通过假设、转化、分解等方法变成简单的计算，提升学生的数感，让学生感受计算的快乐。

3）估算。该选修课程主要针对计算能力比较扎实的学生，让学生学会运用估算去解决问题，感受估算的价值与便利，培养学生的数感。

4）数字谜（填方格）。该选修课程主要针对计算能力比较强的学生，让学生发现竖式计算过程中各部分的联系，培养他们的探究精神，激发他们对计算的兴趣。

实践与思考

一、运用"直观模型"深化学生对算理的理解

直观模型指的是具有一定结构的操作材料和直观材料，如小棒、计数器、长方形或圆形图、数直线。在计算教学中，直观模型是帮助学生理解算理的一种重要方式。这些直观模型的"结构"是不一样的，因此，它们在计算教学中的作用也是有所区别的。

（一）"不具有十进制关系"的面积模型

点子图就是不具有十进制关系的面积模型。它很整齐，是一种结构化的直观模

型，有助于学生理解乘法的意义。学生可以在操作的过程中圈一圈、画一画，容易形成算法的多样化。

（二）"具有十进制关系"的面积模型

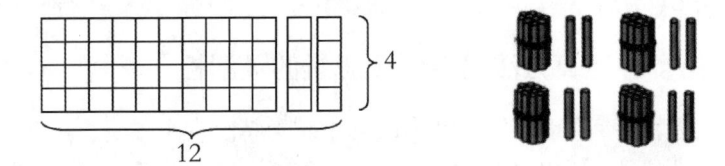

如上图所示，这样的方格模型和小棒模型由于十进制关系明显，学生很容易就算成 10×4=40，2×4=8，40+8=48。学生已经看到了 10，所以，就不会再把 10 拆掉，再去探索其他计算的方法。在教学设计中，教师可以把这样的直观模型放到巩固环节，加深学生对算法和算理的理解。

在平行选修课——基本计算的教学中，教师应该再次运用直观模型帮助学生独立思考，让学生对已学过的知识有个再认识的过程。面对一个乘法算式，可以让学生利用手中的点子图说一说如何计算，把算式与点子图相联系，利用数一数、画一画的方法，既复习了乘法竖式的算理，也逐步养成了独立思考的好习惯。

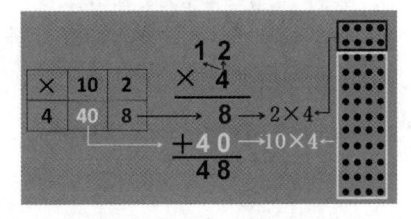

在复习两位数乘一位数的乘法竖式时，可以让学生结合点子图解释竖式中每一步表示的意思。学生开始尝试利用点子图解释计算过程，明白竖式计算的过程是先求"2 个 4 的和，再求 10 个 4 的和，最后等于 48"，这里用到了"拆"的方法。学生复习了竖式的算理之后，还能找到不同计算方法之间的联系，明白了"这些方法是一样的，都是将 12 拆成 10 和 2，再分别和 4 相乘，再相加！形式不一样，但是道理都一样"。

通过上面的学习，学生更清楚地理解了竖式每一步的意义。"点子图"直观地表现了计算的道理，将算法与算理紧密地联系在一起，拓宽了学生的思路，使学生更加灵活地思考不同算法之间的关系。学生在提问互动的过程中发散思考，在反思与质疑中探究了数学的本质。

在复习三位数（中间带 0）乘一位数的计算方法时，教师可以利用计数器帮助学生理解算理。如，304×3 如何计算呢？在计算过程中学生容易不理解中间的"0"，教师结合计数器让学生拨一拨。学生先在计数器上拨出 304，乘 3 的意思就是 3 个 304 相加，也就是在个位拨出 12 颗珠子，这时就要向十位进 1，也就是十位拨 1 颗珠子，个位拨 2 颗珠子，最后百位再拨 9 颗珠子。学生在拨计数器的过程中明白了竖式计算的道理。

在平行选修课教学中，对于计算能力一般或是比较弱的学生，教师要利用直观模型帮助他们对计算过程进行再理解，让学生经历圈一圈、画一画、拨一拨的过程，把思考的过程外显，进而帮助学生分析他们的计算过程是否正确、是否对算理真正理解。学生经历了再认识的过程后会举一反三，对计算会有更加深入的理解。

二、运用多种运算方法培养学生思维的灵活性

林崇德教授认为，思维品质是智力活动中智力特点在个体身上的表现，其实质是人的思维个性特征，所以又叫作思维的智力品质。思维品质主要包括敏捷性、灵活性、深刻性、独创性和批判性五个方面。其中，思维的灵活性是指思维活动的灵活程度，表现为思维过程灵活，迁移能力强，善于组合分析，思维的结果往往是合理而灵活的结论。

在平行选修课——巧算和估算两部分中，教师可以让学生采用多种方法计算，帮助学生提升运算能力。学生在探究中可以感受到计算方法的灵活，发展算式之间的联系，通过数与数之间的组合巧妙地得出合理的结果，感受算式的奇妙。学生在掌握了多种运算方法之后，就可以总结出规律，将学到的知识进行迁移，对于同类的计算都会用巧妙的方法解决。

在巧算计算中，教师可以设计下面这样的教学题目（部分题目）。

279+138+721=

12+13+14+15+16+17+18=

342-57-43=

764-539+136=

$12 \times 9 \times 5=$

$7 \times 4 \times 25=$

$125 \times 9 \times 8=$

教师让学生思考上面的题目，可以使其在思考中找到巧算的技巧。在加法计算中，有的学生会直接计算，有的学生是先思考再计算。在计算"12+13+14+15+16+17+18="时，有的学生选择了"凑整"的计算方法。在交流中他们发现，这是一个等差数列，存在着规律，第一项与最后一项的和、第二项与倒数第二项的和……是相等的。在解决减法计算时学生发现342-57-43=342-（57+43），也能体会到"凑整"方法的方便。在解决乘法计算时，学生感受到了$25 \times 4=100$、$125 \times 8=1000$这样的算式在乘法计算中的作用，也感受到了"乘数可以交换位置"的规律。学生在运用不同方法计算的过程中感受到了计算中还有很多"秘密"。在教学设计的最后环节，教师让学生自己出两道能巧算的题目，这时学生的兴趣更加浓厚了，把所学的知识

用到了自己编题的过程中，不仅学生觉得有趣，知识还得到了迁移。

在估算计算中可以设计下面这样的教学题目（部分题目）。

（1）估一估21×9的结果大约是多少？

（2）一个玩具小狗119元，小明要买9个，带1000元够吗？

（3）下面的算式对吗？

205×6=150　　　　212÷2=16

题目（1）让学生感受结果的合理范围，有的学生把数估小了，把21估成20，20×9=180；有的把数估大了，把9估成10，21×10=210。在估计的过程中，学生认为如果计算的结果不在180~210就是错的，由此感受到了结果的合理性。题目（2）让学生感受到了估算在生活中的价值。题目（3）让学生利用估算的方法判断对错之后，又让学生分析了错因，即如何计算算式会出现这样的错误呢？学生在分析中明白了计算中不能忽视"0"的作用。

对于计算能力比较强的学生，教师让学生选择这两类平行选修课，不仅可以激发他们对计算的兴趣，同时学生在计算的过程中找到了很多方法，运算能力得到提升。

三、在数字推理中培养学生的运算能力

平行选修课数字谜（填方格）的设计是在学生学习完北师大版小学数学三年级计算教学之后的一个再提升，是针对计算能力比较强的学生设计的一节思维课。填方格游戏可以激发学生的学习兴趣，不仅能让学生明白竖式计算的道理，还要求学生会分析竖式，能够找到竖式中数位之间、部分与总数之间、乘数与积之间的关系，找到突破口之后，在推理中逐步解开方格中的"数字秘密"，以培养学生的推理能力。本节课教师设计了创编填方格游戏的环节，通过这样的环节激发学生再思考，创编属于他们自己的填方格游戏，让学生在游戏中乐于挑战、乐于追问、乐于分享，进而发展创新能力。具体的教学环节如下。

（一）兴趣引入，探究方法

师：今天我们来玩一个数字游戏。请看大屏幕（右图），有一只小虫子把一张纸啃了几个洞，结果一个竖式上的几个数字被啃掉了。你知道被啃掉的数字分别是什么吗？

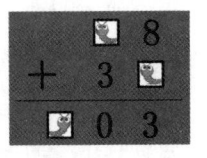

[预设]

（1）利用加减关系推理（部分与总数的关系）

学生寻找突破口，从个位入手，8+□=13，利用加减的互逆关系求出个位方格

里的数字，13-8=5。通过上面的分析得知，个位向十位有进1。所以，十位上的计算过程应该是□+3+1=10，利用减法求出十位上的方格里的数字是 10-3-1=6。最后得知百位上方格里的数字就是 1。

（2）利用数位之间的关系推理

百位上方格里的数字是十位向百位的进位1，所以最高位百位上的方格就是1。

（3）利用估算方法推理

两位数+两位数的和如果是三位数，只能是1百多，所以，百位上的数字一定是1。

（4）巩固练习

师：这个好玩的游戏叫作"虫食算"，也叫作"数字谜"，我们可以利用数字之间的关系推理出方格里的数字是什么，它可以让我们对竖式有更加深入的理解。

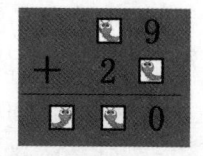

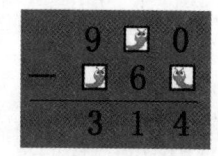

设计意图

激发学生兴趣，探究解决问题方法，加深对竖式的理解。

（二）深入研究，探究乘法竖式

师：接下来我们挑战一个有难度的"虫食算"。你知道被啃掉的数字是什么吗？

[预设]

（1）利用算法推理

学生先从个位入手计算，$8×3=24$，个位方格写4，向十位进2。十位计算方法是 $3×□+2=□3$，通过尝试我们可以推理出 $3×7+2=23$，所以，十位上的方格里的数字是7，百位上方格里的数字是2。

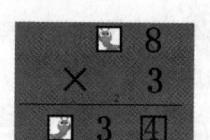

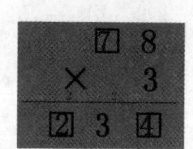

（2）巩固提升

师：我们来做一个更有挑战性的"数字谜"（下图），相同的字母代表相同的数字，不同的字母代表不同的数字。你能推理出A、B、C、D表示什么数字吗？

师（分析）：利用乘数（AAB）与积（DCA）的数位不变的关系，我们可以推出乘数（AAB）的最高位一定是1，所以A=1。接着从个位入手，推出 $3×7=21$，所以B=3。最后，通过计算推出C=9、D=7。

师：一个简单的竖式让我们的思考更加深入。在思考中我们不仅发现了"突破口"，还对竖式有了更加深入的理解。这个游戏实在是太有意思了！

设计意图

帮助学生巩固对乘法竖式的理解，探究各个数位之间的计算关系。

（三）创编游戏，感受快乐

师：这些游戏都是数学家们创编的，我们再来看几个有趣的数字谜。

师：奇妙吗？好玩吗？数学就是这样有意思。你能用今天学到的知识自己创编一个属于自己的数字谜吗？请在纸上设计一个合理的题目，一会儿考考大家。

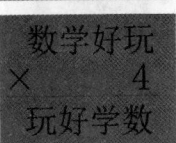

```
   奇 妙
 + 妙 呀
 ─────
   妙 呀 妙
```

```
   数学好玩
 ×        4
 ─────
   玩好学数
```

设计意图

这是一个开放的、思维含量高的活动，让学生自己创编数字谜，既可以让学生抓住竖式计算的本质，又可以让学生感受数学的乐趣。

学生在面对这样有挑战性的数字谜时，他们思考的积极性是很高的。学生利用以往的知识解决这样的新问题，在探究的过程中对竖式的算理有了更加深入的理解，对于算法也进行了巩固。学生在思考的过程中很多地方需要"反着想"，这对学生的思维能力提出了很高的要求。通过分析数字之间的关系，学生推理出合理的答案，思维得到了锻炼。

在教学设计中，学生通过玩数字谜（填方格）的游戏，探究加法竖式、减法竖式、乘法竖式的算理，理解每一步计算的意义及其之间的关系。在交流、思考、尝试的过程中，学生初步发展了分析能力和推理能力。在交流各自算法的过程中，学生学会了表达自己的想法，逐步养成认真倾听、善于思考的好习惯，创新能力得以培养和提高。

课后反思

数学是人类智慧皇冠上最灿烂的明珠。作为数学教师，要让不同层次的学生感受数学的魅力和力量。教师要因材施教，让学生选择适合自己的平行选修课程，使得不同层次的学生有不同的思考维度与水平，通过操作、观察、思考、对比去探究数学中的奥秘。学生在独立思考中打开思维，由"被动思考"转成"主动思考"，学生间的差异也就会缩小，并得到真正的发展。

参考文献

林崇德. 2005. 培养思维品质是发展智能的突破口. 国家教育行政学院学报,（9）：32.

张丹. 2010. 例谈直观模型在计算教学中的作用. 小学数学（数学版），(Z1)：9-11.

第 5 章
低年级绘本教学

5.1 低年级绘本教学方式概要

一、数学绘本阅读概况

伴随信息时代的到来，电视机、游戏机、电脑、手机等电子产品几乎进入了每家每户，比起一本书，这些电子产品更能吸引学生的注意，许多学生不再酷爱读书。而学生不喜欢阅读的另外一个原因，就是他们的阅读能力限制了他们的阅读兴趣。对于处在学习关键期的儿童，特别是幼儿园或小学低年级儿童，由于其知识能力有限，也许前一秒对新书爱不释手，但在后一秒阅读的过程中遇到了困难，不断受挫，学生就容易放弃阅读，转向其他活动。面对如此现状，我们尝试将培养学生的数学阅读能力纳入数学活动课中。数学阅读活动是指在数学学科内开展的阅读学习活动。数学阅读是一种从书面数学语言中获得意义的心理活动过程，是包含感知、理解、记忆等一系列心理活动，以及分析、综合、推理、判断、归纳、演绎等一系列思维活动的总和。同时，数学阅读是一种学习策略，包括建立目标、选择策略、监控过程等，即数学阅读活动也是一种元认知活动。

从学科角度，我们根据绘本中涉及的主题与涵盖的内容，将其分为情感绘本、语言绘本、科学绘本、艺术绘本、英语绘本和数学绘本等。数学绘本属于工具类绘本。有些数学绘本可以从书名中很容易判断出绘本的数学特性，还有一些数学绘本从书名中不能直接看出数学绘本的特性，但是故事情节与数学内容联系紧密。因此，我们可这样界定数学绘本——只要在绘本故事情节中能找出数学的概念，并且能体现数学思维，故事内容的推动发展与数学概念紧密结合，这样的绘本均归为数学绘本。

此外，根据数学绘本中相关的知识概念以及知识的呈现方式，数学绘本又可分为故事性绘本和训练性绘本。《义务教育新课程标准（2011年版）》中明确指出，数学学习必须从学生已有的生活经验出发,让学生亲身经历,将实际问题抽象成数学模型并进行解释与应用的过程,进而使学生获得对数学理解的同时,在思维能力、情感态度与价值观等方面得到进步和发展。而数学绘本恰好为学生提供了生活场景,让学生对周围环境和世界了解得更为透彻,让学生体会到生活中也有很多有趣的数学知识,给学生提供了数学学习的完整经验,使学生感受到数学不再遥远、不再生硬。数学绘本通过富有表现力的画面和文字帮助学生将理性的数学变得可感,将枯燥的学习变成一种生活游戏,让学生体会数学的乐趣。

二、低年级数学绘本学习的价值

在小学低年级开展数学绘本阅读活动,可使学生与绘本情境中的数学互动,帮助学生在课堂中的经验与课堂外的生活之间建立有意义的连接,为学生提供有吸引力的环境和发展数学技能、语言技能的机会。使用数学绘本的价值在于鼓励学生以数学的方式进行推理与沟通。借助绘本这一工具,教师不仅能够加强学生使用数学概念进行沟通的能力,还有助于达成数学教育目标。好的绘本可以让学生了解数学概念如何应用在他们熟悉的生活情境中,让学生在有意义的情境中使用并拓展数学知识。

三、如何选择数学绘本

现在图书市场上的数学绘本资源很多,我们可根据以下原则进行筛选:①图文能吸引学生,所选情境是正确的;②能引发学生思考;③数学概念或内容是准确的;④数学概念符合学生的年龄发展特点;⑤情节和数学联系紧密、自然结合。

我们推荐"从小爱数学丛书""数学启蒙系列""汉声图画书""2009博洛尼亚国际儿童节书展优秀童书奖系列"这四个系列的绘本。通过分析、比较,我们认为"从小爱数学丛书"系列绘本是数学知识点涵盖面比较广的一套书。虽然内容很多,但是这套书讲述数学知识的方式生动活泼,故事十分有趣,学生读起来不会觉得困难。该书涵盖的知识点包括"好玩的几何"和"奇妙的代数"两大类别,共40本。在这两大类别中,又由易到难对每一册书进行了排序。比如,"奇妙的代数"从"认识数字0~10"、"数位讲解"及"凑十"等数学概念,逐步过渡到数字的加、减、乘、除运算,再延伸至对分数、小数、倍数、因数、负数等的理解,最后让学生初步接触关于数列、统计、概率、比率等的知识。而"好玩的几何"从平面图形,如认识角、三角形、四边形、圆,以及掌握周长、面积的测定等,阶梯递增到立体图形,如圆锥、圆柱和球的辨别、体积的计算,以及展开图的理解等。

四、低年级数学绘本学习的基本模式

学生通过阅读数学绘本,逐步形成了数学绘本阅读的基本模式,即:观察封面,发现并提出问题→初读绘本,尝试回答问题→再读绘本,发现数学问题→分段阅读,解决数学问题→续编绘本,拓展延伸问题。

五、低年级数学绘本学习的相关表现性评价任务指标

在数学绘本基本学习模式的基础上,我们设计了以下表现性评价的任务指标。

活动阶段	维度	指标(分)	评价量规
观察封面	发现、提出问题	0	只能获得部分关于绘本浅显的信息
		1	能通过图画、符号、文字等渠道获得较丰富的信息
		2	能根据信息间的联系进行简单的信息加工,有自己的理解和思考,能提出相关有价值的问题
再读绘本	数学思考能力	0	从生活情景中提炼不出数学问题
	提炼问题	1	能从生活情境中提炼出部分数学问题
		2	能从生活情境中提炼出绘本中所有数学问题
	记录问题	0	能找到问题,却不知道用什么方法进行记录
		1	能用文字描述的方式记录所找到的问题
		2	能用符号、算式等比较抽象的方法记录问题
续编绘本	想象与创新	0	创编故事不够完整,逻辑关系不够清楚
		1	能创编出比较完整且逻辑关系比较清楚的故事,并能用语言表述
		2	创编故事完整丰富,逻辑关系清楚,能用绘画或表演等方式展示

5.2 绘本阅读——问题意识的培养

北京第二实验小学 任阁

课前慎思

绘本阅读教学已经成为当今一种较为流行的课程,尤其在美国、英国、日本和韩国。我国台湾地区也已经将绘本应用于数学课堂,甚至推出了小学数学绘本教材。大陆地区的课堂也开始大量地尝试绘本阅读教学,但是数学绘本的应用还是相对较少。那么,生动有趣的绘本故事对于启发和提升学生数学思维的意义何在?应

如何利用呢？

古代学者提倡"学以思为贵""学而不思则罔，思而不学则殆"，如今学校倡导"思维，第一品质"，可见思维能力非常重要。在提倡素质教育的今天，教师不仅是知识的传播者，更是学生潜能和思维能力的培育者。亚里士多德说过，思维是从疑问和惊奇开始的。在日常教学中，学生的思维活动不是自发的，也不是靠教师的言语激发的，而是依靠学生自己发现问题产生思考的动力！而现在的课堂教学中往往缺少学生主动发现的问题，学生缺少思考的动力。基于这样的现状，我们开始思考：一切发现源于"问"，那么应该如何培养学生的问题意识呢？

带着这样的思考，绘本教学走进了我的视野。数学绘本是根据儿童的心理特征和理解能力，结合丰富、生动的故事情境，融入最初、最实用的数学知识和数学概念的作品。绘本提供了贴近学生心理的趣味性生活场景，让学生体会到数学的奇妙和价值。《义务教育新课程标准（2011年版）》中明确指出：学生的数学学习应当是一个生动活泼的、主动的、富有个性的过程。那么，如何在生动有趣的绘本阅读中引发学生的问题与思考，值得教师们研究。基于此，我们以《阳阳数鸡蛋》一书为例，对如何结合绘本在课堂中培养学生的问题意识进行了研究。

实践与思考

一、"提问"无从下手

师：（教师出示封面，激发阅读兴趣）喜欢小故事吗？今天给大家带来一个有趣的数学故事，快看！

（学生观察封面，提出问题）

师：同学们，仔细观察封面，你能提出什么问题吗？

这样的设计环节给学生提供了时间与机会去发现问题。但是举手的人寥寥无几，学生不知道怎么提问。教师又给了很多时间，学生才开始有了一些想法。

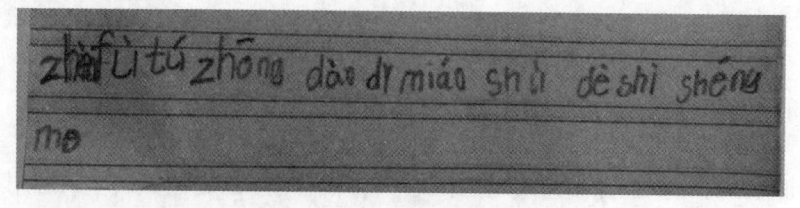

zhǔtítúzhōng dào dǐ miáo shù dè shì shénme

学生根据主题图，提出了简单的问题

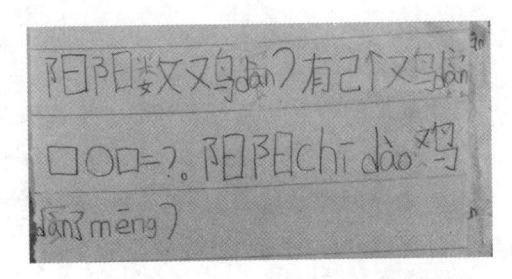

学生根据封面，在头脑中加工后提出问题

我对第一次提问的回答情况进行了统计，结果如下表所示。

第一次提问情况统计表（N=37）

提问水平	提不出问题	提出简单问题	提出有价值的数学问题
人数（人）	5	21	11
百分比（%）	13.5	56.8	29.7

二、"提问"有方法

根据以上统计的情况，教师要先教学生如何提问、提问的角度有哪些。在读一本绘本时，我们首先看的是封面，那封面上都有什么呢？学生会说封面上有主题图、题目、作者……教师要引导学生关注每一个图画与文字，并在头脑中进行简单的加工与联系，提出相关问题。

有了观察的角度与提问的方向，学生的思维就被打开了。下面是对第二次提问的回答情况的统计。

第二次提问情况统计表（N=37）

提问水平	提不出问题	提出简单问题	提出有价值的数学问题
人数（人）	0	12	25
百分比（%）	0	32.4	67.6

学生们提出的问题有：

①为什么要数鸡蛋？
②阳阳拿鸡蛋干什么？
③数鸡蛋的结果是什么？
④阳阳数到了几个鸡蛋？
⑤一只鸡加两只鸡等于几只鸡？
⑥怎么数鸡蛋？
⑦一个人加一个人等于几个人？
⑧这个故事和凑十有什么关系？
⑨几个鸡蛋凑成十？
⑩几加几才等于10？
⑪他们有几个鸡蛋？
⑫他们从哪里得到的鸡蛋？
⑬他们吃到鸡蛋了吗？
⑭阳阳数到鸡蛋了吗？
⑮阳阳怎么数鸡蛋的？
……

三、"提问"有水平

师：上节课我们一起阅读了一本特别有趣的绘本，并且根据封面提出了自己的问题，采访一下，你们怎么想到要提这个问题的？

生1：我看到题目下的小字写着"凑十"，想知道和故事有什么关系。

生2：图中画着鸡蛋筐，我想知道他们有多少个鸡蛋。

师：看来关注文字和图画都可以提出自己的问题！

生3：数学课为什么研究这些内容呢？和数学有关系吗？

师：多好的质疑啊。咱们来看看这些问题，有些和故事情景有关，其中像"几个鸡蛋凑成十""几加几才等于10"这样和数相关的问题，或者需要数学知识解决的问题，就称为数学问题。今天我们再来深入地读一读这本数学绘本，看看谁能把藏在绘本中的数学问题找出来！每个同学都从第一页开始仔细阅读，一边读一边找数学问题，一边找一边记录下来。可以写出你的问题，不会的字写拼音，也可以简单地画一画你的问题。记得把页码标在旁边！

通过平时的质疑与教师肯定，学生已经敢于在课上质疑教师的课堂设计，这也是我没有想到的收获。这样的交流与互动把学生提问的焦点引向了数学问题。下面是对第三次提问的情况的统计。

第三次提问情况统计表（N=37）

提问水平	提不出问题	提出简单问题	提出有价值的数学问题
人数（人）	0	8	29
百分比（%）	0	21.6	78.4

在交流的过程中，教师引导学生把问题梳理到任务单中。

问题梳理任务单

页码	问题	办法
P6	数3和5一共有几个？	
P13	数几个和几个组成一盒？	一盒是10个鸡蛋，可以是：9和1；8和2；7和3；6和4；5和5
P16	数6和7一共有几个？	
P20	数8和9一共有几个？	
P24	为什么拿袋子？	
…	…	

课后反思

学生的好问题到底是"突如其来"的还是"如约而至"呢？我想是下面的做法"预约"了问题。

1. 设计提问环节

《义务教育新课程标准（2011年版）》指出：数学教学应该是从学生的生活经验和已有知识背景出发，向他们提供充分的从事数学活动和交流的机会；学生的问题意识的培养依赖于教师的教学设计，教师要通过多种手段激发学生的问题意识。因此，课上教师要给学生提问的机会。本节课我在设计教学环节时特意设计了3次提问的环节，"强制"学生提问，留出提问的"绿色通道"，再通过评价培养学生提问的勇气。

2. 传授提问方法

学生有了提问题的勇气并不等于就能提出问题了。有些学生想向教师提出问题，却不知道如何提出问题，也不知道在什么地方容易产生问题。因此，教师还要教给学生提出问题的方法和途径。第一课时我们就告诉了学生提问的角度，如果学生还提不出问题很正常，教师可以提供示范和引领，让学生知道可以怎么问。

3. 营造平等氛围

美国心理学家罗杰斯认为，成功的教学依赖一种真诚的理解和信任的师生关系，依赖于一种和谐安全的课堂气氛。心理学研究表明，在自由、平等的环境中，人的潜能会得到最大的发挥。能提出问题、有创造力的人，要在心理上感到"自由"和"安全"。因此，我们要注重在师生间建立平等、民主、亲切、和谐的关系，为消除学生的心理障碍创设良好的氛围。在平时课堂中，当学生有合理的建议时，教师要积极、乐观地接受，与学生建立平等的关系；当学生提出的问题不符合要求或不是该课所要解决的内容时，教师也要给予鼓励，给学生以自由和勇气；在提出问题的过程中，当学生由于紧张或考虑不充分而词不达意、语无伦次时，教师也要认真倾听，给学生以尊重，这样才能彻底消除学生的害怕心理，让他们敢于提出问题。

教师营造自由、包容、平等的提问氛围，可以带领学生学好教材，超越教材！立足课堂，超越课堂！尊重教师，超越教师！

4. 好方法要注重长期累加

问题意识的培养不是一蹴而就的，而是要经历一个长期的培养过程，需要学生不断地累加经验。绘本系列课其实就是累加的过程，学生由不会提问到敢于大量提问；由盲目提问到有认识、有思考地提问；由教师强制提问到学生在探究中自发提问。陶行知说过，发明千千万，起点一个问。可见问是知之始。一个人若没有疑问，能有怎样的发明创造与成就呢？中国有个词语叫"学问"，在学中问，在问中学，只有这样才能获得真正的知识！

绘本教学的优势还有很多，需要教师慢慢挖掘，以将绘本的价值最大化。我也会带着这些思考继续前行，用生动有趣的故事帮学生预约"问题"，用趣味横生的故事引领学生感受数学的魅力！

5.3 数学绘本阅读课表现性评价任务的设计

北京第二实验小学　裴菊

课前慎思

数学阅读活动是指在数学学科内开展的阅读学习活动。数学阅读是一种从书面数学语言中获得意义的心理活动过程，是包含感知、理解、记忆等一系列心理活动，以及分析、综合、推理、判断、归纳、演绎等一系列思维活动的总和。同时，数学阅读也是一种学习策略，包括建立目标、选择策略、监控过程等，即数学阅读活动也是一种元认知活动。

在众多数学阅读资源中，最适合小学低年级学生的莫属绘本类书籍。数学绘本让学生与情景脉络中的数学产生互动，帮助学生将课堂中的经验与课堂外的生活建立有意义的连接，鼓励学生以数学的方式推理与沟通。利用绘本作为工具可加强儿童使用数学概念进行沟通的能力，有助于数学教育目标的达成。

表现性评价（performance assessment）是 20 世纪 90 年代在美国兴起的一种评价方式，是指教师让学生在真实或模拟的生活环境中，运用先前获得的知识解决某个新问题或创造某种东西，以考查学生知识与技能的掌握程度，以及实践、问题解决、交流合作和批判性思考等多种复杂能力的发展状况，是注重过程的评价方式。

实践与思考

一、提炼绘本学习基本模式

我们从多节数学绘本课的实践教学经验中，初步提炼形成了数学绘本阅读活动的基本模式，即：观察封面，发现并提出问题→初读绘本，尝试回答问题→再读绘本，发现数学问题→分段阅读，解决数学问题→续编绘本，拓展延伸问题。下面我以数学绘本课"欧利和他的懒弟弟"为例进行说明。

教学目标：①通过数学绘本阅读活动，学生体会到平均分的问题就在我们身边，感受数学与生活的联系；②在阅读、表演过程中初步培养学生发现问题的能力及批判性思维能力，在创编活动中培养学生想象、创新的能力；③通过阅读弟弟托尼从懒惰贪心到勤劳爱思考的变化过程，让学生感受到劳动中开动脑筋的意义，给予学生数学、人文、艺术、精神与价值观等立体滋养。

教学过程如下。

一、用"导学单"帮助学生理解绘本内容，梳理思路

学生利用阅读课的时间进行绘本阅读。

二、课上回顾

师：上节课同学们已经读过这本书，喜欢吗？（出示课件封皮）我们一起回顾一下。（播放视频）

师：欧利一共遇到了几次分物品的问题呢？拿出你的导读单，在小组里分享一下。

（教师出示学生的作品，挑选2份表达方式不同的作品）

师（小结）：有的同学是用文字表示，还有的同学是用画图的方式表示。看来，能把问题记录下来也是一种智慧！虽然同学们的表达方式不同，但是都找到了欧利分物品的5个问题。

三、解决问题

师：我们来看看欧利遇到的这5个问题吧！（课件逐一出示问题）这5个问题欧利是如何解决的呢？请你任选一个问题，借助教师提供的学具，把你的理解讲给同学们。

（1）分面包

（学生小组表演）

师：同学们的表演太精彩了！你们喜欢弟弟开始的分法吗？为什么？

生：不公平。

师：现在欧利的分法呢？你们认为的公平是什么意思？

生：每份一样多。

（2）分点心

师：谁来讲讲欧利是如何分点心的？

（学生演示）

师：这是欧利的分法，如果是你，你打算怎么分？分的过程不同，看看结果呢？看来，书上解决问题的方法并不是唯一的。

（3）分药丸

师：既然我们每个同学都像欧利一样有智慧，请同学们用自己的方法分30粒药丸吧！

（学生演示）

师：一次拿3个和一次拿1个比，有什么好处？你是怎么想到一次拿5个的？如果我有50粒药丸，平均分给6匹马，你们打算怎么分？看来平均分的问题里还藏着很多值得研究的问题呢！

（4）喂胡萝卜

（学生演示分胡萝卜的过程）

师：拿到胡萝卜的小马在哪？一共几匹马？

（5）分鸡

师：你们觉得分鸡的过程和前面哪个问题的方法类似？是这样吗？（课件演示）

四、提出核心问题

师：刚刚我们解决了5次分物品的问题。观察分的结果，你发现什么了？数学中把这种分法叫作平均分（板书：平均分）。你觉得分的过程一样吗？

生：不同，有两种。

师：看来，在分物品的时候有两种情况，一种是知道平均分几份，求每份是多少；还有一种是知道每几个一份，看看能分几份。像这种平均分的过程，其实可以用更简单的方法来记录（板书：除法）。以后我们还会继续研究如何用除法表示平均分的过程。

师（小结）：通过这个小故事，我们不仅认识了欧利和他的弟弟，还发现并解决了很多有关平均分的数学问题！数学问题的解决，不仅方法多样，更蕴含着丰富的智慧。

五、创编绘本

师：既然生活中存在这么多平均分的问题，请同学们自己设计一个平均分的小故事，用你喜欢的方式表达。

（小组推荐一个作品到全班分享）

（预设请3个小组展示）

师（小结）：在绘本的启发下，我们创编了属于自己的绘本故事。全班的智慧合在一起就变成我们10班自己的绘本故事集。期待大家的作品！

二、设计表现性评价的任务指标

在数学绘本基本学习模式的基础上，我们设计了相关环节的表现性评价任务指标。

（一）"观察封面，发现、提出问题"评价指标

活动阶段	维度	指标（分）	评价量规
观察封面	发现、提出问题	0	只能获得部分关于绘本的浅显信息
		1	能通过图画、符号、文字等渠道获得较丰富的信息
		2	能根据信息间的联系进行简单的信息加工，有自己的理解和思考，能提出相关有价值的问题

例如，看《买卖国的乘法队长》一书封面，学生提出了下面这些问题。

①谁是乘法队长，为什么叫乘法队长？
②乘法能解决买卖国什么问题？
③乘法有什么规律？
④买卖国遇到的问题是哪些乘法问题？乘号表示什么？
⑤绘本里的内容和乘法有关吗？
⑥这本书是漫画书吗？
⑦封面的小人在干什么呢？
⑧这本书在哪能买到？

我们对这些问题进行分类整理后得到以下结果。

指标 0：只能获得部分关于绘本浅显的信息，如①⑥⑦⑧。

指标 1：能通过图画、符号、文字等渠道获得较丰富的信息，如④⑤。

指标 2：能根据信息间的联系进行简单的信息加工，有自己的理解和思考，能提出相关有价值的问题，如②③。

（二）"再读绘本，提出问题"评价指标

活动阶段	维度	指标（分）	评价量规
再读绘本	数学思考能力	0	从生活情景中提炼不出数学问题
		1	能从生活情境中提炼出部分数学问题
		2	能从生活情境中提炼出绘本中所有数学问题
		0	能找到问题，却不知道用什么方法进行记录
		1	能用文字描述的方式记录所找到的问题
		2	能用符号、算式等比较抽象的方法记录问题

例如，在"欧利和他的懒弟弟"一课中：

指标 0：从生活情景中提炼不出数学问题，示例如下。

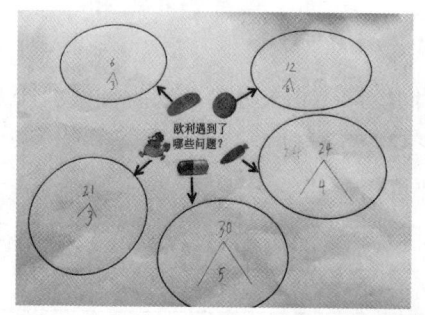

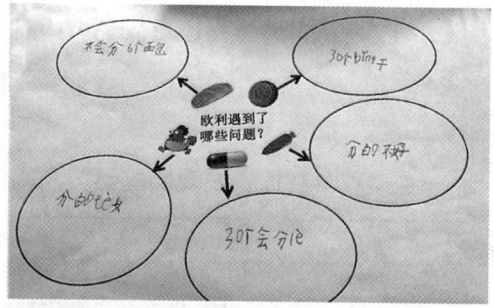

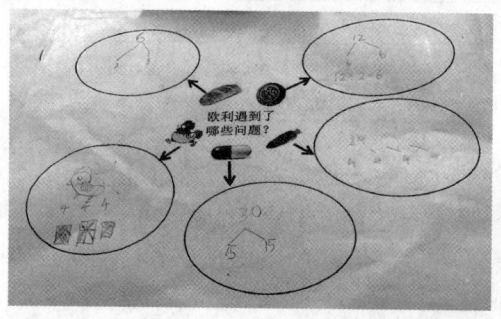

指标1：能从生活情境中提炼出部分数学问题，示例如下。

指标2：能从生活情境中提炼出绘本中所有数学问题，示例如下。

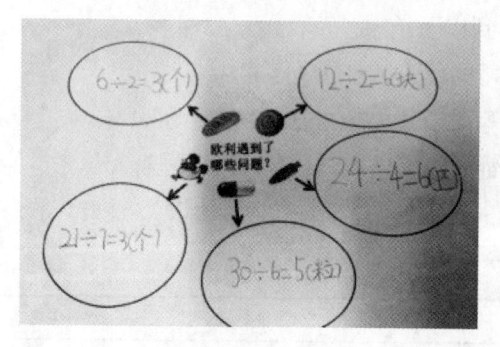

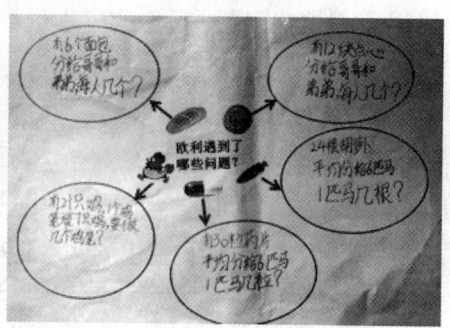

（三）"续编绘本，想象与创新"评价指标

活动阶段	维度	指标（分）	评价量规
续编绘本	想象与创新	0	创编故事不够完整，逻辑关系不够清楚。
		1	能创编出比较完整且逻辑关系比较清楚的故事，并能用语言表述。
		2	创编故事完整丰富，逻辑关系清楚，能用绘画或表演等方式展示。

指标0：创编故事不够完整，逻辑关系不够清楚，示例如下。

指标1：能创编出比较完整且逻辑关系比较清楚的故事，并能用语言表述，示例如下。

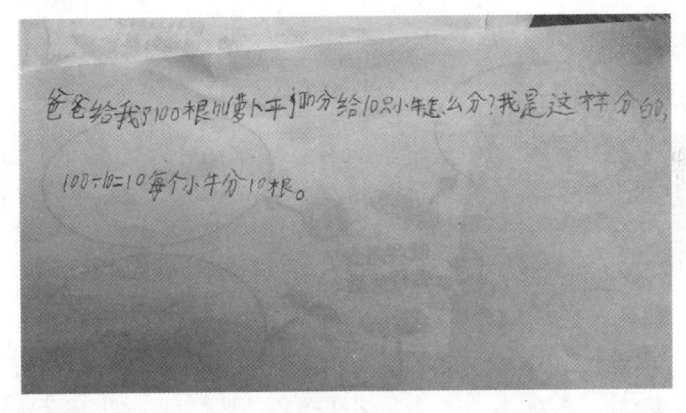

指标2：创编故事完整丰富，逻辑关系清楚，能用绘画或表演等方式展示，示例如下。

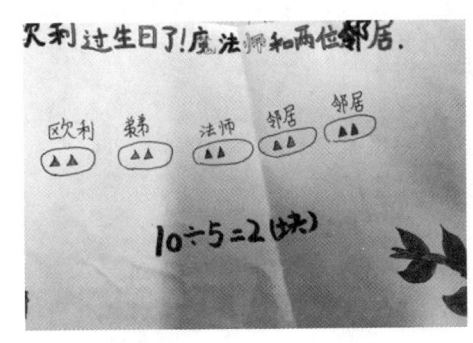

课后反思

绘本是儿童人生的第一本书。绘本阅读是一种复杂的心理过程，可帮助儿童积累大量的知识、经验和策略，对儿童的语言、想象、思维、情感及审美能力发展都具有重要的价值。利用好绘本图画，我们可以帮助学生更好地理解文字，并使其结合上下文和图画进行学习。因此,绘本对学生发展具有独特的价值。作为数学教师,我们可以为学生推荐丰富的数学绘本资源,包括数学报、数学习题类图书、数学启蒙类图书等。更重要的是,我们还要研究如何利用绘本中那些儿童喜闻乐见的故事,促进学生积极观察、展开想象、进行推理、提出问题和建立联系。此外,如何帮助学生丰富阅读内容与方法、掌握数学知识与技能、发展思维能力与品质,也是需要我们进一步去探索的问题。